GERHARD HENSCHEL

SOKO FUSSBALLFIEBER

EIN ÜBERREGIONALKRIMI

HOFFMANN UND CAMPE

Bei dem, was Christian Bruhn in diesem Roman sagt, handelt es sich größtenteils um Paraphrasen aus seinem Aufsatz »Anmerkungen eines grimmigen Greises zum Deutschen Fernsehen mit besonderem Hinblick auf Serien wie Tatort, Polizeiruf, aber auch Literatur-Verfilmungen und ähnliche zeitnahe Hervorbringungen«. Die Äußerungen werden hier mit Bruhns freundlicher Genehmigung wiedergegeben.

Copyright © 2021
Hoffmann und Campe Verlag, Hamburg
www.hoffmann-und-campe.de
Dieses Werk wurde vermittelt durch die
Literarische Agentur Thomas Schlück, Hannover.
Umschlaggestaltung & Motiv:
© Hauptmann & Kompanie Werbeagentur, Zürich
Satz: Dörlemann Satz, Lemförde
Gesetzt aus derMinion Pro und der Mazzard
Druck und Bindung: C. H. Beck, Nördlingen
Printed in Germany
ISBN 978-3-455-01062-6

Ein Unternehmen der
GANSKE VERLAGSGRUPPE

1

Im Gewölbekeller der Uelzener Ratsweinhandlung brannte noch Licht. Hauptkommissar Gerold Gerold und Oberkommissarin Ute Fischer hatten dort an einer Weinprobe teilgenommen, die in ein mittleres Gelage übergegangen war, und nun wurde es allmählich Zeit für die kleine Überraschung, die sich in der linken Innentasche von Gerolds Jackett verbarg.

Seine Ehe war erst einen Monat zuvor amtlich geschieden worden, aber eine Frau wie Ute, fand er, hatte etwas Besseres verdient als einen halbherzigen Mann, und da er und sie schon seit längerer Zeit ein Liebespaar waren, wollte er ihr einen Heiratsantrag machen und ihr einen Ring schenken, den er sich viel Geld hatte kosten lassen.

Der Ring ruhte in einer Schachtel mit einem Futter aus schwarzem Samt.

»Die pusten hier bereits die Kerzen aus«, sagte die Fischerin. »Komm, Dicker, laß uns gehen ...«

Dicker! Obwohl er seit zwanzig Jahren sein Idealgewicht hielt!

Meistens gefiel ihm Utes freches Mundwerk allerdings gut. Er hatte es oft in Aktion erlebt und selbst Polizeioberräte und Ministerialdirigenten mit roten Ohren davor fliehen sehen. »Bislang hat das deiner Karriere noch nicht nachhaltig geschadet, doch das kann sich ändern, wenn du nicht aufpaßt«, hatte Gerold ihr einmal gesagt, und sie hatte erwidert: »Na, und wenn schon ... Es sind doch jetzt alle für Nachhaltigkeit!«

Beruflich und privat zusammengefunden hatten Ute und Gerold bei ihrer gemeinsamen Jagd auf einen Serienmörder, der im gesamten deutschsprachigen Raum der Schrecken aller Autoren von Regionalkrimis gewesen war. Am Ende hatte er das Berliner Hotel Adlon Kempinski zerbombt, aber Ute und Gerold war es gelungen, viele Menschen vorher aus der Gefahrenzone zu retten.

Das war einmal etwas anderes gewesen als der Polizeialltag im Landkreis Uelzen. Was gab es dort schon groß zu tun? In den Mitteilungen an die Presse herrschte tagtäglich das große Gähnen: Fahrkartenautomat in Bienenbüttel aufgebrochen … Sonnensegel aus Kindergarten gestohlen … Pkw-Fahrer in Molzen aufgrund nichtangepaßter Geschwindigkeit verunfallt … Abfälle im Wald entsorgt …

Auch die Temposünder und die Ladendiebe gaben dem Kriminalistenleben keinen rechten Pfeffer. Gerold fand es jedoch spannend genug, was er in seiner Freizeit mit Ute erlebte. Ihm schlug das Herz bis zum Hals, als er sie zu einem letzten Glas Riesling einlud.

»Gut, wenn du mich so nett bittest«, sagte sie und küßte ihn auf die Nase.

Die freundliche Ladeninhaberin Ute Lange brachte den beiden Turteltauben die letzte Runde.

»Auf Neptun!« rief Ute.

Da kam Gerold nicht ganz mit. »Wieso auf Neptun?«

»Weil er der Gott des Meeres ist und es heute schon den ganzen Tag geschüttet hat. Trockenen Fußes werden wir selbst mit 'nem Taxi nicht zu dir oder zu mir nach Hause kommen. Aver wi sünd ja keen Piepenstientjes!«

Gerold verstand nicht immer alles, was Ute, die Ostfriesin, ihm op Plattdütsch vertellte. »Wie meintest du ganz richtig?« fragte er.

»Frei übersetzt heißt das: Wir sind ja nicht aus Zucker!«

Na schön, dachte er. Und wie soll ich das Gespräch von hier zu meiner Herzensfrage überleiten?

Während er darüber grübelte, zirpte sein Pager, und es gab Arbeit: Im Uelzener Hundertwasser-Bahnhof war ein Mann vor einen Zug gestoßen worden.

2

Über dem Hangang, dem zweitlängsten Fluß in Südkorea, spannte sich in Seoul in achtzehn Meter Höhe die knapp anderthalb Kilometer lange Mapo-Brücke. Man nannte sie die »Brücke des Todes«, weil von ihr schon so viele Selbstmörder hinabgesprungen waren. In der Suizidstatistik der OECD-Länder lag Südkorea seit Jahren ganz vorn, und die Stadtverwaltung hatte aufmunternde Botschaften an den Geländern angebracht und auf der Brücke Notruftelefone angeschlossen, um wenigstens einige Menschen zu retten, aber als Sagong Min-ho von der Brücke fiel, geschah es nicht aus freien Stücken: Zwei Männer hatten ihn von hinten gepackt und hinuntergeworfen.

Einmal im Leben hatte Ricardo López den Perito-Moreno-Gletscher im argentinischen Nationalpark Los Glaciares mit eigenen Augen sehen wollen, und das glückte ihm auch, doch vor der Kalbungsfront im Canal de los Témpanos stieß ihn jemand von dem gemieteten Segelboot über Bord, und das Letzte, was er sah, war die blaue Himmelskuppel über dem Wasser, in dem er ertrank, bevor er darin erfrieren konnte.

In der Herrentoilette des Nightclubs Birra Birra in Piräus starben zur selben Zeit die Nachtschwärmer Castor Michelakos, Kyros Moustakas und Sebastian Frangopoulos an Herzversagen. Das Kokain, das sie geschnupft hatten, war mit Pentachlorphenol, Hexazinon und Strychnin versetzt worden. Um sicherzustellen, daß sie nicht von den Toten wiederauferstanden, kam kurz darauf der Dealer herein und schnitt den Männern mit einem Hirtenmesser die Kehle durch.

3

»Ich glaub's ja bald nicht!« rief der Berliner Polizeipräsident Henning Riesenbusch aus, wobei die neuen Pfunde vibrierten, die er sich in den Restaurants Herz & Niere, Mutter Hoppe und Zur Gerichtslaube zugelegt hatte. »Soll das etwa heißen, daß Sie nicht die geringste Spur von dem Täter haben, der in Uelzen zugeschlagen hat?«

Wenn er mit dem stimmgewaltigen Riesenbusch telefonierte, der in der SoKo Heidefieber sein Chef gewesen war, achtete Kommissar Gerold darauf, mindestens zehn Zentimeter Abstand zwischen sein Ohr und die Hörmuschel zu bringen.

»Sind Sie noch dran?« trompetete Riesenbusch.

»Ja, und ich kann Sie laut und deutlich hören! Die Sache ist die: In der Tatnacht hat keine einzige der Überwachungskameras im Hundertwasser-Bahnhof funktioniert. Wir haben keine Aufnahme von dem Täter, der den Mann aufs Gleis gestoßen hat, und die Augenzeugen reden alle nur Müll. Mit dem Phantombild, das wir deren Aussagen verdanken, könnten wir auch Snoopy oder Idefix zur Fahndung ausschreiben ...«

»Und was wissen Sie über das Opfer?«

»Name Jörg Herringhoff, Alter dreiundvierzig, kinderlos, von Beruf Projektmanager in den Diensten des Deutschen Fußball-Bunds.«

»Projektmanager? Was heißt das?«

»Das haben uns die hohen Herren im DFB noch nicht so genau erklären können, aber wir stehen ihnen auf den Zehen. Und jetzt kommt's: Auch in Südkorea, Griechenland und Argentinien sind Fußballfunktionäre umgebracht worden oder spurlos verschwunden.«

»Na, dann sollte man doch eine internationale Sonderkommission ins Leben rufen!«

»Schon geschehen«, sagte Gerold. »Morgen nachmittag wird in Athen die SoKo Fußballfieber zusammentreten, und die Oberkommissarin Fischer und ich haben die Ehre, uns dieser Runde anschließen zu dürfen.«

Riesenbusch seufzte auf. »Sie beide? Gut. Dann werden sich die Drahtzieher warm anziehen müssen!«

Im Frankfurter Flughafen spielte Gerold mit der Ringschachtel in der Tasche seines Jacketts. Sollte er oder sollte er nicht?

Bis zum Boarding blieben noch zehn Minuten Zeit.

Er kitzelte die müde neben ihm sitzende Fischerin unterm Kinn.

»Ick kann dat Kitteln neet utstann«, sagte sie und wehrte ihn ab, und dann erfaßte ihr Blick einen hageren Herrn, der auf der gegenüberliegenden Wartebank Platz nahm und eine Reisetasche mit dem Aufkleber »I like Greece« absetzte.

»Sind Sie nicht Thomas Gsella?« fragte Ute.

Wahrhaftig, es war der Schriftsteller Gsella, der für seine komischen Gedichte bekannt war und ungeachtet seines Alters quicklebendig wirkte, denn er hatte gerade eine Badekur im First Class Hotel- und Gesundheitsresort Santé Royale in Bad Brambach hinter sich, wo er mit physiotherapeutischer Bewegungstherapie, Infrarot-Tiefenwärme, Vulkanitfango, Radon-Kohlensäure-Vollbädern und Aromaölmassagen auf Vordermann gebracht worden war.

»Ich hab Sie neulich im Fernsehen gesehen«, sagte Ute.

»Ach ja? Und wie war ich?«

»Cool. Sie haben da ein Gedicht über den ehemaligen Fifa-Chef Sepp Blatter vorgetragen. Die erste Strophe kann ich noch auswendig: ›Du bist schon völlig unten und / Willst gerne noch viel tiefa? / Dann schule um auf Lumpenhund / Und gehe in die Fifa!‹«

Gerold lachte auf. »Das ist schön! Wir fliegen übrigens ebenfalls nach Athen. Dienstlich. Um wegen der Morde an Fußballfunktionären zu ermitteln.«

Davon habe er gelesen, sagte Gsella. »Ich selbst könnte ja keiner

Fliege was zuleide tun, aber einen Herzkasper würde ich auch nicht unbedingt kriegen, wenn es Knilche wie Gianni Infantilo schrägen sollte. Ist die nicht durch und durch korrupt, diese Fufa?«

Als Ehrengast des Goethe-Instituts Athen besaß Gsella ein First-Class-Ticket, während Gerold und Ute weiter hinten im Airbus der Lufthansa Platz nehmen mußten. Sie stellten sich auf einen ruhigen Flug ein und holten ihre Reiselektüren heraus: Gerold eine Biographie des Torjägers Gerd Müller und Ute den Roman »SOS, Jeeves!« von P. G. Wodehouse.

»Findest du nicht, daß du lieber auch irgendwas lesen solltest, das uns bei der Aufklärung unseres Falles helfen könnte?« fragte Gerold und tippte auf den Untertitel der Gerd-Müller-Biographie, die der Historiker Hans Woller geschrieben hatte: »Wie das große Geld in den Fußball kam«.

»Soweit ich weiß, hat Gerd Müller irgendwann im Paläozoikum Fußball gespielt«, sagte Ute. »Es würde mich verblüffen, wenn der Name des Mörders von Jörg Herringhoff im Personenregister deines Schmökers stehen sollte. Aber sag mir doch Bescheid, wenn ich mich irre.«

Und damit wandte sie sich den Abenteuern des schusseligen britischen Aristokraten Bertram Wooster zu, der ohne seinen Diener Reginald Jeeves aufgeschmissen gewesen wäre.

Der Airbus flog ruhig dahin. Es störte Gerold nur, daß die Fischerin beim Lesen ständig kicherte. »Darf ich fragen, was du so witzig findest?«

»Lies mal diesen Satz«, sagte sie und zeigte ihm die Stelle. »Es geht da um eine gefühlsduselige junge Ehefrau ...«

Ich habe einst im Hause eines frisch vermählten Freundes logiert, dessen Gemahlin über dem Kamin des Salons, wo man so etwas unmöglich übersehen konnte, in riesigen Lettern die Inschrift »Zwei

Liebende haben dieses Nest gebaut« anbringen ließ, und ich erinnere mich bis heute der stummen Pein in den Augen des Gatterichs, wann immer er ins Zimmer trat und sein Blick darauf fiel.

»Ist das nicht köstlich?« fragte Ute.

Ja und nein, dachte Gerold. Er beschloß, seinen Heiratsantrag auf unbestimmte Zeit zu verschieben, und sagte, daß sein Buch auch nicht ohne sei. »Da steht, daß der Präsident des FC Bayern München in den siebziger Jahren vom bayrischen Finanzministerium zum Steuerbetrug ermuntert worden ist. Die Spieler durften ihr Schwarzgeld behalten und haben im Gegenzug Reklame für die CSU gemacht ...«

»Wer war denn damals der Landesfinanzminister?«

»Ludwig Huber. Von der CSU natürlich. Hier steht auch, daß er Franz Beckenbauer zur Steuerflucht in die Schweiz geraten hat.«

Das wundere sie nicht, sagte Ute. Aber sie sei nicht neidisch. »En vergnöögt Hart is beter as 'n Püüt vull Geld!«

Über die Bordsprechanlage teilten die Piloten der Chef-Stewardeß Evelyn mit, daß sie Mineralwasser zu trinken wünschten. Um es ihnen servieren zu können, mußte sie auf der Zahlentastatur einer Konsole den richtigen Zugangscode eintippen, bevor die Piloten die einbruchssichere Tür von innen entriegelten.

Dieses Cockpit Door Lock System hatte sich weltweit bewährt. Ihm haftete nur der Schönheitsfehler an, daß es wertlos war, wenn die Stewardeß, die ins Cockpit kam, den höchsten Meistergrad in Karate und Jiu Jitsu innehatte und sowohl dem Piloten als auch dem Co-Piloten kurz nacheinander mit einem Hebelgriff die Halswirbelsäule brach.

Genau das passierte hier, und unmittelbar danach sprangen drei Mitglieder der al-Dschaufischen Volksfront aus dem Jemen von ihren Sitzen auf und brachten den Airbus in ihre Gewalt.

Niemand hätte sagen können, wie es ihnen gelungen war, eine Beretta, ein Krummschwert und ein Pfund Plastiksprengstoff an Bord zu schmuggeln, doch sie hatten es geschafft, und nun brüllten sie: »Heads down, you fuckin' assholes!«

Ach du grüne Neune, dachte Gsella, der sich gerade über seine Trüffelravioli hatte hermachen wollen. Wäre ich doch bloß daheim geblieben!

Die al-Dschaufische Volksfront zeigte sich von ihrer unfreundlichsten Seite. Einer ihrer Krieger haute Gsella seinen Raviolinapf um die Ohren, und ein anderer verteilte Maulschellen in der Business Class.

Ich spiel jetzt besser nicht den Helden, sagte Gerold sich, und Ute raunte ihm zu: »Spiel jetzt besser nicht den Helden …«

Das Ziel, das die Skyjacker verfolgten, war die Abspaltung des jemenitischen Gouvernements al-Dschauf vom Rest des Landes, aber sie gaben sich nicht die Mühe, dafür zu werben. Sie wollten das Flugzeug nach Al Hazm entführen, der Hauptstadt von al-Dschauf, und es dort in die Luft jagen, um ein Zeichen zu setzen. Daher hielten sie es nicht für nötig, Überzeugungsarbeit zu leisten. Sie kassierten die Handys der Passagiere ein, pappten den Sprengstoff an die Kabinenwände und sangen kehlig klingende Heimatlieder.

Gsella sah sich nach der Stewardeß Evelyn um, die ihn seit dem Start so fürsorglich betreut und umschmeichelt hatte wie ihren eigenen Kronensohn. Doch sie war nicht mehr dieselbe. Nachdem sie seinen hilfesuchenden Blick aufgefangen hatte, entnahm sie einer Schublade in der Bordküche einen Gummiknüppel, ging auf Gsella zu und briet ihm eins über.

Auch die anderen Flugbegleiterinnen kollaborierten unverblümt mit den Luftpiraten. Einen Herrn, der darum bat, austreten zu dürfen, brachten sie mit CS-Gas zum Schweigen, und zwei schluchzende Mädchen lähmten sie mit einem Taser.

»Wenn die ganze Crew mit drinsteckt, haben wir ein Problem«, tuschelte Gerold Ute zu, und sie tuschelte zurück: »Ich glaube, wir hätten auch sonst 'n Problem gehabt …«

»Meine Damen und Herren«, sprach Evelyn ins Bordmikro, »es besteht kein Grund zur Sorge. Wenn Sie Ruhe bewahren und unseren Anweisungen Folge leisten, geschieht Ihnen nichts. Dieser Flug wird aus politischen Gründen umgeleitet. Lang lebe die al-Dschaufische Volksfront! Inschallah!«

Gsella befühlte die Beule an seinem Hinterhaupt und dachte scharf nach. Worauf lief das hier hinaus? Auf ein zweites Nine Eleven? Und was zum Henker mochte eine langbeinige blonde Sexbombe wie diese Evelyn dazu verleitet haben, sich einem arabischen Terrorkommando anzuschließen? Wieso widmete sie sich nicht wie andere Damen ihres Alters den Anti-Aging-Tricks der Royals, Taynara Wolfs Diätgeheimnissen und stylishen Frisuren-Trends mit Eyecatcher-Garantie? Bestimmt hatte sie was mit einem dieser Halunken. Wahrscheinlich mit dem bösartigen Drahthaarterrier, der sich als Boß der Bagage gebärdete. Wo die Dopamine eben hinfielen …

Der Mann, in dem Gsella den Anführer vermutete, hieß Abdul Farid al-Araschi und wechselte seine politischen Standpunkte öfter als seine Rasierklingen. Er sympathisierte mit allem, was bombte und schoß. Zur Zeit war es die separatistische Untergrundbewegung in al-Dschauf, doch es hätte auch das Haqqani-Netzwerk, die indonesische Verbrecherbande Jamaah Ansharut Daulah oder eine fünfte, sechste oder siebente Kolonne der Hamas sein können. Hauptsache, es knallte.

Seine Kameraden Rayhan und Mustafa hatten die Pilotenplätze eingenommen. Er selbst ging im Wiegeschritt zwischen den Sitzreihen umher, verschaffte sich mit rauhen Worten etwas, das er für Respekt hielt, und strich sich durch den brettförmigen Bart.

Hüm is de Slechdigheid in de Snuut schreven, dachte Ute.

Mit Engelsgeduld rang Gerold dem Freiheitskämpfer Araschi und seiner Genossin Evelyn die Erlaubnis ab, die Passagiere auf die Toilette gehen und ihnen Wasser zukommen zu lassen.
 Und wohin sollte die Reise gehen?
 In Geographie war Ute immer gut gewesen. Sie schielte aus dem Fenster und erkannte das ungarische Donauland, Zentralserbien, den Bosporus und den Taurusgürtel zwischen dem anatolischen Hochland und dem mesopotamischen Tiefland.
 Der Treibstoff müßte bald zur Neige gehen, dachte sie, und damit lag sie richtig. In Sofia, Istanbul, Ankara und Adana war den Luftpiraten die Landung verweigert worden, und jetzt steuerten sie mit dem letzten Tropfen Kerosin den Aleppo International Airport in Syrien an.

Die Republikanische Garde der syrischen Streitkräfte, eine Elitedivision, die einen Totenkopf im Wappen führte und dem Befehl des Präsidenten Baschar al-Assad unterstand, umstellte das Flugzeug, sobald es in Aleppo gelandet war.
 Gsella traute seinen Augen nicht, als er die Sandsackmauern und die zahllosen Gewehrläufe auf dem Rollfeld sah. Er wollte es nicht wahrhaben, aber hinter ihm wurde darüber gewispert, wo man sich befinde, und es führte nichts an der Einsicht vorbei, daß es Syrien war.
 Sein Herzschlag setzte dreimal aus.
 In den Top Hundred der Staaten, denen Gsella aus Prinzip fernbleiben wollte, stand Syrien unter den ersten zehn. Denn wer tummelte sich hier nicht alles! Die Hisbollah, palästinensische Milizen, russische Drohnen, iranische Söldner, kurdische Partisanen und islamistische und salafistische Rebellenverbände. Ganz zu schweigen von den mehr oder weniger regulären syrischen Truppen. Und gab es nicht auch noch die al-Nusra-Front und die Suquor-al-Sham-Brigaden?
 Ihn hatten diese nahöstlichen Streitigkeiten nie groß interessiert. You this way, me that way, hatte er sich gedacht und die Ohren mei-

stens auf Durchzug gestellt, wenn im *heute-journal* oder in den *Tagesthemen* von Sunniten, Schiiten, Hanafiten, Wahhabiten, Maroniten, Ismaeliten oder Drusen die Rede gewesen war. Gemerkt hatte er sich jedoch, daß Assad ein Diktator war, der täglich über Leichen ging.

Und in dessen Machtbereich parken wir jetzt, dachte Gsella. Großartig!

Hinter den Schützen waren Sandflächen, niedrige Gebäude, morsche Kiefern und ein grauer Tower zu sehen, und es war nicht zu überhören, daß Araschi pausenlos auf sein Smartphone einschrie.

Ob uns die GSG 9 hier wohl rauspauken wird? fragte sich Gsella. Man hatte ja schon Pferde kotzen sehen ...

Die Nachricht, daß die Entführer des Flugzeugs der al-Dschaufischen Volksfront angehörten und von der deutschen Bundesregierung verlangten, die diplomatischen Beziehungen zur Republik Jemen abzubrechen, stürzte die Mitglieder des Krisenstabs im Kanzleramt in Verwirrung. Von dieser Volksfront hatten sie noch nie etwas vernommen, und es machte die Sache nicht besser, daß der niederländische Publizist Rutger Bregman sich via Twitter als Austauschgeisel anbot. Den Erkenntnissen des Bundeskriminalamts zufolge war er nur ein überkandidelter, das Rampenlicht suchender Schwätzer.

Nach einer Stunde unter der syrischen Sonne ermannte Kommissar Gerold sich und legte der Stewardeß Evelyn die Frage vor: »Können Sie nicht wenigstens die Frauen und die Kinder freilassen?«

Belohnt wurde er dafür mit einem Faustrückenschlag, der in der Sprache der Karatesportler Uraken-Uchi hieß, und einem Ellenbogenschlag namens Yoko-Empi-Uchi.

Danach blutete Gerold aus Nase, Mund und linkem Ohr und setzte sich wieder hin.

Ute versuchte ihn zu trösten: »Stell di de all in't Unnerbüx vöör ...«

Gsella wußte nicht, ob er lachen oder weinen sollte, als er mitbekam, daß das Flugzeug betankt wurde. In Aleppo hielt ihn weniger als nichts, aber er wollte nicht noch einmal mit den Teufeln der al-Dschaufischen Volksfront durchstarten.

Doch seine Meinung war hier nicht gefragt. Der Airbus hob mit gefüllten Tankkammern wieder ab und flog nach Süden.

»Gegrüßet seist du, Maria, voll der Gnade, der Herr ist mit dir, du bist gebenedeit unter den Frauen, und gebenedeit ist die Frucht deines Leibes, Jesus«, betete Gsella. »Heilige Maria, Mutter Gottes, bitte für uns Sünder jetzt und in der Stunde unseres Todes ...«

»Wir überfliegen ein saudi-arabisches Naturreservat«, sagte Ute, aber Gerold schlief.

He brummt as 'n Baar, dachte sie und malte sich den Moment aus, in dem sie Araschi überwältigte und ihm das Kiefergelenk bräche. Dann kreegt he bannig Packje Hau!

Im jemenitischen Al Hazm Airport war man vorgewarnt. Man ließ den Airbus landen, gestattete jedoch niemandem, ihn zu verlassen.

Araschi wußte nicht mehr so recht weiter. Er hatte nicht vor, sein Team und sich selbst gemeinsam mit den einhundertfünfzig Passagieren in die Luft zu sprengen, aber aufgeben wollte er auch nicht gern. Das ganze Skript war einfach schlecht durchdacht gewesen.

Evelyn erbot sich, einen Fluggast einen Kopf kürzer zu machen, um die Entschlossenheit der al-Dschaufischen Volksfront zu demonstrieren.

»Das sieht ihm ähnlich, dem Idiotenflittchen«, sagte ein Mann, der zwei Reihen hinter Gsella saß, und weil Evelyn das nicht auf sich sitzen lassen wollte, zückte sie das Krummschwert.

Mit einem Nicken gab Araschi ihr sein Einverständnis, den Zwischenrufer zu köpfen, aber als sie auf ihn zuging, stellte Gsella ihr ein Bein, und bei ihrem Sturz rammte sie sich das Klingenblatt in den eigenen Brustkorb. Da es sehr scharf geschliffen war, durchbohrte es ihn wie Butter und trat hinterwärts zwischen zwei Rippen wieder an die Sonne.

Dabei floß eine große Menge Blut, und man mußte kein professioneller Leichenbeschauer sein, um auf den ersten Blick feststellen zu können, daß sich hier alle Wiederbelebungsversuche erübrigten.

Araschi stieß einen Fluch aus, der besagte, daß eintausend Sandflöhe das Gekröse des Schuldigen umkreisen sollten, und in der Sekunde darauf sprengte eine Spezialeinheit des jemenitischen Heeres die hinteren Notausgangstüren des Flugzeugs auf und eröffnete das Feuer.

4

»Rolled Si enand dä großi gääli Balle schöö zue«, sagte Schwester Ophelia Läubli und deutete auf einen großen gelben Ball. In der Rehabilitationsklinik Valmont in Glion im Kanton Waadt umhegte sie Franz Beckenbauer und Uli Hoeneß, die einzigen Überlebenden des Anschlags auf das Hotel Adlon Kempinski. »Guät, Herr Hoeneß. Und jetz rolled S' en wieder zrugg, Herr Beckebauer. Nei, da isch di falsch Richtig. Do anä, zum Herr Hoeneß! Kenned Si dä Herr Hoeneß no?«

Beckenbauer und Hoeneß waren nicht mehr dieselben, seit die Explosion sie vom Dach des Adlon Kempinski gefegt hatte, doch sie näherten sich außergewöhnlich schnell ihrer alten Form. Im Gemeinschaftsraum zogen sie andere Patienten beim Schafkopf mit gezinkten Karten über den Tisch, und obwohl ihnen für die Nachtstunden strikte Bettruhe verordnet worden war, standen sie oft noch weit nach Mitternacht auf dem Balkon und telefonierten mit ihren Vermögensberatern in Panama, Tobago und Tunesien sowie auf den Cayman Islands und den Amerikanischen Jungferninseln.

Vor dem Einschlafen betrieben Beckenbauer und Hoeneß in ihrem Doppelzimmer auf eigene Faust Gehirnjogging.

»David Luiz«, sagte Beckenbauer. »Wia hoch war de Dransfersumme, wia ea 2011 von Benfica zua Chelsea gwexelt is?«

»Zwanzig Millionen Pfund«, sagte Hoeneß. »Weiß doch jeder. Und was hat Chelsea 2008 für Nicolas Anelka gezahlt?«

»Fünfzehn Milliona Pfund.«

»Richtig. Aber weißt du auch noch, welche Ablöse den Dortmunder Borussen 2015 Kevin Kampl wert gewesen ist?«

»Ejf Milliona Euro.«

»Falsch. Es waren zwölf Millionen.«

»Stimmt. Etz foid's mia wieda a.«

»Und wo hat er vorher gespielt?«

»Äh ... Greuther Fürth ... Bayer Leverkusen ... VfL Osnabrück ... VfR Aalen und ... äh ...«

»Und?«

»Red Bull Salzburg?«

»Korrekt.«

»Etz bin aber i wieda dro«, sagte Beckenbauer. »Wia hod da Schiedsrichta im Endschbui da Europameisterschoft 1976 ghoaßn, wo du den entscheidendn Ejfmeta vasemmelt hosd?«

Hoeneß biß sich auf die Zunge. Als Steuersünder kannte er die JVA Landsberg von innen, und im Knast hatte er gelernt, sich zu bezähmen, wenn er provoziert wurde, aber bei der Erinnerung an seinen Schuß in die Wolken gingen ihm die Gäule durch. In Belgrad war das gewesen. Diese Stadt hätte er gern ausradiert gesehen. Er dachte an Methusalix, der in »Asterix und der Arvernerschild« auf die Frage nach Alesia, der Stätte des Sieges der Römer über die Gallier, geantwortet hatte: »Alesia? Ich kenne kein Alesia! Ich weiß nicht, wo Alesia liegt! Niemand weiß, wo Alesia liegt!«

»I woaß 's no«, sagte Beckenbauer. »Sergio Gonella hod ea ghoaßn.«

»Schon möglich«, hoeneßte Hoeneß zurück. »Und welcher ehemalige deutsche Rekordnationalspieler hat bei seinem eigenen Abschiedsspiel ein Eigentor geschossen?«

»I«, sagte Beckenbauer vergnügt. »Oana wia i deaf ois!«

Auf einer Sitzbank im Flughafenterminal drückte Gerold Ute an sich. Ebenso wie alle anderen Passagiere hatten sie das Inferno aus Schüssen, Tränengaswolken und Blendgranatendruckwellen lebend überstanden, und nun wollte ein Reporter von ihr wissen, was sie dem Breitbart News Network als Frau über ihre Gefühle nach der Befreiung mitteilen könne.
»Breitbart, right?«
»Sure, Breitbart!«
Auf das rechtsradikale Breitbart News Network, das nur Lügen verbreitete und Donald Trump 2016 zum Wahlsieg verholfen hatte, war Ute nicht gut zu sprechen. Obwohl ihre Hüfte schmerzte und ihr linkes Auge tränte, stand sie auf und traf genau ins Eingemachte, als sie den Reporter trat.

Rayhan, Mustafa und die verräterischen Stewardessen waren abgeführt worden. Doch wo steckten Abdul Farid al-Araschi und Thomas Gsella?

Die traurige, aber wahre Antwort auf diese Frage lautete, daß Araschi es fertiggebracht hatte, das Krummschwert aus der Leiche seiner Geliebten Evelyn herauszuziehen, es Gsella an die Gurgel zu pressen und im Pulverdampf mit ihm zu entkommen. Der eine oder andere Soldat der jemenitischen Eingreiftruppe schien dabei mitgeholfen zu haben. Anders ließ es sich jedenfalls nicht erklären, daß Gsella jetzt im Kofferraum eines Gebrauchtwagens lag und von Al Hazm zur Grenzstadt Harad befördert wurde.

Mit Gsella hatte Araschi Großes vor: Dieser Christenhund sollte als Selbstmordattentäter in den Feindstaat Saudi-Arabien ausgeflogen und dort über der Grabstätte des Propheten Mohammed in der Stadt Medina abgeworfen werden, um den Heiligen Krieg zu befeuern.

Gsella hing unterdessen seinen eigenen Gedanken nach. 2004 hatte man ihm den Joachim-Ringelnatz-Preis verliehen und 2011 den Robert-Gernhardt-Preis, und das mochte ja auch lobenswert sein, aber er wollte noch mehr vom Leben. Zum Beispiel den Ernst-Jandl-Preis, den Georg-Trakl-Preis, den Leonce-und-Lena-Preis und nicht zuletzt den mit 5000 Euro dotierten Hubert-Burda-Preis für junge osteuropäische Lyrik. Dafür hätte Gsella sogar seine Geburtsurkunde gefälscht. Wie aber sollte er das tun, solange er sich im Gewahrsam der al-Dschaufischen Volksfront befand?

In Harad öffnete Araschi den Kofferraum und versicherte Gsella, daß er in Medina als Märtyrer in die Geschichte eingehen werde.
»Und wenn ich nicht will?« fragte Gsella.
»That's out of the question.«
»Aber als lebender Mensch könnte ich ihnen viel nützlicher sein! Ihr Anliegen, mein werter Sahib, ist es doch, die Agenda Ihrer Volksfront weithin bekanntzumachen. Und ich bin jemand, dessen Stimme in Mitteleuropa großes Gewicht besitzt. Schätzen Sie mal, wie oft sich allein mein Gedichtband ›Kille kuckuck dideldei‹ verkauft hat! Na? Da kommen Sie nicht drauf! Da wär ich nicht mal selbst drauf gekommen ...«

Leider verfing diese Taktik nicht. Zwei Helfershelfer des Terrorchefs nahmen sich des Dichters an, knebelten ihn, zwängten ihn in eine Sprengstoffweste, fesselten ihn und verfrachteten ihn in einen Learjet, den Araschi eigenhändig nach Medina fliegen wollte.

Am Steuerknüppel sang Araschi einen alten Hit mit, der im Bordradio lief.
See the pyramids along the Nile
Watch the sun rise on a tropic isle
Just remember, darling, all the while
You belong to me ...

Gsella, der nicht daran zweifelte, daß Araschi es ernst meinte, knibbelte mit den Zähnen an dem Knoten des Seils, mit dem seine Hände umschlungen waren. Als junger Mann hatte er in einer Ausgabe der *Micky Maus* einmal etwas über die Selbstbefreiung aus Fesseln gelesen, und darauf besann er sich, während Araschi die zweite Strophe anstimmte:

See the marketplace in old Algiers
Send me photographs and souvenirs
Just remember when a dream appears
You belong to me ...

Gsella fragte sich, wie weit es noch sein mochte bis Medina, und verdoppelte seine Anstrengungen. Eine Schlaufe hatte er bereits gelockert.

»I'll be so alone without you«, sang Araschi. »Maybe you'll be lonesome too ...«

Und da löste sich der Knoten. Voller Freude streifte Gsella das Seil von seinen Handgelenken ab und suchte nach einer Waffe, mit der er Araschi bezwingen konnte.

Ein Korkenzieher aus der Bordbar schien sich dafür zu eignen.

Araschi witterte keinen Verdacht. Er freute sich darauf, seinen Gefangenen über Medina in die Tiefe zu kicken, und sang weiter lustig mit.

Doch Araschi hatte die Rechnung ohne den Wirt gemacht. Gsella schlich sich von hinten heran, stieß ihm den Korkenzieher in den Hals und sprang mit einem Fallschirm ab, den er an Bord gefunden hatte.

Der Learjet mit dem sterbenden Luftkapitän Araschi verlor rasch an Höhe, trudelte bodenwärts und krachte in der Stadt Mekka auf die Kaaba, das zentrale Heiligtum des Islams.

Sie zersprang in tausend Stücke.

Und weil nun das Wetter verrückt spielte, geriet der Fallschirmspringer Gsella in einen Sandsturm, der ihn weit nach Osten wehte.

5

Mit einem herzlichen Applaus wurden Kommissar Gerold und Kommissarin Fischer begrüßt, als sie mit großer Verspätung im Präsidium der Polizei von Athen eintrafen. Was sie durchgemacht hatten, war allen bekannt. Theofanis Michelakis, der Leiter der Sonderkommission, der Clint Eastwood wie aus dem Gesicht geschnitten war, überreichte ihnen einen Orchideenstrauß und eine Flasche Metaxa, und dann wurde Gerold dazu aufgefordert, die Ergebnisse der Ermittlungen zum Mord an Jörg Herringhoff darzulegen.

Ärgerlicherweise war die Klimaanlage defekt, und Gerold schwamm in einer Schweißflut, während er den Kriminalbeamten Bericht erstattete: Herringhoff habe keine Vorstrafen und keine Schulden gehabt, unauffällig gelebt, eine saubere Personalakte hinterlassen und sich anscheinend nur ein einziges Mal eine Rüge eingefangen. »Und zwar von Roderich Bärlapp, dem Schatzmeister der Fifa. Von dem ist er drei Tage vor seinem Tod per SMS scharf zurechtgewiesen worden. Er solle das Maul halten, denn sonst werde er was erleben ...«

Es stellte sich heraus, daß auch die anderen Mordopfer in ihren letzten Lebenstagen von Bärlapp bedrängt worden waren. Ricardo López hatte er per E-Mail sogar mit einer »escuadrón de la muerte« gedroht, einer Todesschwadron, doch er hatte sich damit herausgeredet, daß das ein Scherz gewesen sei.

»That's were we have to start«, rief Rupert Wimmerforce, ein Commissioner von Scotland Yard, der sich herbeibemüht hatte, weil in diesem Gremium natürlich auch das Mutterland des Fußballs vertreten sein mußte. »Let's nail this bastard Bärlapp down!«

In natura hatten weder Ute noch Gerold jemals einen dickeren Menschen als Rupert Wimmerforce gesehen. Er benötigte eine zwei Meter breite Bank, um sitzen zu können, und sein Quadrupelkinn ging irgendwo im Brustbereich in eine Bauchkugel von der Größe des Jupiters über, aber was er sagte, klang nicht dumm. Er plädierte dafür, einen verdeckten Ermittler auf Bärlapp anzusetzen oder, besser noch, eine verdeckte Ermittlerin.

Bei diesen Worten richteten sich einhundert Augen auf die einzige Frau im Raum: die Oberkommissarin Fischer.

»Time to act«, sagte Wimmerforce. »Ready for an adventure?«

In der nächsten Kaffeepause nahm Gerold die Fischerin zur Seite. »Du kannst das«, sagte er. »Wir setzen dich diesem Schweinehund wie eine Laus in den Pelz, und dann servierst du ihn uns mitsamt seinen Hintermännern auf dem Silbertablett ...«

»Muß ich dafür auch mit ihm ins Bett gehen?« fragte Ute.

»Davon hättest du nicht viel. Roderich Bärlapp ist schwul.«

»Woher weißt du das?«

»Das ist ein offenes Geheimnis.«

»Und wie kommst du darauf, daß ich für sowas verschlagen genug bin?«

Gerold legte den Kopf schief und suchte nach einer Antwort, die sie nicht verletzte, doch da kam Rupert Wimmerforce angerollt und vertraute Ute und Gerold unter dem Siegel der Verschwiegenheit an, daß der Personalchef der Fifa schon seit langem als Informant für den britischen Auslandsgeheimdienst MI6 arbeite und die Ersetzung der derzeitigen Chefassistentin Bärlapps durch die Kommissarin Fischer sofort in die Wege leiten könne.

Ute runzelte die Stirn. »Und wie kriegen Sie diese Assistentin von Ihrem Posten weg?«

»Oh, you don't have to worry about that«, sagte Wimmerforce. »Money talks.«

Einen Sandsturm hatte Thomas Gsella zwar schon einmal in dem Spielfilm »Mission: Impossible – Ghost Protocol« gesehen, aber der war nur ein laues Lüftchen im Vergleich zu dem Orkan, der ihn im saudischen Luftraum mitgerissen und fünfhundert Kilometer weit nach As Sulayyil geblasen hatte, eine kleine Gemeinde am Rande der Wüste Rub al-Chali, wo er in der Jauchegrube eines Kamelgestüts gelandet war.

Der Fronvogt von As Sulayyil hatte Gsella reanimieren und reinigen lassen und ihn sodann einer Gruppe von Handlangern zugeteilt, deren Aufgabe darin bestand, von früh bis spät den Dung der Kamele in Schubkarren zu schaufeln.

Hier ist meines Bleibens nicht länger, dachte Gsella bereits an seinem ersten Arbeitstag. Mit fast allem war er unzufrieden, von der Vielzahl der Arbeitsstunden bis zur Kost, zur Unterkunft und zur nicht vorgesehenen Bezahlung, und weil es so heiß war, versuchte er, eine »Schönwetterzulage« ins Gespräch zu bringen, doch diese Flausen wurden ihm vom Schichtleiter mit Stockhieben ausgetrieben.

Nächtigen mußte Gsella mutterseelenallein in einem Holzverschlag inmitten von Braunbandschaben, Sichelwanzen, Getreidemotten und anderem Ungeziefer. Auch eine Vogelspinne hatte er gesichtet und einen Dickschwanzskorpion der stechfreudigen Gattung Androctonus crassicauda. Und sahen manche der Arbeitskollegen nicht so aus, als wären sie mit Lepra, schwarzen Blattern oder etwas noch Üblerem infiziert?

Die Tür des Verschlags war nicht verschlossen, denn der Fronvogt verließ sich auf seine Wachhunde, drei mannscharfe Staffordshire Bullterrier, die auf dem Gelände patrouillierten. Ihnen war noch nie jemand entwischt.

Gsella aber, nicht faul, stahl sich am Ende seines zweiten Arbeitstages in die Küche des Gestüts und stibitzte drei Pavianwürste, und als in der darauffolgenden Nacht der Vollmond aufgegangen war, trat er hinaus und schmiß den grollend herbeieilenden Wachhunden die Würste zum Fraß vor.

Das genügte. Die Terrier beschäftigten sich mit dem Imbiß, und Gsella hatte freien Zugang zur Vorratskammer, wo er ein Satteltaschenpaar mit einem Sack Datteln und einem Wasserschlauch füllte und schulterte. Dann weckte er mit einem sachten Fußtritt eines der Kamele.

Es erhob sich schnaubend auf die Beine.

»Ruhig, Brauner«, sagte Gsella und warf ihm die Satteltaschen über den Hals.

Das Kamel wehrte sich nicht dagegen. Es stand still und harrte der Dinge, die kommen mochten.

Schwerer als alles Vorangegangene fiel Gsella das Kunststück, das Kamel zu besteigen. Er krallte sich an das Fell und zappelte hilflos mit den Beinen. Erst das Knurren der Terrier, die ihre Würste aufgefressen hatten und sich fragten, was hier eigentlich vorging, bescherte ihm den Unternehmungsgeist, den er brauchte, um sich zwischen die Höcker zu schwingen und dem Gestüt zu entfliehen.

»Vorwärts, altes Wüstenschiff!« rief er. »Galoppi, galoppi!«

Das Kamel trabte gemächlich los. Von den belfernden Hunden ließ es sich nicht beirren, und sie blieben auch schon bald zurück, weil sie wußten, daß es keine Wiederkehr aus der Wüste Rub al-Chali gab, in die Gsella hineinritt.

Die Zerstörung der Kaaba hatte die Muslime von Dakar bis Jakarta in Aufruhr versetzt. Niemand bekannte sich zu diesem Anschlag, aber viele Millionen erboste Eiferer glaubten, daß die CIA dahinterstecke. Ein russischer Nachrichtensender nährte diesen Verdacht, und in Kairo, Mogadischu, Kuala Lumpur, Tunis und Amman wurde Feuer an die amerikanische Botschaft gelegt. In Algier brannten Demonstranten eine Pizza-Hut-Filiale nieder, und auf den Malediven verübte der gesamte Kader der Handball-Nationalmannschaft aus Protest Selbstmord durch die Inhalation von Auspuffgasen.

Es wurde ernst. Die United States Navy machte ihre Schiffe im Persischen Golf gefechtsklar, Rußland sandte zwei Atom-U-Boote mit seegestützten Interkontinentalraketen aus, die chinesische Marine mischte sich mit einem Lenkwaffenzerstörer ein, und der

Oberste Führer der Demokratischen Volksrepublik Korea kündigte einen atomaren Erstschlag für den Fall an, daß man ihm kein Mitspracherecht beim Ausbruch des Dritten Weltkriegs gewähren sollte. Für Verschwörungstheoretiker war es ein Fest. Sie wiesen den Rosenkreuzern die Schuld zu, den Freimaurern, den Zeugen Jehovas, dem Kreml, dem Pentagon, der Federal Reserve Bank, den Tempelrittern und den Weisen von Zion, und der saudi-arabische Kronprinz Mohammed bin Salman bin Abdulaziz Al Saud setzte ein Kopfgeld in Höhe von zehn Millionen Saudi-Riyal für die Ergreifung des Täters aus, was plusminus 2,3 Millionen Euro entsprach.

Er sei das alles leid, sagte Gerold, klappte seinen Laptop zu und blickte Ute an, die aus der Hotelzimmerdusche kam. »Erbitte Status-Diagramm.«
»Verstanden«, sagte Ute. »Gehe jetzt auf Suche nach dem Zielsender.«
»Gut. Schauen wir uns das auf Infrarot an. Umschalten auf Wärmebild!«
Sie spielte mit. »Red-Crown-Kontaktdaten. Drei-null-null für dreißig.«
»Roger. Ziel ist statisch. Setzen wir den Laser ein.«
»Geh einfach auf Anschubwinkel drei null und bring uns sicher runter, ja?«
»D'accord. Wir haben Standardprozeduren für solche Fälle ...«
»Countdown einleiten!« befahl Ute und zog Gerold das Hemd über den Kopf.

Fünfhunderttausend Quadratkilometer weit breitete die Wüste sich um Thomas Gsella aus, als er auf dem gestohlenen Kamel nach Osten ritt und verzweifelt Ausschau nach einem Objekt hielt, das Schatten spendete. Die Mittagssonne hatte das Thermometer auf sechzig Grad Celsius steigen lassen, und Gsella brannte das Salz seiner Schweißtropfen in den Augen. Seine Glatze hatte er mit einem Geschirrtuch aus der Küche des Gestüts bedeckt, aber auf seinen Unterarmen bildeten sich feuerrote Brandblasen, und der schaukelnde Gang des Kamels versetzte ihn in eine Trance, in der es ihm vorkam, als bräche sein Gehirn siedend aus dem Schädel hervor – als wäre er ein Kochtopf, und seine Ohren und Zähne wären feurige Kohlen, aus denen die Flammen des Höllenfeuers emporschlügen.

Hinter jeder Sanddüne wurde die Kuppe der nächsten Sanddüne sichtbar und niemals der Umriß einer Oase mit einer Palme, einem Liegestuhl und einem Kiosk, der eisgekühlte Getränke verkaufte: Licher Pilsner, Mönchshof Maibock, Alsfelder Weizen Kristall oder Pfeffer-Hell aus der Dampfbierbrauerei Zwiesel. Selbst eine Flasche Clausthaler Hefeweizen Premium Alkoholfrei oder ein Schmucker Diät-Pils hätte Gsella jetzt dankbar entgegengenommen.

Bei jedem Atemholen füllten seine Lungen sich mit beißend heißem Sauerstoff, und urplötzlich verschlechterte die Lage sich beträchtlich: Eine Sandrasselotter fuhr zischend aus dem Wüstensand auf, und das Kamel scheute, stellte sich blökend auf die Hinterbeine, schüttelte Gsella ab und rannte mit den restlichen Datteln und dem Wasserschlauch davon.

6

Hinter den Kulissen mußten einige Strippen gezogen werden, bevor Kommissarin Fischer im Ausland operieren durfte. Im Wiesbadener Bundeskriminalamt erhielt sie einen Crashkurs in verdeckter Ermittlung, und man stattete sie mit Dokumenten aus, die ihre neue Identität bewiesen. Ute Fischer hieß jetzt Verena Süß und hatte sich angeblich in der renommierten Buhmann-Schule in Hannover zur Chefassistentin ausbilden lassen. In einem Arbeitszeugnis wurden ihr großes Geschick bei der Analyse von Textinhalten, exzellente Kenntnisse im Umgang mit Word, Excel und Outlook, ein strukturierter und zuverlässiger Arbeitsstil, Organisationstalent, Belastbarkeit und Eigeninitiative sowie absolute Diskretion und Loyalität bescheinigt.

»Und wie steht's mit deinen Fußballkenntnissen?« fragte Gerold bei einem abendlichen Telefonat. »Hast du dich fortgebildet?«

»Ja. Ich lese gerade das Buch ›So werde ich Heribert Faßbender‹ von Thomas Gsella und Jürgen Roth. Mit lustigen Bildern von Heribert Lenz. Laut Untertitel ist das ein Grund- und Aufbauwortschatz für Fußballreporter. Da stehen Floskeln drin wie ›Dem Mittelfeld fehlt ein Spielgestalter‹, ›Da herrscht ein Weißwurstchaos im Schalker Strafraum‹ und ›Nürnbergs Abwehr spielte in der ersten Halbzeit wie eine Mischung aus Bratwurst und Lebkuchen‹ ...«

»Das darf doch nicht wahr sein!« rief Gerold, »Du mußt Fachliteratur lesen! Studien über die Wirtschaftsweise der Fifa und nicht solchen Müll!«

»Tu ich ja außerdem noch. Sei unbesorgt. Und was treibst du selbst?«

»Ich werde mir morgen in Frankfurt den DFB-Präsidenten vornehmen.«

»Viel Spaß. Nach allem, was ich weiß, ist der Mann ein Weichei.«

»Mag sein. Ich trage übrigens gerade nur einen feinmaschigen Herrenslip mit Blütenspitze, falls es dich interessiert ...«

»Aus achtzig Prozent Polyester und zwanzig Prozent Elasthan?«

»Du sagst es.«

»Kannst du mir ein Foto davon schicken?«

»Eventuell. Aber vorher mußt du mir den Kopf von Roderich Bärlapp bringen ...«

Thomas Gsella hatte einen harten Sturz getan. In seinem Kreuzbein war etwas verrenkt, seine Lippen glichen abgestreiften Schlangenhäuten, und er litt unter den Schwankungen der Temperatur. In den Nächten sank sie in der Wüste Rub al-Chali bis auf den Gefrierpunkt, und tagsüber stieg sie höher, als man es für möglich hielt, wenn man aus dem Ruhrgebiet stammte.

Die Sonne sprühte mittags Funken so dick wie Gazellenhälse.

Gsella krabbelte voran, doch es fiel ihm zusehends schwerer, seine Handflächen auf die heißen Sandkörner zu stemmen. Er fühlte sich so schmerzlich verlassen und ausgestoßen wie die Amoriter, die Kanaaniter und die Jebusiter im Buch Exodus, und das wollte etwas heißen, denn von diesen Völkern hatte Gott sich unwiderruflich abgewandt.

Ein Wüstenwaran flitzte vorüber, und Gsella griff nach ihm, gierig nach Fleisch und Blut, doch der Waran war schneller und entglitt den Fingern des Satirikers.

Wenn Gsella in der islamischen Überlieferung bewandert gewesen wäre, hätte er vielleicht den Merkvers gekannt, in dem die Qualen geschildert wurden, die den Ungläubigen im Jenseits blühten: *Die Glut der Hölle ist gewaltig, ihre Tiefe unfaßbar, ihr Brennmaterial Eisenstein, ihr Getränk glühendes Wasser und Eiter, und ihre Kleider sind kurze Feuergewänder.*

Dies alles lernte er nun bereits im Diesseits kennen. Ausgehungert und dehydriert schleppte er sich Meter um Meter nach vorn, und da erahnte er im Flimmern und im Dunst der Wüste mit einemmal die Aschaffenburger Brauereigaststätte Schlappeseppel, eine seiner Stammkneipen, in der er im Laufe seines Lebens Tausende von Euro versenkt hatte.

»Ein Pils bitte«, ächzte Gsella. »Mit herber Hopfenblume ...«

Die Zunge hing ihm bis zum Schlüsselbein heraus, und es dürstete ihn sehr, aber dann verflüchtigte sich die Fata Morgana, und an ihre Stelle trat wieder der reine, schwere Sonnenglast, der hier schon so manchen Pilger das Leben gekostet hatte.

In Gsellas Wahrnehmung verdichteten sich die Dünen und das brodelnde Dotter der Sonne zu einer einzigen Trockenbrühe, die ihn zu ersticken drohte, doch er gab nicht auf, obwohl seine Nakkenhaut schon brenzlig roch und fünf aasfressende Greifvögel über ihm kreisten.

»Kein Gruß, kein Herz, kein Kuß, kein Scherz«, ging es ihm durch den Kopf. »So schön, schön war die Zeit ...«

Dann fingen Gsellas Ohren Feuer. Er patschte es aus und erlitt dabei einen leichten Herzinfarkt, bevor er das Bewußtsein verlor und bäuchlings in den qualmenden Wüstenstaub fiel.

Die Weltuntergangsuhr der Zeitschrift *Bulletin of the American Scientists* war auf dreißig Sekunden vor zwölf vorgestellt worden, aber trotz der angespannten Situation hatte sich im Persischen Golf noch kein Schuß gelöst, und es war auch noch immer ungewiß, wer hinter dem Anschlag auf die Kaaba steckte. Klar war nur, daß der Schuldige den Zorn von mehr als anderthalb Milliarden Muslimen auf sich gezogen hatte. Ihr Unmut kannte keine Grenzen. Der saudische Mufti Abd-al Aziz el-Hashim, der ein hohes Amt in der nationalen Religionspolizei bekleidete, und der iranische Rechtsgelehrte Roshan Dschalal al-Afghani reichten einander über den Graben ihrer Erbfeindschaft hinweg die Hände und erließen gemeinsam eine Fatwa, in der sie für sachdienliche Hinweise auf den Täter eine Hundertschaft korallenäugiger Paradiesjungfrauen auslobten, und in Isfahan zündeten zwei Gotteskrieger vor einer Kathedrale sicherheitshalber schon mal eine Autobombe.

»Wir haben unsere Karten offen auf den Tisch gelegt«, erklärte Sven Glattschnigg, der DFB-Präsident, der sein Amt drei Monate zuvor angetreten hatte, nachdem sein Vorgänger wegen Steuerhinterziehung hinter schwedischen Gardinen gelandet war. »Ich weiß wirklich nicht, was Sie noch von uns wollen!«

»Jörg Herringhoffs Rechner«, sagte Kommissar Gerold.

»Der ist bei einer Inventur nach Herrn Herringhoffs Tod ordnungsgemäß verschrottet worden. Steht alles in Ihren Papieren.«

»Nein, hier steht nur, daß Sie Herrn Herringhoffs Büro leergeräumt und es chemisch gereinigt haben. Was daran ›ordnungsgemäß‹ gewesen sein soll, ist bis heute Ihr süßes Geheimnis. Und deshalb frage ich Sie abermals: Wo ist Herringhoffs Rechner?«

Sie maßen sich mit kühlen Blicken. Glattschnigg betrachtete Gerold als einen voreingenommenen, selbstgerechten, branchenfremden und lästigen Schnüffler, während Gerold in Glattschnigg einen öligen und doppelzüngigen Windhund mit Anzugknöpfen aus Schweizer Uhrenstahl sah, dem jede Lüge glatt über die Lippen ging.

Da Glattschnigg schwieg, setzte Gerold den Hebel woanders an und sagte, daß es gewisse Machenschaften gebe, die der Öffentlichkeit bislang verborgen geblieben seien. »Ich meine damit Ihre Verwicklung in die Finanzskandale des SV Meppen.«

Glattschnigg wich das Blut aus dem Gesicht.

»Wir sind im Bilde über das System Ihrer Vetternwirtschaft bei der Vergabe der Aufträge für den Ausbau des Stadions in Meppen«, sagte Gerold. »Und wir wissen auch, daß Sie vor fünf Jahren versucht haben, einen Schiedsrichter der Dritten Liga mit Freifahrtscheinen für das Hamburger Bordell Paradise Point of Sex zu bestechen. Ich will das aber gar nicht an die große Glocke hängen. Ich möchte nur, daß Sie mir mitteilen, wo der Rechner von Herrn Herringhoff geblieben ist. Wenn Sie das tun, werde ich mir im Hinblick auf Ihre Person unter Umständen zwei oder drei Gedächtnislücken erlauben.«

»Und da ist er eingeknickt?« fragte Ute Gerold abends am Telefon.

»So kann man's sagen.«

»Und woher kennst du die Leichen, die Glattschnigg im Keller hat?«

»No comment. Quellenschutz.«

»Hast du denn jetzt den verdammten Rechner?«

»Ja. Der wird zur Stunde von irgendwelchen Cybertechnologen geflöht.«

»Und trägst du wieder deinen feinmaschigen Herrenslip?«

»Nein. Ich sitze im Bademantel vor einem Fertiggericht.«

»Hoffentlich nicht vor Insektenpasta mit Mehlwurmmehl.«

»Irrtum. Es handelt sich, um der Wahrheit die Ehre zu geben, um drei Quarkkeulchen aus der Thüringer Kloßmanufaktur. Und wie ist bei dir die Lage?«

Die Fischerin schloß die Augen, zog die Bettdecke ans Kinn und faßte zusammen, was man ihr inzwischen alles beigebracht hatte: »Ich kann jetzt Stalkerware auf Smartphones installieren, Virenschutzprogramme als Wanzen einsetzen, Verfolger ins Leere laufen lassen und auf Kurzwelle Geheimbotschaften übermitteln. Und ich hab Stenographie lernen müssen. Stell dir das vor! Stenographie! Weil Roderich Bärlapp darauf besteht, daß seine Sekretärin Steno beherrscht. Im einundzwanzigsten Jahrhundert!«

»Wann soll's denn losgehen?«

»Morgen ist mein erster Arbeitstag.«

»Aufregend, oder?«

»Wie man's nimmt. Ich kann mir was Schöneres vorstellen ...«

Eine große und glänzende Kamelreiterschar umringte Thomas Gsellas Leib. Angeführt wurde sie von Tahir Farralbaki, einem Beduinen, der den Beinamen »Vater der Schakale« trug und unter seinem Burnus eine Glock 44 und einen mit Zink legierten und mit Blattsilber verzierten Dolch aus Edelstahl verwahrte. Farralbaki war mit seiner Karawane unterwegs zu der Hafenstadt Al Sila, um dort Ziegenhäute zu verkaufen, die er im Sultanat Oman aus dem Verkehr gezogen hatte. Der menschliche Beifang Gsella eignete sich in Farralbakis Augen gut für den Verkauf auf dem Sklavenschwarzmarkt.

Zwei Bandenmitglieder hoben Gsella hoch und zurrten ihn auf einem der Transportkamele fest.

7

Ihren auberginenförmigen neuen Chef Roderich Bärlapp lernte Ute Fischer alias Verena Süß sofort von seiner unangenehmsten Seite kennen, als sie in Zürich ihren Dienst antrat.

»Morgen früh fliegen wir nach Rio, und von da geht's weiter nach

Neuseeland«, sagte er und warf ihr eine Checkliste auf den Schreibtisch. »Kümmern Sie sich darum. Und seien Sie so gnädig, Ihre Garderobe und Ihr Make-up bis morgen auf die Farbtöne der Innenverkleidung des Jets abzustimmen, mit dem wir fliegen. Blueberry, Sepiabraun und Hibiskusrot. Ich bin ein Farbenmensch. Ihre Amtsvorgängerin ist hier einmal in einem glittervioletten Longblazer erschienen und hat dazu flaschengrüne Loafer mit pastellgelben Schleifen getragen. Ist lange her, aber ich weiß es noch wie heute. ›Wollen Sie mich umbringen?‹ hab ich sie gefragt. Und sie: ›Wieso? Hab ich was falsch gemacht?‹ Und ich: ›Würden Sie sich bitte mal im Spiegel ansehen?‹ Und sie: ›Was soll das heißen?‹ Und ich: ›Das soll heißen, daß mir die glasierten Aprikosen von gestern abend hochkommen, wenn mir Ihre Schühchen und Ihr Blazer in die Augen stechen.‹ Und sie: ›Dann fragen wir doch mal die Gewerkschaft, was die dazu meint.‹ Und ich: ›Weshalb kommen Sie mir jetzt mit der Gewerkschaft? Der einzige Kritikpunkt, den ich angesprochen habe, betrifft den Kontrast zwischen der Farbe Ihres Blazers und der Ihrer Schühchen.‹ Gehören Sie auch einer Gewerkschaft an, Fräulein Süß?«

»Nein.«

»Das freut mich für Sie. But anyway – werfen Sie sich morgen in Schale. Wir haben Großes vor!«

Kommissarin Fischer verzog keine Miene, aber innerlich kochte sie. Ein schwuler Freund hatte einmal zu ihr gesagt, daß es nichts Schwulenfeindlicheres gebe als Tucken. Genau in diese Kategorie fiel Roderich Bärlapp, der auch sonst keine erfreuliche Erscheinung bot. Sein Gesicht ähnelte dem eines Blobfischs, und das Sprechen schien er im Reich der Kreuzkröten erlernt zu haben.

Während Ute im Vorzimmer die Reisevorbereitungen traf, hörte sie ihn in seinem Büro über »die Prozessualisierung von Strategiezielen« und »die Priorisierung von Fokusprojekten« dozieren. In einem Telefongespräch mit dem Präsidenten der Nigerian Football Federation drang er darauf, daß »evidenzbasiert abgeleitete Entscheidungen künftig stärker operationalisiert werden« sollten, und dem Chief Digital Officer des uruguayischen Fußballverbandes wusch er noch rabiater den Kopf: »Die verwaltungsseitige Federführerschaft muß auch in krisenmotivierten Koordinierungsprozessen konsensual von der Fifa-Zentrale festgelegt werden! Merken Sie sich das, Sie Pflaume!«

Als Bärlapp endlich auf die Toilette gegangen war, verwanzte Ute sein Büro und seinen Rechner und kam sich dabei vor wie Mata Hari.

Mehr tot als lebendig wurde Thomas Gsella in einer Karawanserei in Al Sila vom Kamel gehoben und den Kaufinteressenten präsentiert. Tahir Farralbakis Leute hatten ihn mit etwas Wasser und einer Aufbaukur aus Amphetaminen versorgt, aber er war ein Ladenhüter. Wer brauchte schon einen kraftlosen und gebrechlichen Hungerhaken mit Verbrennungen zweiten Grades, der nur durch das Zucken seiner Augenlider und sein Greinen nach Wasser bewies, daß er überhaupt noch lebte?

Viele Häupter beugten sich über diesen Verkaufsgegenstand, der auf dem Rücken lag, an Holzstreben gekettet, aber niemand schenkte Gsella ein Lächeln. Was er über sich sah, waren die Fratzen der verrufensten Gestalten aus der arabischen Unterwelt. Man sah ihnen an, daß sie zahlreiche Messerkämpfe und Schießereien überlebt hatten und nicht viel Wert auf ihr Äußeres legten. Dem einen Herrn fehlte ein Ohr, dem anderen ein Auge, dem dritten die Nase und dem vierten der Unterkiefer, und fast alle trugen lange Bärte vor sich her.

Während der Verhandlungen schabten die nadelspitzen Enden der harten Barthaare über Gsellas Brust und zerschnitten seine gerötete Haut wie Topfschrubber aus Stahldraht und Polyesterzwirn. Der Sonnenbrand, den der Dichterling aus der Wüste mitgebracht hatte, forderte seinen Preis.

Das höchste Gebot für Gsella belief sich auf sechs Saudi-Riyal, was knapp anderthalb Euro gleichkam.

Dann werde er den Mann lieber als Fischköder im Roten Meer

verwenden, rief Farralbaki aus und ließ sich von einem seiner Gefolgsmänner ein Ausweidemesser reichen.

Gsella begriff, daß es hier um sein Leben ging. Er hätte gern mitgeboten und die Handelspartner darauf aufmerksam gemacht, daß sich in dem Portemonnaie in seiner hinteren rechten Hosentasche mehr als dreißig Euro befanden, doch er konnte sich nur ein Krächzen abquälen.

Um den Preis hochzutreiben, verwies Farralbaki auf den tadellosen Zustand von Gsellas Gebiß und entblößte mit dem Knauf des Ausweidemessers oben und unten das Zahnfleisch.

Die meisten Hehler blieben skeptisch, aber ein irakischer Menschenhändler bot volle dreizehn Riyal.

Farralbaki schlug ein, und wenig später fand Gsella sich zwischen fünfzig anderen Männern gefesselt in einem Container an Bord eines Frachters wieder, dessen Ziel der Wasserweg Schatt al-Arab war.

Das werde ich der Heinrich-Böll-Stiftung erzählen, dachte Gsella.

Im Datenmüll auf Jörg Herringhoffs Festplatte waren die Fahnder auf eine Goldader gestoßen: die Korrespondenz mit Dietrich zur Nedden, einem Journalisten aus Hannover, mit dem Herringhoff sich in den letzten Tagen seines Lebens über einige dunkle Punkte in der jüngeren Geschichte des Deutschen Fußball-Bundes und der Fifa ausgetauscht hatte.

»Mir stehen die Haare zu Berge«, hieß es in einer E-Mail von Herringhoff. »Wenn Sie den DFB und die Fifa für einen Schweinestall halten, liegen Sie schief. Es ist viel schlimmer. Über Kanäle aus den Vereinigten Arabischen Emiraten wird gerade unglaublich viel Geld hereingepumpt und nach einem Gießkannenprinzip, das ich noch nicht durchblickt habe, an Bundesliga-Schiedsrichter verteilt. Und ich höre auch schon manches Dubiose über die Vergabe der Fußball-Weltmeisterschaft 2034 munkeln.«

Zur Nedden an Herringhoff: »Sie sollten mir solche brisanten Informationen nicht mailen. Können wir uns treffen?«

Herringhoff an zur Nedden: »Ginge es am Freitag in Hannover?«
Zur Nedden an Herringhoff: »Gern. Wie wäre es im Ristorante da Lello an der Marienstraße um 19 Uhr?«
Herringhoff an zur Nedden: »Perfetto.«
Kommissar Gerold sah auf den Kalender. Dieses Treffen mußte am Vorabend von Herringhoffs Tod stattgefunden haben.

Laut Internet war zur Nedden als freier Autor tätig und hatte unter anderem die Bücher »Das Freiburg-Fieber«, »Strafplanet Erde« und »Pfeifen! Vom Wesen des Fußballschiedsrichters« geschrieben.

Gerold rief zur Nedden an, stellte sich kurz vor und fragte ihn, ob er ihn heute noch in Hannover treffen könne, um ihm einige Fragen zu Jörg Herringhoff stellen zu können.

»Gern«, sagte zur Nedden. »Wie wäre es im Ristorante da Lello an der Marienstraße?«

»Paßt es Ihnen um neunzehn Uhr?« fragte Gerold und nahm sich vor, eine Zeitlang einen Bogen um den Hundertwasser-Bahnhof in Uelzen zu machen.

Weil ihm das Essen in der Reha-Kantine zum Halse heraushing, hatte Uli Hoeneß sich aus seiner Nürnberger Wurstwarenfabrik zwei Kilogramm Kümmelfleisch kommen lassen.

»Unwiderstehlich crunchy!« rief Franz Beckenbauer, als er an der Zwischenmahlzeit teilnahm. »I deaf gar ned mehr dro denga, mid wos fia an Saufraß mia im Drainingsloga Malente obgspeist woadn san ...«

Er spielte damit auf die Kost an, die der deutschen Nationalmannschaft während der WM 1974 von dem DFB-Chefkoch Hans-Georg Damker gereicht worden war.

»Da hat uns die Welt noch zu Füßen gelegen«, sagte Hoeneß und biß herzhaft zu, während eine Träne das Gerstenkorn in seinem linken Auge umflorte.

»Und da Maier Sepp und du«, sagte Beckenbauer, »ihr seids amoi in da Nacht abghaut und habts in Hamburg rumgschnackselt ...«

»Du warst aber auch kein Kind von Traurigkeit, mein lieber Franz«, versetzte Hoeneß. Der alte Schalk blitzte in seinen Augen auf.

In ihrer Jugend hatten es die beiden Weltmeister faustdick hinter den Ohren gehabt, doch hier und jetzt platzte Schwester Ophelia ins Zimmer, ohne anzuklopfen.

»Füürobed«, sagte sie und klatschte in die Hände. »Si söted scho lang i dä Fäderä liggä, si beidi! Hopp, hopp, undere jetz! Aber zerscht no d' Zäähli putzä, gäll! Und händ Sie Ihri Medizin scho gnoo?«

Das war der Tropfen, der das sprichwörtliche Faß zum Überlaufen brachte. In dieser Nacht rissen Beckenbauer und Hoeneß ihre Bettlaken in Streifen, knoteten sie zusammen, seilten sich vom Balkon im zweiten Stock in die Freiheit ab und schlugen sich in die Büsche.

»Freedom's just another word for nothin' left to lose!« schrie Hoeneß in den Sternenhimmel.

Beckenbauer wollte einstimmen, aber da er nicht wußte, wie das Lied weiterging, behalf er sich mit der einzigen Songzeile, die er auswendig kannte: »Es hängt ein Pferdehalfter an der Wand!«

Thomas Gsella fühlte sich nicht wohl. Die Temperatur in dem Container war stark angestiegen, seit der Frachter abgelegt hatte, und die Ausdünstungen der Mitgefangenen spotteten jeder Beschreibung.

Schwächere Männer hätten sich in einer derartigen Zwangslage in ihr Schicksal ergeben. Gsella hingegen dachte zurück an das, was er als Unterprimaner in den Büchern von Ernst Bloch gelesen hatte, dem Autor der Klassiker »Geist der Utopie« und »Das Prinzip Hoffnung«, und er dachte an Blochs prophetische Worte: »Man ist mit sich allein. Mit den anderen zusammen sind es die meisten auch ohne sich. Aus beidem muß man heraus.«

Das war das Stichwort, aus dem Gsella die Willensstärke empfing, mit der er sich in stundenlanger, zäher Kleinarbeit seiner Fesseln entledigte und seine Brüder für einen Aufstand gegen ihre Entführer zu gewinnen trachtete. »Laßt die Glocken von den Hügeln von New Hampshire läuten!« rief er. »Es ströme das Recht wie Wasser und die Gerechtigkeit wie ein niemals versiegender Bach!«

Doch niemand schloß sich Gsella an. Zwei Gefangene verpfiffen ihn mit Klopfzeichen an die Wachmannschaft, und den Rest der Seereise verbrachte er geknebelt und verschnürt in einem Deckelfaß aus Polyethylen.

Im Ristorante da Lello trank Kommissar Gerold einen Ramazzotti. »Sind Sie denn nicht im Dienst?« fragte Dietrich zur Nedden. »Ich dachte, dann wäre Alkohol tabu für Bullen. Verzeihung. Für Polizisten, meine ich.«

»Träumen Sie ruhig weiter«, sagte Gerold. »Aber bitte erst, wenn Sie mir alles mitgeteilt haben, was Sie über Jörg Herringhoff wissen. Wie sind Sie mit dem überhaupt in Kontakt gekommen?«

Zur Nedden, ein gutaussehender, von manchen Wettern gegerbter Endfünfziger, holte weit aus. Mit Herringhoff hatte er 1993 Bekanntschaft geschlossen. »Ich hab damals als Pressesprecher für den SC Freiburg gearbeitet, der gerade in die Bundesliga aufgestiegen war, und da ist Jörg Herringhoff noch ein ganz kleines Licht gewesen. Hat mich für irgend'n Hochschulmagazin interviewt und mir dann im Vertrauen gesteckt, daß er vorhabe, den DFB zu unterwandern. Wollte sich da einschleichen, um das System von innen zu zersetzen, und eines Tages dann ein Enthüllungsbuch schreiben. Ich hab mir nicht viel dabei gedacht, aber er hat diese Nummer tatsächlich durchgezogen, ganz konsequent, und vor einem Monat ist er wieder an mich herangetreten …«

»Persönlich?«

»Nein, telefonisch. Hat sich ein Treffen gewünscht. Unter freiem Himmel.«

»Und wo haben Sie sich getroffen?«

»Hier in Hannover. Im Zoo.«

»Ist der nicht phantastisch?« rief Gerold aus. »Ich war da vor zehn Jahren mal mit meinem Sohn. Der herrlichste Zoo, den ich kenne. Am besten hat mir das Giraffengehege gefallen ... Aber zurück zum Thema. Hat Herringhoff Ihnen Näheres über die Vergabe der Fußball-WM 2034 erzählt?«

»Er hat nur Andeutungen gemacht«, sagte zur Nedden. »Da sei was im Busch, hat er gemeint. Irgendwas Oberfaules. Und er hat mir den Namen einer Kontaktperson aufgeschrieben, an die ich mich wenden soll: Iglusch Boberaitis.«

»Bitte wie? Was soll denn das für 'n Landsmann sein?«

»Hat Herringhoff mir nicht verraten. Nur den Namen: Iglusch Boberaitis.«

»Und? Gibt's den?«

»Weiß ich nicht. Im Internet hab ich ihn nicht gefunden.«

»Und das ist alles?«

»Ja. So leid's mir tut.«

»Er hat Ihnen nur diesen Namen genannt und ist dann abgedackelt?«

»Ja.«

Kommissar Gerold stöhnte auf, aber dann kam das Essen, und bei Penne arrabbiata, Gamberoni alla griglia und Faßbier unterhielt er sich mit Dietrich zur Nedden noch bis zwei Uhr morgens angeregt über die Erfolgsbilanz des SC Freiburg in der Ära des Trainers Volker Finke.

In Rio de Janeiro stieg Roderich Bärlapp mit seiner Entourage im Hotel Emiliano an der strandnahen Avenida Atlantica ab. »In Ihrem Badezimmer erwartet Sie eine japanische High-Tech-Toilette, die Ihre Urinwerte und Ihren Blutdruck mißt, meine Guteste«, sagte er zu seiner neuen Assistentin Verena Süß, bevor er sich in seine eigene Suite zurückzog. »Wir sehen uns dann um halb neun im Restaurant Oro. Wenn Sie schon eher dort eintreffen sollten, dann bestellen Sie für mich doch bitte eine Kürbissuppe mit Flußkrebsen und Tapioka, eine Portion Schweinerippchen mit Mandioquinha-Baroa-Kartoffeln und zum Nachtisch grüne Papaya mit fermentiertem Honig, ja?«

Kommissarin Fischer nickte. Während des Flugs nach Brasilien hatte Bärlapp rund fünfhundert schriftliche Autogrammwünsche erfüllt. Ihr blieben zwei Stunden Zeit, um alle Autogrammkarten in Umschläge zu stecken, jeden Umschlag mit der richtigen Adresse zu versehen und zu frankieren und sich anschließend ein erholsames Vollbad zu gönnen.

Für das Bad blieben zu guter Letzt nur fünf Minuten übrig.

Sie atmete durch, während die Toilette die Raumtemperatur maß.

Ein Klo, das sich als Hausarzt ausgibt, dachte Ute. Ob es wohl auch meine Fruchtbarkeit untersucht?

8

Jahrhundertelang war die irakische Handelsmetropole Basra ein Zankapfel gewesen. Wer hatte dort nicht alles um die Vorherrschaft gerungen! Ibaditen, Charidschiten, Abbasiden, Umayyaden, Ilchane, Dschalairiden, Osmanen und Briten, aber davon wußte Thomas Gsella rein gar nichts, als er in Basra aus dem Faß gezogen und zusammen mit neun anderen gefesselten Leibeigenen, einem Früchtekorb, zwei Kisten Knallpatronen und einem offenen, für ein Feinkostgeschäft in der Hauptstadt bestimmten Bottich voller Torpedorochen auf einen Pritschenwagen verladen wurde.

Für Gsella war das Land eine einzige große Terra incognita. Aus dem Halbdunkel verjährter Erdkundestunden tauchte nur die Erinnerung daran auf, daß es an Euphrat und Tigris eine regulierbare künstliche Bewässerung gab.

Bewässerung, dachte Gsella. Wie lange schon hatte er nichts mehr getrunken?

Während der Pritschenwagen ins Landesinnere holperte, fiel aus dem Korb eine Feige heraus und kullerte genau in den Mund eines anderen Gefangenen.

Gsella leckte sich die Lippen, als er sah, wie geschickt dieser heißhungrige Mann die Feige schnabulierte.

Feigen, so hatte Gsella es einmal in der *Apotheken Umschau* gelesen, stellten einen echten Power-Snack aus Kohlehydraten, Ballaststoffen und Mineralstoffen dar, waren reich an Vitamin B1 und bestanden zu achtzig Prozent aus Wasser.

Wasser!

Gsella stak die Zungenwurzel in der Mundhöhle wie eine Knochengeschwulst. Die Temperatur war auf vierzig Grad geklettert. An den Früchtekorb kam er zwar nicht heran, aber zu dem Bottich, aus dem gelegentlich etwas Wasser schwappte, konnte er vielleicht hinüberrobben.

Die Männer, zwischen denen er sich hindurchzuschlängeln versuchte, reagierten unwirsch. Sie versuchten Gsella abzudrängen, schimpften, bäumten sich auf und brachten dabei den Bottich zu Fall.

Ein breiter Salzwasserschwall ergoß sich auf die Ladefläche. Gsella nahm davon so viel wie möglich in sich auf, bis einer der ausgeschütteten Rochen mit ihm auf Tuchfühlung ging.

Torpedorochen können lähmende elektrische Schläge von bis zu 230 Volt austeilen, und der in Gsellas linke Armbeuge geschwemmte Rochen zögerte nicht, sein Äußerstes zu geben: Er verpaßte diesem Feind den Elektroschock seines Lebens.

Eine Millisekunde lang hatte Gsella noch einmal die Vision von einem frischgezapften Pils. Dann wurde ihm schwarz vor Augen.

Die Chefsekretärin der Redaktion des Sportmagazins *Kicker* massierte sich den Nacken. Gerade hatte ihr der Alt-Internationale Lothar Matthäus telefonisch eine halbe Stunde lang das Ohr abgekaut, um ihr klarzumachen, daß sein Vertrag mit dem Nachrichtensender Sky Sport News HD im letzten Heft falsch dargestellt worden sei, und als das Telefon von neuem klingelte, ließ sie sich eine volle Minute Zeit, bevor sie abnahm und sagte: »Guten Tag. Wer spricht?«

»Iglusch Boberaitis.«

»Bitte wer?«

»Boberaitis. Iglusch. I would like to speak to your editor.«

»Können Sie das wiederholen?«

»I would like to speak to your editor. Mister Woodshoe.«

»Meinen Sie unseren Herausgeber Rainer Holzschuh?«

»Yes.«

»Da haben Sie Glück. Der ist heute im Hause. Moment – ich verbinde ...«

»Holzschuh«, sagte Holzschuh etwas mürrisch, denn auch er hatte an diesem Tag mit Lothar Matthäus telefonieren müssen.

Boberaitis stellte sich als Whistleblower vor, der etwas dazu beitragen könne, die Morde an den Funktionären der Fifa aufzuklären.

»Dann sollten Sie sich an die Kriminalpolizei wenden und nicht an uns«, sagte Holzschuh.

Die Polizei, erklärte Boberaitis, stecke in diesem Komplott leider tief mit drin – in Deutschland, in Südkorea, in Argentinien, in Griechenland und vermutlich auch in allen anderen Ländern der Welt. Er müsse jetzt auflegen, aber er sei zu einem Treffen bereit, in genau zehn Tagen um acht Uhr abends hinterm Steinhaus in dem Dorf Greetsiel im Landkreis Aurich. »No police! And you have to come alone!«

Boberaitis legte auf, und Holzschuh schmunzelte. Wie ist die Welt doch wunderlich beschaffen, dachte er.

Dann klingelte es wieder.

Holzschuh nahm ab.

»Herr Holzschuh? Hier Stefan Effenberg. Raten Sie mal, wer mich gerade angerufen hat. Nein, das raten Sie nicht! Der König von Bahrain! Weil er mich als neuen Trainer der Nationalmannschaft verpflichten will! Und wenn Sie jetzt 'n Häufchen Asche rüberwachsen lassen, sag ich Ihnen auch, wie hoch das Angebot ist, das er mir gemacht hat. Deal?«

In Mekka, Medina, Lahore, Kunduz und Ghom wurden US-amerikanische Flaggen verbrannt, in Faisalabad machten extremistische Salafisten Kleinholz aus einem Kruzifix vor dem Büro der römisch-katholischen Diözese, der UN-Sicherheitsrat tagte, und auf dem ganzen Erdball wurde nach dem Hurensohn gesucht, der den Anschlag auf die Kaaba in Auftrag gegeben hatte, während Kommissarin Fischer aka Verena Süß mit ihrem Chef Roderich Bärlapp in einer Stretchlimousine in Rio unterwegs war.

Er führte zwei Geldkoffer mit sich und entlohnte in unterschiedlichen Hinterzimmern nacheinander zwei Herren von der Confederação Brasileira de Futebol, einen Abgesandten des brasilianischen Rekordmeisters Palmeiras São Paulo, zwei für die Campeonato Brasileiro de Futebol tätige Schiedsrichter, ein halbes Dutzend Nationalspieler und drei Anwälte des Vereins Corinthians São Paulo sowie den brasilianischen Wirtschaftsminister und ließ dann von einem Vertreter der Bank Caixa Econômica Federal die Koffer wieder auffüllen.

Der Fischerin fiel dabei nur die Aufgabe zu, eine gute Figur zu machen.

»Durch Sie werden meine Geschäfte ästhetischer«, sagte Bärlapp. »Wer Ihre Kurven sieht, der denkt nicht mehr in erster Linie an den schnöden Mammon ...«

In den Stadtteilen Gávea, Glória und Barra da Tijuca verteilte Bärlapp weitere Geldbündel an Herren mit Goldcolliers und bläulichen Bartschatten, und nachdem er das lange genug getan hatte, wollte er es in dem Nightclub Cais da Imperatriz krachen lassen.

Pflichtbewußt ging Kommissarin Fischer mit. Sie genehmigte sich einen Cuba Libre und beobachtete Bärlapp ein Weilchen dabei, wie er sich von strammen jungen Männern in Latex-Tangas umgarnen ließ.

Schon eigenartig, dachte sie. Er geniert sich für nichts, und er scheint zu glauben, daß ich viel zu einfältig bin, um seine Geldbotendienste verdächtig zu finden. Sehe ich denn so gehirnblond aus?

»Sie machen ja 'n Gesicht wie sieben Tage Regenwald!« rief Bärlapp ihr von seiner Loungecouch aus zu. »Nun lachen Sie doch mal, Fräulein Süß! Wir sind hier nicht auf 'ner Beerdigung, sondern im Garten Eden! Hoch die Tassen!«

Dann gab er sich wieder dem Geschnäbel mit den Brasilianern hin, und Ute trank aus. Ihr Tagessoll war noch nicht erfüllt. Sie empfahl sich, nahm ein Taxi zum Hotel und knackte Bärlapps Zimmertür.

Zum siebzehnten Mal rief der *taz*-Redakteur Michael Ringel im deutschen Außenministerium an, um sich nach dem Verbleib des freien Mitarbeiters Thomas Gsella zu erkundigen, aber auch diesmal wurde er abgebügelt: »Wir wissen leider nichts über den Aufenthaltsort Ihres Herrn Kollegen ...«

»Dann geben Sie mir jetzt gefälligst den Außenminister«, sagte Ringel.

»Der Herr Außenminister befindet sich auf einer Auslandsreise.«

»Na und? Ist er da telefonisch nicht erreichbar?«

»Grundsätzlich schon. Wenn Sie wollen, leite ich Ihre Anfrage weiter.«

»Sie haben bereits mehr als zwanzig meiner Anfragen weitergeleitet!« rief Ringel. »Ist der Stellvertreter des Außenministers zu sprechen?«

»Nein.«

»Und der Stellvertreter des Stellvertreters?«

»Nein, der auch nicht, aber wenn Sie wollen, kann ich Sie mit dem Staatssekretär Jens-Jasper Flipsen verbinden.«

»Ja, tun Sie das, in Gottes Namen ...«

Flipsen war noch nicht lange im Geschäft. Er hatte sich an der Universität Passau mit einer Abschlußarbeit über die Haushaltspolitik des bayrischen Ministerpräsidenten Edmund Stoiber einen Bachelor of Arts in Governance and Public Policy gesichert und war danach von einem Schwager seiner Kusine als Quereinsteiger ins Bundesaußenministerium beordert worden.

»Flipsen hier«, sagte Flipsen. »Sie wünschen?«
»Ich wünsche mir Thomas Gsella zurück«, sagte Ringel.
»Bitte wen?«
»Thomas Gsella. Wissen Sie noch? Die Geschichte mit dem Airbus, der in den Jemen entführt worden ist. Alle Geiseln sind befreit worden, nur Gsella nicht. Der ist verschollen.«
»Ja, richtig«, sagte Flipsen. »Ich erinnere mich. In dieser Sache haben wir massivst beim jemenitischen Botschafter interveniert und auch in der Uno darauf gedrängt, die Suche nach Herrn Gsella zu intensivieren.«
»Gedrungen«, sagte Ringel.
»Wie bitte?«
»Es heißt nicht ›darauf gedrängt‹, sondern ›darauf gedrungen‹.«
»Wollen Sie mir hier Deutschunterricht erteilen?«
»Nein. Ich will wissen, wo Gsella ist!«
»Wie gesagt – wir haben massivst interveniert und rechnen zeitnah mit einer positiven Antwort der jemenitischen Regierung ...«

Ringel straffte sich und sagte: »Ich gebe Ihnen achtundvierzig Stunden, Herr Flipsen. Wenn Sie mir bis dahin kein Lebenszeichen von Gsella geliefert haben, werde ich mich vor der Botschaft der Republik Jemen in Berlin anketten und der Weltöffentlichkeit mitteilen, daß Sie ein Komplize von Gsellas Kidnappern sind!«

»Das steht ganz in Ihrem Ermessen«, sagte Flipsen. Alles nur heiße Luft, dachte er, aber neun seiner Blutgefäße verengten sich, fünfzehn Haare fielen ihm aus, und sein Puls stieg auf 220 Schläge in der Minute.

Zu diesem Zeitpunkt stand Thomas Gsella in Bagdad in einem schmucklosen Kellerraum eines Harems im vornehmen Stadtviertel Zayouna einem starkbehaarten Zeremonienmeister namens Hoshyar Popal gegenüber, der ihm einen Dudelsack hinwarf und sagte: »Play.«

Gsella fing das Musikinstrument auf. Eine halbe Stunde zuvor hatte man ihn von dem Pritschenwagen in das Kellerzimmer geschleift, und jetzt sollte er sich als Musikus betätigen ...

»Play!« kommandierte Popal und wackelte mit einer SIG Sauer P228. »Or I'll shoot you.«

Gsella wußte nicht, bei welcher der vielen Pfeifen er ansetzen sollte. Als Vorschulkind hatte er ohne großen Erfolg eine Blockflöte traktiert, und im Jugendzentrum an der Essener Papestraße war ihm an einem feuchtfröhlichen Abend im Jahre 1977 einmal eine Mundorgel ausgeliehen worden, aber einen Dudelsack hatte er bis dato noch nie bedient.

»Haben Sie nicht auch ein Klavier?« fragte er. »Als Pianist bin ich ganz brauchbar ...«

»Play«, sagte Popal. »Or you'll die.«

Ein Quäklaut entrang sich dem Dudelsack, als Gsella in eine der Pfeifen blies.

»Go on«, sagte Popal und hielt ihm die Pistole an die Schläfe. »Play Leopold Mozart's Sinfonia in D major.«

Das gehe nicht ohne den Klavierauszug, behauptete Gsella.

»Okay«, sagte Popal. »Then play ›Mull of Kintyre‹ instead. Do you know ›Mull of Kintyre‹?«

»Well, yes«, erwiderte Gsella. »This song is really great! It's from Paul McCartney. A former member of the Beatles. Do you know the Beatles? I like them very much. My favourite albums are ›Please Please Me‹ and ›Revolver‹ ...«

Diesem Gelaber bereitete Popal ein jähes Ende. Er versetzte Gsella einen unter Karatekämpfern als Sukui-Uke bekannten Schaufelblockschlag und stellte klar, daß der Eigentümer des Harems vor kurzem einen schottischen Fußballverein gekauft habe und in seinem Wohngemach deshalb in spätestens drei Tagen ein hochklassiges Dudelsackkonzert erwarte.

»Aber wieso denn von mir?« fragte Gsella unter Tränen.

Eine Antwort wurde ihm nicht zuteil.

»Auf Bärlapps Laptop hab ich ein Video entdeckt, das einen Berater des Präsidenten der Asociación Paraguaya de Fútbol beim Sex mit einer Gießkanne zeigt«, sagte Ute.

»Entschuldige«, sagte Gerold, »die Verbindung schwächelt. Hast du gerade gesagt, daß du auf Bärlapps Laptop ein Video entdeckt hast, das einen Berater des Präsidenten der Asociación Paraguaya de Fútbol beim Sex mit einer Gießkanne zeigt?«

»Ja. Leider.«

»Und wie hat man sich das vorzustellen?«

»Frag mich lieber nicht. In dem Video kommt auch ein Harnröhrendehner mit Silikonschlauch und Doppelfunktionsvorderteil vor ...«

»Du arbeitest ja wirklich an der Front!«

Da spreche er ein wahres Wort gelassen aus, sagte die Fischerin.

»Und was hast du so rausgefunden?«

»Nicht viel. Ich stecke fest und hab hier lauter Kleinkram an den Hacken. In Himbergen ist eine Beregnungsmaschine gestohlen worden und in Suderburg ein Rübenreinigungslader. Was ist dagegen schon eine globale Mordserie?«

»Dann hoffe ich, daß du trotzdem an mich denkst, wenn ich morgen mit Meister Bärlapp nach Wellington fliege.«

»O Gott! Wie lange seid ihr denn da unterwegs?« fragte Gerold und schenkte sich einen Weinbrand ein.

»Gut neunzehn Stunden. Mit Umsteigen in Santiago de Chile und Auckland. Das sind mehr als dreizehntausend Kilometer.«

»Upps. Habt ihr da wenigstens ein gutes Bordkinoprogramm?«

»Das wird sich zeigen«, sagte Ute. »Vielleicht läuft ja ›Die unglaubliche Reise in einem verrückten Flugzeug‹ ... oder ›Katastrophenflug 232‹ ...«

»Würdest du nicht lieber ›Love Story‹ sehen?«

»Um schlafende Hunde zu wecken? Nein, mein Lieber. Ich vergehe ja auch so schon fast vor Sehnsucht nach dir.«

Gerold wurde rot. »Bald haben wir uns wieder«, sagte er feierlich. »Und ich trinke jetzt auf dein Wohl!«

»Sehr aufmerksam. Apropos – gestern abend hab ich einem überforderten Hotelpagen dabei helfen müssen, den besoffenen Bärlapp von der Fahrstuhltür zu seinem Bett zu wuchten. Rat mal, was er dabei angehabt hat ...«

»Der Page?«

»Nein, Bärlapp!«

»Weiß nicht. Ein Trikot von Hertha BSC?«

»Schön wär's gewesen! Transparente Boxershorts hat er getragen und obenrum so eine Art Gothic-Leder-Fetischgürtel ...«

»Und sonst gar nichts?«

»Nein. Den Rest seiner Kleidung muß er in irgendeinem Schwulenclub liegengelassen haben.«

»Ute, ich beneide dich«, log Gerold. »Was du alles erlebst!«

9

Bei Touristen war der Skywalk auf dem 305 Meter hohen Sydney Tower sehr populär. In hellen Scharen kamen sie her, um den Hafen, die Bögen der Harbour Bridge, die Blue Mountains in New South Wales, die perlweißen Strände, die Botany Bay und die ganze große Stadt Sydney einmal von oben zu sehen. Der Glasboden der Plattform hielt der Belastung spielend stand. Jeder Besucher mußte einen Sicherheitsgürtel anlegen, mit einem dicken Seil, das mit einem Karabinerhaken an eine Metallschiene geschlossen wurde.

Windstöße zerzausten die Haare der Neuankömmlinge, und manche von ihnen kreischten auf und lachten.

Dainan Mullins, ein schlanker Mann von Mitte dreißig, hatte sich jedoch nicht eingefunden, um den Nervenkitzel und das Panorama zu genießen. Er wollte jemanden treffen, von dem er sich Auskünfte über Unstimmigkeiten in den Bilanzen der Football Federation Australia erhoffte. Mullins war einer ihrer Buchhalter und wunderte sich schon seit Monaten über ominöse Zahlungseingänge aus Zypern und Singapur. Seine Vorgesetzten hatten ihm versprochen, der Sache nachzugehen, aber nichts getan. Und vor zwei Tagen hatte ihn ein Unbekannter angerufen und gesagt, daß er in dieser Angelegenheit »Hintergrundinformationen« auf einen USB-Stick geladen habe, den er ihm am Mittwochnachmittag um Punkt fünf Uhr oben auf dem Sydney Tower übergeben werde.

Es war Mullins ein Rätsel, weshalb die Übergabe nicht auch zu ebener Erde stattfinden konnte.

Er faßte die anderen Besucher der Plattform ins Auge. Keiner von ihnen machte Anstalten, ihm einen USB-Stick zu übergeben. Sie juchzten und machten Fotos und hörten damit erst auf, als um 16.59 Uhr eine Alarmsirene schrillte.

Alles Volk drängte zum Ausgang.

»Women and children first!« rief einer der Aufpasser.

Mullins wartete geduldig, bis auch sein Seil ausgehakt wurde. Er war der letzte Besucher, der das Dach verließ, und der einzige, der nicht den Fahrstuhl nahm, sondern von einem kräftigen Mann ergriffen, hochgehoben und über das Geländer geworfen wurde.

Ungefähr zur gleichen Zeit starben auch in Kinshasa, Luanda, Kopenhagen, Ankara und Saarbrücken einige Angestellte nationaler Fußballverbände eines unnatürlichen Todes, und in Hannover fand Dietrich zur Nedden in seinem Spam-Ordner eine Nachricht von der Pressestelle des DFB vor. Der Betreff lautete: »Bock auf eine Fernreise?«

Wird schon sowas sein, dachte zur Nedden, aber er klickte die Nachricht an.

»Liebe deutsche Fußballreporter*innen«, stand da, »der Sultan von Brunei hat große Pläne: Er will die WM 2034 in sein Land holen! Aus diesem Grund hat er uns gebeten, Sie alle anzuschreiben und Ihnen mitzuteilen, dass er Sie dazu einladen möchte, sein Land näher kennenzulernen. Genaueres finden Sie im Anhang.«

Der hatte es in sich. Der Sultan versprach seinen Gästen darin die

Erstattung sämtlicher Reisespesen, die kostenlose Unterbringung in einem Fünf-Sterne-Hotel mit Vollpension für zwei Wochen, ausgedehnte Sightseeing-Touren, eine Abendprogrammgestaltung der Spitzenklasse und ein Taschengeld, das sich auf zehntausend Euro pro Person belaufen sollte.

Zur Nedden ging zum Rauchen auf den Balkon, wägte Für und Wider ab und sah in die übergewichtigen Wolken hinauf. Zwei Wochen in Brunei unter einem Dach mit den Schmierfinken von Springer, RTL und Sky?

»Da mußt du durch, mein alter Freund«, sagte er schließlich zu sich selbst und hauchte einen formvollendeten Rauchring aus.

Beckenbauer und Hoeneß waren zur internationalen Fahndung ausgeschrieben worden, auch in ihrem eigenen Interesse, denn sie brauchten ihre Medikamente.

»Jetz losed Si mer bitte guät zue«, sagte Schwester Ophelia in einem dringlichen Appell an die Ausreißer, der auf vielen Smart-TV-fähigen Fernsehern kostenlos verfügbar war. »Si bruched Ihri Pille! Wüssed Si's no, Herr Hoeneß? Si müend zweimol am Tag diä bananeförmigä blauä Tablettä näh und drüümol i dä Wuchä diä drüüeggige wiißä. Und Sie, Herr Beckebauer, bruched Ihres Haloperidol, und Si müänd jede Obed Ihren Schlofsaft trinkä. Wichtig isch aber au, daß Si beide wiiter diä Ruggägymnastiküäbigä mached: Underarmstütz, Siitestütz, Beckehebä mit Beihebä, Standwoog mit Ruedere, Hip Thrust, Chatzebuggel, Flys ufem Gymnastikballe, Kneeling Twist und Vierfüäßlerstand. Suscht chommäd Si no muskuläri Dysbalancen über!«

Aber Beckenbauer und Hoeneß pfiffen auf Ophelia Läublis Ratschlag. Sie hatten sich in den Freiburger Voralpen bis zum Schopfenspitz durchgekämpft und verzehrten in einer Almhütte die Krümel aus einer am Wegrand aufgelesenen Salzlettenpackung und einen rohen Butterpilz, den sie auf ihrer Studienreise angetroffen hatten.

Die Zeit vertrieben sie sich dann mit dem Spiel Stadt-Land-Fluß.

In einem Exemplar der Fachzeitschrift *Wohnmobil & Caravan*, die in der Almhütte herumlag, tippte Beckenbauer mit einem Kuli blindlings auf einen Text und traf auf den vierten Buchstaben des Alphabets: D.

Als Fluß wählte Hoeneß den Dnjepr und als Stadt Dnjepropetrowsk, weil er wußte, daß Beckenbauer den Fußballverein Dnjepr Dnjepropetrowsk auf den Tod nicht ausstehen konnte. Mit diesem Psychotrick punktete Hoeneß später auch beim Scrabble, denn der Zufall hatte ihm die Buchstaben D, N, J, E, P und R in die Hände gespielt.

»Guit ned!« rief Beckenbauer. »Da Dnjepr is inzwischn in Dnepr umbenannt woan!«

Das J hatte Hoeneß aber auf einem Feld mit dreifachem Wortwert plaziert, und weil keiner der beiden Spieler nachgeben wollte, setzten sie den Konflikt handgreiflich fort, bis die Almhütte in Trümmern lag.

An diesem Abend dinierte Theofanis Michelakis, der Leiter der SoKo Fußballfieber, im Athener Nobelrestaurant Funky Gourmet mit Fushida Hisato, einem Unterhändler der Japan Football Association, der ihn darüber aufklärte, daß er das große Los gezogen habe: Wenn er die Ermittlungen einschlafen lasse, könne er sich in einer 75-Zimmer-Villa in Palm Beach zur Ruhe setzen. Andernfalls müsse er ernsthaft darüber nachdenken, welche Gefahren seinen zwei und sieben Jahre alten Kindern drohten, denn es gebe ja immer mehr Fälle von Kidnapping in Athen.

Michelakis, dem das Leben seiner Kinder lieb war, lenkte zähneknirschend ein. Er werde tun, was in seiner Macht stehe, sagte er, doch er gab zu bedenken, daß die Mitglieder der Sonderkommission sich nicht so leicht übertölpeln ließen, und schon gar nicht der Commissioner Rupert Wimmerforce. Dieser Mann habe einen Riecher für Fäulnisstellen, und er sei für seine Unbestechlichkeit berüchtigt ...

»Don't wolly!« sagte Fushida Hisato mit einem Lachen, das nicht von Herzen kam. »We'll take cale of Mistel Wimmelfolce!«

Michael Ringel machte Ernst. In der Schmidt-Ott-Straße im Berliner Stadtteil Steglitz kettete er seinen Hals mit einem Steel-O-Flex-Panzerkabelschloß an den Gartenzaun vor der Botschaft der Republik Jemen und verteilte im Schneidersitz Flugblätter, in denen er die Trägheit der Bundesregierung anprangerte: »Der *taz*-Wahrheit-Autor Thomas Gsella ist auf der Arabischen Halbinsel entführt worden, und unsere Regierung legt die Hände in den Schoß! Eine besonders schwere Schuld trifft den Staatssekretär Jens-Jasper Flipsen, der sich weigert, den Präsidenten der Jemenitischen Republik zur Rede zu stellen und ihn zu fragen, wo Gsella steckt. Als verantwortlicher Redakteur der *taz*-Wahrheit-Redaktion trete ich heute in den Hungerstreik und werde mich erst dann wieder abketten, wenn Gsella sich auf freiem Fuß befindet.«

Anfangs blieben nur ein paar Spaziergänger vor Ringel stehen, aber nach einer Stunde wurde er von Korrespondenten aus dreißig Nationen umlagert. Um die Wogen zu glätten, offerierte ihm der jemenitische Botschafter persönlich einen Teller Rindfleischsuppe mit einer Gewürzpaste aus Koriander, Safran und Kurkuma, aber Ringel ließ sich nicht erweichen. Alles, was er annahm, war eine Flasche Kilkenny, die ihm sein Freund Ralf Sotscheck reichte, bevor er das Schlachtfeld verließ, weil er einen dringenden Termin in der irischen Botschaft hatte.

Als Hungerstreikenden sah man Ringel abends sogar in den *Tagesthemen*, und Jens-Jasper Flipsen geriet ins Schwitzen, als er gefragt wurde, ob das Außenministerium in der Causa Gsella genug unternommen habe. »Ich glaube«, sagte Flipsen, »und da sind der Außenminister und ich uns einig, daß wir in dieser Sache auf einem guten Weg sind und daß zwischen uns und unseren Partnern in der arabischen Welt Einigkeit darüber besteht, wie wir solche Fälle handhaben.«

Über die Nachfrage, was das für Thomas Gsella bedeute, ging Flipsen hinweg, und niemand nagelte ihn fest. Es war, wie der Reporter Bob Woodward tags darauf in der *Washington Post* schrieb, »der kläglichste Moment des deutschen Nachkriegsjournalismus, seit die Bundesrepublik dem Edelmann Axel Springer 1977 das Große Verdienstkreuz mit Stern und Schulterband verliehen hat«.

Ringel wiederum hatte sich inzwischen durch eine von Sotscheck gestohlene Schaufensterpuppe ersetzen lassen, um einen Happen essen gehen zu können.

10

Unter der Aufsicht seines irakischen Musiklehrers war Thomas Gsella in der Kunst des Dudelsackspielens so weit fortgeschritten, daß er im Garten des Harems ein Medley aus schottischen Regiments- und Reitermärschen zu Gehör bringen durfte. Er war dabei aber nicht gut in Form. Das schwüle Klima setzte ihm zu, und die Bitte um zwei Hühneraugenpflaster und eine Handvoll After Sun Lotion wurde ihm abgeschlagen.

In meiner Jugend, dachte Gsella bekümmert, habe ich mich einmal mit zwei Maoisten aus der Obersekunda solidarisiert, weil sie für eine klassenlose Gesellschaft eingetreten sind, und nun stehe ich hier im Zweistromland in einem Palastgarten in der hochberühmten Kalifenstadt Bagdad und tröte einem moschusduftenden Pascha die Ohren voll ...

Während Gsella seinen Dudelsack bespielte, wandelte der Haremsbesitzer Al-Afdil Abdussalam Ikhan mit zwei Jungfrauen im Arm zwischen den Blumenrabatten einher. Das Geschmeide, mit dem die Damen geschmückt waren, besaß unverkennbar einen höheren Schauwert als Gsellas Uniform, die sich aus zwei Teilen zusammensetzte: einem Glengarry-Pfeiferhut im Scottish-Highland-Stil und einem Lendenschurz aus irakischer Widderwolle.

Mit einem Palmwedel fächelte ein anderer Bediensteter dem Pascha Frischluft zu, und ein Ober trug ein Tablett mit Feigen, Myrrhe, Mandeln, Wildbret und Wachteln herbei.

Gsella, der am frühen Morgen nur mit einer winzigen, in stichige Ziegenmilch geschütteten Portion Frühstücksflocken der Marke Cap'n Crunch und ein paar Granatapfelschalen verköstigt worden war, ließ die Sackpfeife sinken, als er die Spezereien erblickte, und er spielte erst wieder auf, als ihn sein Lehrer mit einem Roundhouse-Kick zur Ordnung gerufen und ihm ins Ohr geschrien hatte: »Play fucking loud!«

Von klein auf hatte Gsella dem gewaltlosen Widerstand von Mahatma Gandhi und Martin Luther King hohen Respekt gezollt, und als orientierungsloser Zweitsemester hatte er sogar einmal daran gedacht, in Nicaragua mit der Waffe in der Hand für den Sozialismus zu sterben, aber in diesem Fall gehorchte er und intonierte auf den persönlichen Wunsch von Al-Afdil Abdussalam Ikhan die Evergreens »Auld Lang Syne«, »Amazing Grace« und »Meine Brille heißt Sibylle«.

Ich muß fliehen, dachte Gsella, als er sich abends auf seinem Reisstrohsack langmachte. Aber wohin?

In Anbetracht der vielen neuen Morde an Fußballfunktionären wäre es vernünftig gewesen, die Sonderkommission in Athen personell und finanziell besser auszustatten. Doch es kam anders. In einer konzertierten Aktion kürzten Europol und Interpol der SoKo die Mittel, von heute auf morgen wurden fast alle Ermittlergruppen in ihre Heimatstaaten zurückgepfiffen, und der Commissioner Rupert Wimmerforce fand sich nach einer Strafversetzung in Mumbai wieder, der Hauptstadt des indischen Bundesstaates Maharashtra, wo er eine läppische Handtaschendiebstahlserie untersuchen sollte.

Das Ganze stinke doch zum Himmel, sagte Wimmerforce am Telefon zu Gerold. Zu erklären sei die Zerschlagung der SoKo nur mit Machenschaften der höchsten Regierungsorgane auf mehreren Kontinenten ...

Gerold stimmte ihm zu und gelobte, den Mord an Jörg Herringhoff aufzuklären und danach das gesamte Wespennest auszuräuchern.

»That's the old fighting spirit!« rief Wimmerforce beglückt. »Go and get these bastards!«

Nach dieser Unterredung legte Gerold sich in die Badewanne, träufelte ein wenig Kneipp-Öl namens »Rückenwohl« ins Wasser, trank einen großen Schluck Einbecker Brauherren-Pils aus der Flasche und studierte den neuesten *Kicker*. Die ungelösten Mordfälle fanden darin nur in einer Glosse des Herausgebers Rainer Holzschuh Erwähnung:

Auch nach fünfzig Jahren im Sportjournalismus habe ich das Staunen nicht verlernt. Kürzlich hörte ich von dem Gerücht, der saudiarabische Erstligist Al-Nassr habe zehn Milliarden Euro für Lionel Messi geboten, und am selben Tag rief hier ein selbsternannter Whistleblower an, der sich als Iglusch Boberaitis vorstellte und sein Geheimwissen über die Morde an Funktionären der FIFA »leaken« wollte, wie man auf Neudeutsch sagt. Wo ist sie hin, die gute alte Zeit, in der der Rasensport einfach nur die schönste Nebensache der Welt war? Hat König Fußball die Bodenhaftung verloren?

Iglusch Boberaitis! dachte Gerold. Von dem soll doch Jörg Herringhoff gesprochen haben!

Schon vierzig Sekunden später lief er nackt und nur unzulänglich abgetrocknet im Flur seiner Wohnung auf und ab und redete auf die störrische *Kicker*-Chefsekretärin ein: »Wenn Sie mir nicht glauben, daß ich von der Polizei bin, werde ich Mittel und Wege finden, Sie davon zu überzeugen! Sie haben die Wahl. Entweder geben Sie mir jetzt sofort die Mobilnummer von Herrn Holzschuh, oder meine Kollegen in Nürnberg werden Ihr Haus vom Dach bis zur Kellersohle durchkämmen!«

Das wirkte.

Gerold notierte die Nummer, bedankte sich höflich, rief Holzschuh an und leierte alles aus ihm heraus, was Iglusch Boberaitis gesagt hatte.

»Halten Sie diesen Mann denn für glaubwürdig?« fragte Holzschuh.

»Das weiß ich noch nicht. Aber ich danke Ihnen. Ach, und da ich Sie gerade am Apparat habe: Wissen Sie vielleicht, wohin Beckenbauer und Hoeneß sich abgesetzt haben? In den Medien wird wild darüber spekuliert ...«

»Das entzieht sich meiner Kenntnis. Warum fragen Sie? Sehen Sie da einen Zusammenhang mit diesem Iglusch Boberaitis?«

»Nein. Ich wundere mich nur.«

»Da sind Sie nicht der erste, Herr Kommissar«, sagte Holzschuh und lachte verhalten. »Über Beckenbauer und Hoeneß habe ich mich schon vor einem halben Jahrhundert bei meinen Besuchen in der Kabine der Bayern gewundert ...«

Gerold verabschiedete sich und blieb stehen. Jetzt muß ich nach Greetsiel und Boberaitis treffen, dachte er. Und ich brauche einen Wischroboter!

In Wellington fand Roderich Bärlapp nur wenig Verwendung für seine Sekretärin. In ihrer Rolle als Verena Süß war Kommissarin Fischer wegen ihrer »nicen Optik«, wie Bärlapp es nannte, zu einem nichtsnutzigen Foto-Shooting in die Spielstätte des Wellington Phoenix FC mitgenommen worden und hatte anschließend frei.

»Machen Sie sich eine schöne Zeit«, sagte Bärlapp. »Erkunden Sie die Stadt! Es gibt hier ein faszinierendes Nightlife!«

Ute zwinkerte Bärlapp zu und trippelte davon. Auf der Damentoilette eines Starbucks-Cafés öffnete sie ihren Tornister und holte alles heraus, was sie brauchte, um Bärlapp beschatten zu können – eine verspiegelte Sonnenbrille, eine goldblonde Langhaarperücke und einen häßlichen grauen Regenponcho –, und in dieser Verkleidung kehrte sie zum Stadion zurück.

Bärlapp trat gerade auf die Straße. Er wandte sich nach rechts und ging pfeifend den Jervois Quay hinunter. Zielstrebig, wie es schien.

Für die geschichtsträchtige Hafenpromenade, die viktorianischen Bauwerke und den Mount Victoria hatte die Fischerin kein Auge. Sie blieb Bärlapp auf den Fersen.

Nach einem Kilometer bog er in die Tory Street ab und suchte dort ein Etablissement namens Checkmate auf.

Kommissarin Fischer entnahm ihrem Smartphone die Information, daß es sich um eine Schwulensauna handele: »Wellington's premier gay sauna, located in the heart of the city. Checkmate features a dry sauna, steam room, jacuzzi, private rooms, play zone, glory holes, video rooms and a discreet entrance.«

Es dauerte drei Stunden, bis Bärlapp das Checkmate wieder verließ. Er sah etwas abgekämpft aus, schien aber guter Dinge zu sein.

Über die Wakefield Street und die Cable Street folgte Ute ihm zum Waitangi Park.

Bärlapp setzte sich auf eine Bank, und zwei Minuten später nahm ein Glatzkopf neben ihm Platz, der Ute bekannt vorkam. War das nicht Gianni Infantino, der weltgewandte und polyglotte Präsident der Fifa?

Kein Zweifel: Er war es.

Im Schutz eines Gebüschs pirschte Ute sich so nah an die beiden Herren heran, wie sie konnte, legte sich flach auf den Bauch und zeichnete mit ihrer Voice-Recorder-App jedes Wort auf, das sie sagten.

Infantino: »Roderico, mio caro! Wie kommen wir voran?«

Bärlapp: »Molto bene, mio Presidente. Wir haben in unseren Reihen schon gründlich aufgeräumt, und die Sonderkommission ist gekillt.«

Infantino: »But what about – was ist mit Rupert Wimmerforce? Er lebt noch! Perché non è morto?«

Bärlapp: »Um den brauchen wir uns keine Sorgen zu machen. Den haben wir auf einem Abstellgleis in Indien geparkt ...«

Infantino: »That's for sure?«

Bärlapp: »Tausend pro.«

Infantino: »Très bien. Um wie viele Neinsager müssen wir uns noch kümmern?«

Bärlapp: »Maximal vierzig, würde ich schätzen. Eher weniger.«

Infantino: »Congratulazioni. Mais alors, by the way – haben Sie auch diesen Bodenwühler aus Deutschland im Griff? Den Kommissar Gerold Gerold?«

Bärlapp: »Wir arbeiten daran.«

Infantino: »Das glaube ich erst, wenn ich seinen Totenschein sehe. Capito?«

Bärlapp: »Gewiß, Maestro, gewiß.«

Infantino: »Well, then … buona fortuna, mein Gutester! À bientôt!«

Ute blieb still im Gebüsch liegen, während die Herren auseinandergingen, und dann schickte sie Gerold das Sprachmemo zu.

Mit einer Geländelimousine, die sie auf dem Parkplatz der Raiffeisenbank in der Gemeinde Jaun entwendet hatten, waren Beckenbauer und Hoeneß nach Zürich geflohen. Der gewitzte Hoeneß wußte, daß der Zeugwart der Grasshoppers Zürich den Zweitschlüssel für das Vereinsheim unter einem Sonnenschirmfuß neben der Eingangstür zu verstecken pflegte, und so fiel es den beiden Schelmen nicht schwer, sich in dem Heim zu verschanzen.

Die Speisekammer gab zwar nur Sesam-Bretzeli, Goldfischli, Puffreis und eine Tüte Knabbersticks mit Rüebli-Aroma her, aber im Putzmittelschrank stöberte Beckenbauer eine Kiste Wädenswiler Ur-Weizen und eine Flasche Appenzeller Alpenbitter auf. Damit war der Abend gerettet.

Während des Festgelages kontaktierte Hoeneß telefonisch den Präsidenten des Sportvereins Al-Sadd in Doha, Scheich Mohammed bin Hamad Al Thani, einen alten Spezi, mit dem er viele Geschäftsgeheimnisse teilte. »Zounds!« und »Donnerlittchen!« rief Hoeneß dabei aus, und er beendete das Gespräch mit den Worten: »You're a hell of a guy! See you soon!«

»Guade Nochrichdn?« fragte Beckenbauer.

»Die besten, Franz«, sagte Hoeneß und ließ sich einen Knabberstick schmecken. »Noch heute nacht werden wir im Diplomatengepäck nach Katar jetten!«

11

Es begab sich aber zu der Zeit, daß Thomas Gsella vorsätzlich seinen Dudelsack demolierte.

Hoshyar Popal war darob sehr ungehalten. Er züchtigte Gsella mit einer Bullenpeitsche und verlangte eine Erklärung.

»Ich hab's einfach satt!« stieß Gsella hervor und wand sich im Staub. »Der Pascha will jetzt, daß ich ›Blue Moon of Kentucky‹ spiele, aber das geht über meine Kräfte! Von dieser Mucke faulen mir die Ohren ab!«

Einen solchen Fall von Widersetzlichkeit hatte Popal in seiner ganzen langen Schergenlaufbahn noch nicht erlebt. Er packte Gsella am Schlafittchen und marschierte zu Al-Afdil Abdussalam Ikhan, der bei einer Tasse Ingwer-Zimt-Kardamom-Tee im Audienzsaal seines Harems saß und ein Bewerbungsgespräch mit einem Schlangenbeschwörer führte.

Gsella brach sich zwei Rippen, als Popal ihn zu Boden warf.

Der Hausherr, der Schlangenbeschwörer und seine Kreuzotter horchten auf.

Dies hier, sagte Popal, sei der nach Unrat und Höllenschwefel riechende Krüppel, der den Propheten dadurch beleidigt habe, daß er sich weigere, auf seinem Dudelsack »Blue Moon of Kentucky« zu spielen. Im Rückgriff auf eine alte persische Redensart gab Popal seiner Hoffnung Ausdruck, daß ein Teufel in den Bart von Gsellas Vater furzen möge.

Unter normalen Bedingungen wäre das einem Todesurteil gleichgekommen, aber Al-Afdil Abdussalam Ikhan war hochherzig gestimmt. Am Vormittag hatte er sich das kurzweilige Schattenspiel einer Künstlergruppe aus Mossul angesehen, und am Abend wollte er dreißig Bauchtänzerinnen aus Falludscha in Empfang nehmen. Deshalb ließ er Gnade vor Recht ergehen und verkaufte Gsella für einen Spottpreis an den nächsten Besucher, Seyed Mansour Esfandiari, einen Manager der iranischen Textilindustrie.

»Darf ich auch mal was sagen?« fragte Gsella und erhielt zur Strafe einen Stampftritt ins Kreuz.

Endlich ging Kommissar Gerold an sein Handy.

»Gerold!« rief Ute. »Geht's dir gut? Hast du meine Nachricht gekriegt?«

»Meinst du die mit dem Gespräch zwischen Bärlapp und Infantino?«

»Ja, natürlich! Die wollen dich killen!«

»Wenn sie das heute in Uelzen tun wollen, hätten sie früher aufstehen müssen«, sagte Gerold. »Ich bin unterwegs nach Greetsiel, um einen kleinen Singvogel zu treffen, und danach möchte ich deinen Eltern in Boekzeteler Hoek einen Besuch abstatten. Soll ich ihnen Grüße von dir ausrichten?«

Ute schnappte nach Luft. »Hast du Petersilie in den Ohren? Aus dem Gespräch geht eindeutig hervor, daß du ermordet werden sollst! Das kannst du doch nicht auf die leichte Schulter nehmen!«

»Tu ich auch nicht. Jetzt befinde ich mich allerdings auf der A31 zwischen Emden-Ost und Emden-Wolthusen, und bis hierhin wird selbst Gianni Infantinos langer Arm nicht reichen. Ich paß schon auf mich auf! Wie geht's dir denn selbst?«

Eine gute Frage, dachte die Fischerin. »So lala«, sagte sie. »Ich mag ja den Schietkeerl Bärlapp nich mit de Füertang anfaten. Der einzige sympathische Zug an ihm ist der, daß er sich sexuell auslebt. Aber wie er einem die Ohren vollquatscht! Du machst dir keine Vorstellung …«

»Du kannst ihm doch Kontra geben! Ist euch Frauen die Redegewalt denn nicht angeboren beziehungsweise schon im Auslieferungszustand werksseitig aufgespielt?«

»Prinzipiell vielleicht schon«, sagte Ute. »Nur leider bin ich hier nicht ich, sondern das Dummchen Verena Süß, das sich von Roderich Bärlapp herumschubsen läßt.«

»Und was ist euer nächstes Ziel?«

»Pjöngjang.«

»Du beliebst zu scherzen!«

»Nein. Wir haben ein Rendezvous mit dem neuen nordkoreanischen Sportminister Kwon Myong-hak.«

»Ach du lieber Gott von Bentheim!« rief Gerold. »Komm mir bloß lebendig zurück!«

»Das gleiche könnte ich dir sagen. Paß auf dich auf! Und grüß meine Eltern!«

Zwei Minuten lang saß Ute nach diesem Gespräch ratlos auf ihrem Bett. Dann öffnete sie die Minibar und holte ein Fläschchen Canadian Club heraus. Bitter in de Mund is vöör't Hart gesund, dachte sie.

Das Hotel The Empire im Sultanat Brunei gefiel Dietrich zur Nedden sehr gut. Er nahm eine doppelt in junger Kokosnußschale gekochte Garnelensuppe zu sich, ein gedämpftes Heilbuttfilet und einen Käsekuchen mit Himbeer-Fruchtfleisch-Crème, schnorchelte ein bißchen, relaxte am Pool, schwang dann ein Viertelstündchen lang den Golfschläger und ärgerte sich nur darüber, daß er seine 288-Quadratmeter-Suite nicht für sich allein hatte, sondern sie mit dem Reporter Marc Terhenne-Köster von *Sport-Bild* teilen mußte.

Terhenne-Köster, ein noch rosiger Jungspund, redete so daher, wie ihm der Schnabel gewachsen war: »Wenn ich der Sultan wäre, würde ich 'ne Transfer-Offensive starten. Ich meine, wenn die Reise für ihn ganz nach oben gehen soll. Der muß einen Mega-Poker losbrechen. Is' natürlich schon 'n Super-Einstand, uns hier einchecken zu lassen, aber wenn du 'ne WM abfischen willst, dann mußt du, weiß nicht, keine Ahnung – dann brauchst du Momentum! Das heißt, du mußt liefern! Dann mußt du alle übrigen Nationen wegballern! Aber dafür brauchst du Ikonen. Und das geht nicht ohne, sag ich mal, Momentum. Wie gesagt. Ohne Momentum kannste das vergessen. Ich komm ja aus Lippstadt, und der SV Lippstadt hat auch mal Momentum gehabt, und jetzt hängt er trotzdem noch in der Regionalliga West fest, weil, es geht nun mal nicht ohne Star-Power!«

Betrübt sah und hörte zur Nedden dem jungen Kollegen zu, der in der Suite in einem bunten Freizeithöschen mit der Aufschrift »Achtung! Enthält Nüsse!« herumlief und auf seinem Rücken ein Tattoo zur Schau trug, dem unter zwei feuerspeienden Drachenköpfen der Schriftzug zu entnehmen war:

TOP 5 COKE ZERO SUGAR 400 MOMENTS AT DAYTONA!

Richtig übel wurde es aber erst, als Terhenne-Köster auf *Smartertravel.com* die Nachricht entdeckte, daß Alkohol in Brunei verboten sei und es auch keine Bars, Kasinos, Spielhallen und Nachtclubs gebe. »Oh boy!« rief er. »Wozu sind wir denn dann überhaupt angereist? Haben die hier wenigstens Nutten?«

Prostitution sei in Brunei illegal, sagte zur Nedden.

Terhenne-Köster wurde zwar nicht gerade aschfahl, aber seine Wangen bekamen einen Stich ins Graue. Auch die Aussicht auf zwei Dutzend Freifahrten im Vergnügungspark Jerudong und einen Ausflug zu den sehenswerten Pfahlbauten in einem Wasserdorf richtete ihn nicht wieder auf. Er war einem Heulkrampf nahe. »Ich hab gedacht, hier wäre alles all inclusive!« schrie er. »So wie auf Malle und Tahiti! Und jetzt dürfen wir hier nicht mal saufen oder wie? Was soll das? Haben die keinen Schnall auf dieser Insel? Mann, ich bin noch nie so gestorben, ey!«

»An deiner Stelle würde ich mich jetzt umziehen«, sagte zur Nedden. »Der Monarch Haji Hassanal Bolkiah Mu'izzaddin Waddaulah ibni Al-Marhum Sultan Haji Omar Ali Saifuddien Sa'adul Khairi Waddien erwartet uns in seinem Hof zum Abendessen.«

»Ach, echt? Dann bestell doch diesem Obermotz von mir, daß er sich andere Lobbyisten suchen soll, wenn er hier keine Partys gibt! Für mich war's das. Ich bin raus! Ich nehm den nächsten Flieger, und dann mach ich den Sultan zur Sau!«

Unglücklicherweise kam das Taxi, das Terhenne-Köster bestieg, um zum Flughafen zu fahren, dort nicht an. Es wurde in einen Auffahrunfall verwickelt und rein zufällig von einer Dampfwalze überrollt.

Den Hungerstreik brach Michael Ringel ab. Ihm war etwas Effektiveres eingefallen. Er bat den *taz*-Zeichner Thomas Körner alias TOM darum, aus Pappmaché eine Thomas-Gsella-Maske anzufertigen und ihr einen bohrenden oder nach Möglichkeit sogar stechenden Blick zu verleihen. Von dieser Maske stellte Ringel mit einem 3D-Drucker zehntausend Exemplare her und verschenkte sie an *taz*-Leser, die gewillt waren, sich als Gsella zu maskieren und dem Staatssekretär Jens-Jasper Flipsen auf Schritt und Tritt zu folgen.

So kam es, daß Flipsen bei seinem nächsten Gang vom Auswärtigen Amt zum Bundestag einen Riesenschwarm Gsellas hinter sich herzog. Auch bei Flipsens Pressekonferenzen häuften sich nun Gsellas, die ihn durch ihre Anwesenheit stumm anklagten, und wenn er ein Restaurant besuchte, konnte er sich darauf verlassen, daß an vielen anderen Tischen Gsellas saßen und ihn unverwandt anstarrten.

Bevor er entführt worden war, hatte Gsella zumeist ein gutmütiges Mienenspiel gezeigt. Die Maske aber ließ ihn aussehen wie einen Haifisch auf Beutesuche, und das zerrte an Flipsens Nerven. Selbst beim morgendlichen Walking an der Krummen Lanke liefen die kiebig dreinschauenden Gsellas zu Hunderten hinter ihm her.

»So kann das nicht weitergehen«, sagte er in einer kurzfristig anberaumten Krisensitzung zum Außenminister Lukas Mampe. »Diese Leute machen mich zum Gespött! Ich denke, daß wir jetzt doch eine Task Force bilden sollten, die nach diesem Herrn Gsella sucht...«

Der Außenminister betrachtete die Lage jedoch aus einer etwas höheren Warte. Er wünschte sich keine weiteren Irritationen im Mittleren Osten, und nach seinem Kenntnisstand hatte die Armee der Maskierten sich ohnehin allein auf Flipsen eingeschossen. Daher war es an der Zeit, ihn in der Versenkung verschwinden zu lassen. »Der Causa Gsella gilt natürlich unser volles Augenmerk«, sagte Mampe. »Und was Sie selbst betrifft, habe ich Ihre Versetzung ins Generalkonsulat Mumbai veranlaßt. Ab dem nächsten Ersten werden Sie dort die Visastelle betreuen. Dazu können Sie sich gratulieren. In Mumbai werden Sie internationale Erfahrungen sammeln!«

»Und was wäre die Alternative?« fragte Flipsen.

»Die Alternative wozu?«

»Zu meiner Versetzung nach Mumbai.«

»Ja, wollen Sie denn da nicht hin?«

»Nein.«

»Aber Herr Flipsen! Im gehobenen Auswärtigen Dienst erhöht sich Ihr Bruttoinlandsgehalt um einen steuerfreien Auslandszuschlag!«

»Ich will aber nicht nach Indien.«

Das Gesicht des Ministers versteinerte sich. »In Deutschland«, sagte er, »sind Sie politisch nicht mehr tragbar, und das wissen Sie, Herr Flipsen. Wir müssen Sie aus der Schußlinie nehmen. Wenn Sie Ihrer Versetzung nach Mumbai nicht zustimmen, werde ich Sie mit der Überwachung von Eiskernbohrungen in der Antarktis beauftragen. Wäre Ihnen das lieber?«

Wir sprechen uns noch, dachte Flipsen und sann auf Rache.

Der Legende nach war das denkmalgeschützte Steinhaus in dem Fischerdorf Greetsiel einst von einem ostfriesischen Häuptlingsgeschlecht bewohnt worden. Der jetzige Eigentümer, hatte Kommissar Gerold auf Wikipedia gelesen, habe das Haus zurückbauen lassen: »Im Zuge der Arbeiten ließ er Renaissancefenster einsetzen und Entlastungsbögen mit Diamantquadern, Schmuckanker sowie die ursprüngliche Bedachung mit glasierten Hohlpfannen wiederherstellen.«

Dieses Wissen nützte Gerold aber nichts, als er an der Rückseite des Steinhauses stand und auf Iglusch Boberaitis wartete, den großen Unbekannten, der den Ermittlungen eine neue Wendung geben sollte.

Gerold sah auf die Uhr. Fünf nach acht. Für acht Uhr abends hatte Boberaitis sein Erscheinen angekündigt.

Über Greetsiel ballten sich Haufenwolken, die in einer wohlgeordneten Prozession nach Norden zogen, während Gerolds Gedanken bei Ute weilten. Wie würde es ihr in Pjöngjang ergehen?

Ein Radfahrer näherte sich. Er hatte asiatische Gesichtszüge.

Zehn Meter vor Gerold hielt er an und rief: »Are you Mister Woodshoe?«

»Yes«, log Gerold. »Come … äh … come nearer, please!«

Der Radfahrer glaubte ihm nicht. »You do not look like the photos in your magazine«, rief er. »You're from the police! And you're here to kill me!«

»No, no, no!« rief Gerold, aber der Radfahrer machte kehrt und sauste davon, so schnell er konnte.

Einem kleinen Jungen, der in diesem Augenblick des Weges kam, entriß Kommissar Gerold kurzentschlossen dessen Fahrrad und setzte Boberaitis darauf nach. Mit den Knien stieß er sich dabei so oft ans Kinn, daß ihm zwei Zahnplomben ausfielen, doch er hielt Kurs.

Boberaitis täuschte einen Schlenker in Richtung Kalvarienweg an, bog dann aber scharf in den Pastorenpadd ab und schwenkte in die Straße Am Bollwerk ein, wo Gerold aufholte, weil er nicht nur fünfzigtausend Kilometer auf einem Speedbike hinter sich hatte, sondern auch schon einmal durch die Pyrenäen geradelt war.

Über den Aantenpadd und die Straße Zur Hauener Hooge kurvte Boberaitis in den Kalvarienweg zurück. Ein Anwohner hielt mit der Handykamera fest, was dann geschah: Boberaitis raste auf das Steinhaus zu, prallte auf dessen Ostwand und explodierte.

Teheran! Perle des Morgenlandes! Wiege des Pfauenthrons! Heimat der lieblichsten Rosen unter allen Blumen der Frauenzelte!

Auf den Basaren wurden Leinwände von blauem und rotem Purpur und Scharlach feilgeboten, heisere Muezzins riefen die Gläubigen zum Gebet auf, die grün-weißen Streifenwagen der Religionspolizei belebten das Stadtbild, in den Knästen verfaulten die politischen Gefangenen zu Tausenden, und in der Tuchfabrik des Unternehmers Seyed Mansour Esfandiari wurde Thomas Gsella in der Kunst des Webens von Gebetsteppichen unterwiesen.

Holy smokes, dachte er. Schon wieder Zwangsarbeit!

Er mußte Florgarn um einen in den Webstuhl gespannten Kettfaden knoten, mit Schlaufen und Fransen hantieren und auf viele andere Dinge achten, die er nicht begriff. Das erste Werkstück, das er verfertigte, hätte nicht einmal als Sabberlätzchen dienen können, geschweige denn als Gebetsteppich.

Der grantige Vorarbeiter besaß leider keinerlei pädagogisches Gespür. Anstatt den Lehrling Gsella behutsam und von der Pike auf auszubilden, vergalt er ihm jeden Mißgriff am Webstuhl mit den Hieben einer Neunschwänzigen Katze.

Um sich eine Atempause zu verschaffen, simulierte Gsella einen Kreislaufkollaps, sackte auf seinem Schemel zusammen und stellte sich tot.

Der Vorarbeiter verständigte den Wachdienst, und dann zogen zwei Knechte Gsella an den Armen in eine Zelle und sperrten ihn dort ein.

Das war ihm recht. Er hatte Blut verloren, seine gebrochenen Rippen schmerzten, und er litt Durst, doch fürs erste war er dem Frondienst entronnen.

Auf dem Zellenboden fand er eine Druckschrift, mit der er sich die Zeit vertreiben konnte: eine deutsche Ausgabe des Islamischen Totenbuchs. Wie mochte sie dort hingekommen sein?

Diese Frage ließ Gsella auf sich beruhen. Er schlug das Totenbuch auf und las nach, was den Feinden Gottes bevorstehe, wenn sie in das Feuer der Hölle getrieben würden:

Ihr Angesicht wird schwarz, die Augen werden graublau, und ihrem Mund wird ein Siegel aufgedrückt. Wenn sie zu ihrem Höllenhof gelangen, kommen ihnen die Höllengeister mit Halseisen und Ketten entgegen. Eine solche Kette wird in den Mund des Menschen gesteckt und aus seinem Hintern wieder hervorgezogen. Seine linke Hand wird an seinen Hals gefesselt, seine rechte ans Innere des Herzens gedrängt und dann zwischen den Schultern herausgezogen. Er wird nun mit Ketten gefesselt, und zwar so, daß immer ein Mensch mit einem Satan an einer Kette zusammengekoppelt ist. Später wird er mit dem Gesicht auf den Boden geschleift, und die Engel schlagen ihn mit eisernen Keulen. Sooft aber die Menschen in ihrer Angst aus der Hölle ausbrechen wollen, werden sie wieder hineingestoßen, und man ruft ihnen zu: »Kostet nun die Strafe!«

Prost Mahlzeit, dachte Gsella, und das war sein einziger Gedanke. Einen weiteren konnte er nicht fassen, weil er mit harter Hand zurück an den Webstuhl versetzt wurde.

12

»Explodiert?« fragte Henning Riesenbusch, der in den Nachrichten von dem Vorfall in Greetsiel gehört hatte. »Wie kann ein Fahrradfahrer explodieren, wenn er gegen eine Mauer knallt?«

»Das versuchen wir gerade herauszufinden«, sagte Kommissar Gerold. »Die Jungs von der Polizeistation Pewsum, die mir hier zur Hand gehen, sind allerdings nur suboptimal ausgestattet. Die haben nicht mal 'n ordentliches Absperrband, und der nächste Sprengstoffspürhund ist in der Ortspolizeibehörde Bremerhaven aktiv. Der wird jetzt eingeflogen. Im Umkreis von zweihundert Metern sind alle Häuser evakuiert worden, aber mit chaotischen Methoden. Und ob Sie's glauben oder nicht – irgendein Arsch von Reporter hat sich in einer Feuerwehruniform angeschlichen und Fotos vom Tatort gemacht. Diesem Bürschchen hab ich gründlich heimgeleuchtet!«

Riesenbusch zitierte Christian Morgenstern: »Dinge gehen vor im Mond, die das Kalb selbst nicht gewohnt ...«

Vor dem stark beschädigten Steinhaus hielt Gerold noch Wache, bis die Spurensicherer vom Landeskriminalamt Niedersachsen eingetroffen waren. Dann erstattete er dem Jungen sein Fahrrad zurück, entschuldigte sich vielmals, gab in Pewsum seine Aussage zu Protokoll, lieferte seine Oberbekleidung ab, weil in ihr relevante Spuren eingesprengt sein konnten, borgte sich vom Stationsleiter Garlef Pannkok eine Regenjacke, eine Hose und ein Hemd und fuhr nach Boekzeteler Hoek zu Martje und Folkert Fischer, Utes Eltern.

Sie hatten mehrere Flaschen Jever Pilsener für ihn kalt gestellt und seit Stunden ein Gericht namens Groote Hans warm gehalten, einen deftigen Brotpudding mit Bauchspeck und Kirschkompott, und Gerold griff mit Freuden zum Besteck. Während er von seinen Erlebnissen berichtete, bat er zweimal um Nachschlag.

Sie und ihr Mann, sagte Martje, hätten »in de Kiekkast kiekt«, also ferngesehen. In der *Tagesschau* seien aus einem Hubschrauber gefilmte Aufnahmen aus Greetsiel gezeigt worden, und ein Kommentator habe gesagt, daß es sich möglicherweise um einen islamistischen Terroranschlag handele.

Folkert Fischer rümpfte seine Truthahngeiernase und sagte: »He hett de Klock lüden hört, man weet neet, waar se hangt!« Das hieß so viel wie: »Dieser Kommentator hat eine Vermutung geäußert, für die es keinen Beweis gibt.«

Das sah auch Gerold so. »Vorschnelle Schuldzuweisungen steigern natürlich die Quoten, aber die Kollegen vom Kriminaltechnischen Institut werden der Sache genauer auf den Grund gehen, als die Journalisten es können«, sagte er und betupfte sich mit seiner Serviette die Lippen. »Themawechsel! Könnte ich, wenn Sie so nett wären, vielleicht noch etwas bekommen, das den Magen aufräumt?«

Martje war ihm mit einer Kräuterspirituose namens Friesenfeuer dienlich, und nachdem er, immer fideler werdend, vier Gläser davon gekippt hatte, half Folkert ihm die Treppe hinauf und legte ihn im Gästebett ab.

Auf diesem Mann, sagte Folkert hinterher zu seiner Frau, laste eine schwere Verantwortung. »Aver elk mutt sien egen Sack na de Möhlen dragen!«

In der Royal Suite des Hotels Mandarin Oriental in Doha befreite der Honorarkonsul Abbud Al Aissa die Asylanten Franz Beckenbauer und Uli Hoeneß aus dem Big-Size-Hartschalenkoffer, in dem er sie nach Katar geschleust hatte, und servierte ihnen Muschelbiskuits mit Brandy, Schlagsahne und Hummerwürfeln, australische Rinderzunge und eine saisonale Auswahl an tropischen Früchten. Zur Erfrischung standen außerdem vier Flaschen Louis Roederer Brut Premier bereit.

Beckenbauer und Hoeneß reckten und streckten sich. Die lange Flugreise im Gepäckraum hatte ihnen zugesetzt. Es fielen Redewendungen wie »Alter Mann ist kein D-Zug«, »Zuviel Eisbein schadet dem Steißbein« und »I'm too old for this shit«, aber eine Stunde später telefonierten die zwei Granden schon wieder gutgelaunt mit ihren Anlageberatern und verabredeten sich zu einem Gedankenaustausch mit Tamim bin Hamad Al Thani, dem Staatsoberhaupt des Emirats Katar.

»Und wos woin mia vo dem Emir?« fragte Beckenbauer.

»Na, was schon«, sagte Hoeneß. »Schweigegeld!«

»Ah, etz vasteh i. Aba woaßt, Uli, oi de vuin Al Thanis und bin Hamads – i konn de übahabt ned mehr auseianderhoidn …«

»Laß das ruhig meine Sorge sein. Ich erledige das Geschäftliche, und du machst solange das, was du am besten kannst, Franz – einen guten Eindruck!«

Mit diesem Plan war Beckenbauer einverstanden. »Du bisd scho a Pfundskerl, Uli«, sagte er. »Ois, wos recht ist!«

Der Konsul, der die ganze Zeit über die ausgespuckten Obstkerne vom Boden aufgesammelt hatte, erkundigte sich bei den Herren, ob sie noch einen Wunsch hätten.

»Nur den, daß du dich jetzt vom Acker machst«, sagte Hoeneß.

»Und deinem Emir kannst du bestellen, daß der Franz und ich über die Hintergründe der Vergabe der WM 2022 nach Katar so munter zwitschern werden wie zwei junge Schwalben, wenn er uns hier irgendwie dumm kommen sollte!«

»Bisd du do etz ned a bissal z'weid ganga?« fragte Beckenbauer, als sie in ihrer Suite wieder allein waren.

»Aber woher«, sagte Hoeneß und schnickte sich den letzten Hummerwürfel in die Futterluke. »Mia san mia!«

Beim Landeanflug auf Pjöngjang riet Kommissarin Fischer dem Schatzmeister Roderich Bärlapp davon ab, sich in Nordkorea irgendwelche Blößen zu geben. »Ich fürchte, daß man dort versuchen wird, Sie auf Abwege zu bringen«, sagte sie.

»Gestatten Sie, daß ich lache«, erwiderte Bärlapp und faltete die Hände über seinem Spitzbauch. »Sie sind so naiv, Fräulein Süß! Ich sag Ihnen jetzt mal, wie das hier läuft. Die Schlitzaugen brauchen Cash. Capiche? Und ich bin der Wizard, dem sie die Eier kraulen müssen, wenn der Rubel rollen soll. Also wer hat hier wen in der Tasche?«

Warten wir's ab, dachte die Fischerin.

Zwei Stunden danach saßen Bärlapp und sie in einem Konferenzraum der Außenhandelsbank der Demokratischen Volksrepublik Korea dem Sportminister Kwon Myong-hak und einem Dolmetscher gegenüber. Den einzigen Wandschmuck bildete ein goldgerahmtes Porträtfoto des Staatsführers Kim Jong-un, dessen Untertanen ihm nicht zu sagen wagten, daß sein Milchgesicht als Propagandawaffe ungeeignet war. Ute fragte sich, ob Kims Physiognomie nicht sogar die aus der Mopshaltung bekannten Qualzuchtmerkmale aufwies.

Kwon Myong-hak glich eher einem Zackenbarsch. Und der schmächtige Dolmetscher?

Den werden sie erschießen, wenn ihm auch nur der kleinste Fehler unterläuft, dachte Ute.

Die Tür ging auf, und O Kwang-chol gesellte sich herzu, der Präsident der Außenhandelsbank. Er setzte sich an die Stirnseite des Tischs und kam sofort zur Sache. Die imperialistischen Staaten des kapitalistischen Westens, hub er an (und der Dolmetscher übersetzte es), hätten den koreanischen Fußballsport seit Jahrzehnten zu korrumpieren versucht und die heldenhaften koreanischen Spitzenspieler mit unlauteren Mitteln daran gehindert, sich in einem fairen Kampf gegen die Mannschaften der kriminellen westlichen Ausbeuterstaaten zu beweisen ...

»Das stimmt doch gar nicht«, warf Ute ein. »Bei der WM 2002 hat Südkorea immerhin um den dritten Platz gespielt!«

Der Dolmetscher hielt den Atem an, und Bärlapp wiegelte ab: »Was meine Mitarbeiterin Ihnen sagen will, ist nur, daß wir Verständnis für Ihr Bedürfnis nach einem Ausgleich für die Ihnen zugefügten Ungerechtigkeiten haben und daß wir Ihnen ein Stück weit entgegenkommen können, wenn Sie die höchste Spielklasse in Ihrem Land ... wie soll ich mich ausdrücken ... wenn Sie diese Spielklasse, äh, für Investoren öffnen könnten.«

»Eine Billion Schweizer Franken«, sagte Kwon Myong-hak auf Deutsch über den eingezogenen Kopf des Dolmetschers hinweg, und O Kwang-chol setzte ein feines Lächeln auf.

Bärlapp schluckte. Das müsse er mit seinen Vorgesetzten erörtern, sagte er, und da erhob Kwon Myong-hak sich zu seiner vollen Zackenbarschgröße, stieß eine Faust in die Höhe und schrie: »Eine Billion Franken!«

O Kwang-chol lächelte noch feiner und empfahl Roderich Bärlapp und seiner Begleiterin das Restaurant Ongnyugwan. Es gebe dort eine exzeptionelle Hundefleischsuppe.

Lukas Mampe hatte sich geirrt: Mit Jens-Jasper Flipsens Abschiebung nach Mumbai war das Problem nicht aus der Welt. Tag für Tag versammelten sich unzählige Träger von Gsella-Masken vor dem Auswärtigen Amt, und mittlerweile fand das »Gsella Movement«

auch im Ausland Anhänger. Vor den deutschen Botschaften in London, Paris, Warschau, Rom, Madrid, Den Haag, Stockholm und Washington formierten sich Trauben von Gsellas und riefen die deutsche Regierung lautstark zum Handeln auf.

Die internationalen Pressestimmen trafen Mampe empfindlich: »Kostet die Causa Gsella Mampe das Amt?« (*Neue Zürcher Zeitung*), »Mampe im Abwärtsstrudel« (*Der Standard*), »I giganteschi problemi di Lukas Mampe« (*Corriere della Sera*), »The minister and the missing poet – Government crisis in Germany« (*The Economist*), »La chronique scandaleuse de Lukas Mampe« (*Le Monde*), »El caso Gsella: ¿Mampe kaput?« (*El País*), »The do-nothing minister Mampe says he has no idea of Mr. Gsella's whereabouts« (*The New York Times*) ...

Und das war bei weitem nicht die einzige Sorge des Außenministers. Die Spannungen im Persischen Golf und im gesamten Mittleren Osten nahmen wieder zu, seit der saudische Mufti Abd-al Aziz el-Hashim und der iranische Rechtsgelehrte Roshan Dschalal al-Afghani bei einer privaten Feier in einem Bordell im Beiruter Trendviertel Gemmayzeh an einer Überdosis Liquid Ecstasy verendet waren. Die libanesische Polizei hatte den Fall zu vertuschen versucht, aber viele Einzelheiten waren durchgesickert, und nun brannte der Baum. Sowohl die iranische als auch die saudi-arabische Regierung sprachen von einem Mordanschlag und versetzten ihre Truppen in Alarmbereitschaft. Das aber bedeutete nichts Gutes für die deutsche Rüstungsindustrie, die endlich wieder Waffen nach Saudi-Arabien exportieren wollte.

In einem Exklusiv-Interview versicherte Mampe der Öffentlichkeit in *Bild am Sonntag*, daß die Suche nach Thomas Gsella von der Bundesregierung in die höchste Dringlichkeitsstufe eingeordnet worden sei. Dann betraute er in einem abhörsicheren Besprechungsraum den geheimnisumwitterten BND-Agenten Gieselhard Quirrler mit der Mission, Gsella aufzutreiben und ihn tot oder lebendig nach Deutschland zurückzubringen.

Quirrler war ein alter Hase. Er hatte schon unter dem Generalmajor Reinhard Gehlen in der Abteilung Fremde Heere Ost gedient und mit den Resultaten seiner Feindaufklärung maßgeblich zu den Erfolgen der Wehrmacht in den Panzerschlachten um Ostpommern beigetragen. In der frühen Nachkriegszeit hatte er diversen Kriegsverbrechern zur Flucht nach Argentinien und Syrien verholfen, und unter den Kanzlern Adenauer, Erhard, Kiesinger, Brandt, Schmidt, Kohl und Schröder war er als graue Eminenz an Geheimdienstoperationen in Nordamerika und Südamerika, im pazifischen Raum, im Maghreb, in Zentralasien und in der Levante beteiligt gewesen. Über die Attentate auf Reinhard Heydrich, John F. Kennedy, Kamal Dschumblat, Anwar el-Sadat, Indira Gandhi, Olof Palme, Benazir Bhutto und Kim Jong-uns Halbbruder Kim Jong-nam wußte niemand mehr als er, doch er schwieg darüber wie ein Grab. Seit einigen Jahren befand er sich offiziell im Ruhestand und verdiente sich mit seiner Weinbergschneckenzucht in der Gemeinde Schneizlreuth im Berchtesgadener Land ein bescheidenes Zubrot. Er belieferte Delikatessengeschäfte von Paris bis Tiflis mit seinem Schneckengulasch, aber wenn das Vaterland rief, ließ er noch immer alles stehen und liegen.

Im Vermißtenfall Gsella ging Quirrler auch als rüstiger Senior von 96 Jahren so systematisch vor, wie er es als Fahnenjunker gelernt hatte. Zunächst kräftigte er sich mit Langstreckenläufen, einarmigen Liegestützen, Sit Ups, Pull Overs mit der Kurzhantel und Pushdowns am Kabelgriff mit Oberzug, und dann flog er nach Damaskus, um ein paar Kontakte aufzufrischen und sich nach dem Dichter umzuhören, der der Welt abhanden gekommen war.

Nach einer Exkursion zu der prunkvollen Moschee Masjid Sultan Omar Ali Saifuddin fand Dietrich zur Nedden in seiner Suite einen neuen Mitbewohner vor: den Chefreporter Borromäus Görzke von *Bravo Sport*. Auf seinem gut ausgebauchten T-Shirt stand »Dixi – Wenn's um die WURST geht«. Aus dem Kragen ragte ein fleischiger Hals, dessen Proportionen schlecht zu dem nur ungefähr erdnußgroßen Kopf paßten, und aus Görzkes mit Südseemotiven bedruckter Badehose quollen zwei Wollhaarmammutbeine hervor.

»Wow, dat is abba en echt tollen Kabachel hiea«, sagte er. »Hallöchen au! Meine Freunde nennen mich Borri. Und wer bist du?«

»Dietrich zur Nedden.«

»Zur Nedden? Adlich, wa?«

»Nicht daß ich wüßte.«

»Hab mal 'n Lehrer gehabt, der zur Mühlen hieß.«

»Tatsächlich?«

»Ja! Geo unt Schimie. Unt der hat au nich adlich ausgesehen!«

»Interessant«, sagte zur Nedden und goß sich ein Glas Wasser ein.

»Unt wat geht hiea ap?« fragte Görzke. »So trallafittimäßich?«

Es sei ein Empfang in der deutschen Botschaft geplant, sagte zur Nedden. »Mit Vertretern der Asiatischen Fußball-Konföderation und der Fifa-Finanzkommission, und unter uns Journalisten sollen dabei ein Lamborghini Sián und ein Ford Puma Hybrid verlost werden.«

»Hammer!« rief Görzke. »Meinze dat in echt?«

Der Tuchhändler Seyed Mansour Esfandiari hatte den untauglichen Weber Gsella inzwischen im Darknet wie Sauerbier angeboten und ihn schließlich an die National Iranian South Oil Company weiterverkauft. Für gröbere Verrichtungen war er durchaus noch verwendbar, auch wenn er am Burnout-Syndrom zu leiden schien. Man wies ihm einen Arbeitsplatz auf einem Ölfeld in der Provinz Chuzestan zu, wo er mit einer Scheuerbürste die Auffangbecken für giftige Abwässer säubern sollte.

Das war kein Job für zartbesaitete Naturen. Bei bis zu 45 Grad kniete Gsella bürstend in Petrolkoks, Benzinmolekülen, Sulfiden, Phenolen und anorganischen Säuren, und sobald sein Arbeitseifer nachließ, brachte der festangestellte Supervisor seinen Ochsenziemer zum Schnalzen.

Ungehört verhallt war Gsellas Bitte um eine angemessene Schutzbekleidung. Zugebilligt hatte man ihm nur eine verschlissene Damenstrumpfhose unbekannter Herkunft. Die Dämpfe, die er inhalierte, die feinkörnigen Sedimente, die ihm die Knie zerschunden, und die Chemikalien, die sich in seine Haut ätzten, empfand er als große Zumutung, und er faßte den Entschluß, sich bei der nächsten Gelegenheit an den Betriebsrat zu wenden.

Doch es gab in diesem Ölfeld keinen Betriebsrat, und wenn es einen gegeben hätte, dann gewiß nicht für Thomas Gsella, das mit Abstand allerkleinste Rädchen im Getriebe der iranischen Ölindustrie.

In einer der wenigen Schaffenspausen, die ihm zugestanden wurden, warf der Supervisor ihm vom Rand des Auffangbeckens die Reste seiner eigenen Mahlzeit vor die Füße: zwei Hühnerknochen und einen angebissenen Berberitzen-Muffin.

Gsella hielt sich eine seiner benzylchloridzerfressenen Hände vor die Augen, um nicht von der Sonne geblendet zu werden, blickte zu dem Supervisor auf und rief: »Haben Sie auch Wasser, Effendi? Mit Blubb? I mean, water with sparkles?«

Zwei Sekunden verstrichen. Dann spie der Supervisor einen Kautabakpfriem in die Grube, und Gsella, vom Durst geplagt, griff zu und saugte alles aus dem Pfriem heraus, was er an Saft enthielt.

In der großen weiten Welt war Gsella zu einer Celebrity geworden, doch das konnte er nicht ahnen, und es hätte ihm auch nicht weitergeholfen.

»Grüezi«, sagte Ute. »Ich bin wieder in Zürich, und hier ist die Hölle los, das kannst du mir glauben …«

»Erzähl«, sagte Gerold. Auch er hatte Neuigkeiten auf Lager, doch er ließ ihr den Vortritt.

»Dann fang ich mal mit Bärlapps Eskapaden in Pjöngjang an. Die Nordkoreaner wollten eine Billion Schweizer Franken von ihm haben, und weil er sich zierte, haben sie ihm fünf oder sechs minderjährige Gigolos aufs Zimmer geschickt. Da ist er schwach geworden und hat eine wilde Orgie gefeiert. Selbst bei mir im Zimmer nebenan sind zwei Kim-Jong-un-Porträts von der Wand gefallen! Jetzt haben ihn die Nordkoreaner natürlich im Sack. Is' ja klar, daß sie ihn bei seinen Turnübungen gefilmt haben. Nach unserer Rückkehr ist er deshalb sofort zu Infantino gerannt und hat ihm glaubhaft zu machen versucht, daß es zwingend notwendig sei, dem Nordkoreanischen Fußballverband eine Billion Franken zu schenken ...«

»Zu schenken? Im Ernst?«

»Er hat von einem ›unverzinslichen Dauerdarlehen‹ gesprochen. Das läuft ja wohl aufs gleiche raus.«

Gerold pfiff durch die Zähne. »Und wie hat er das begründet?«

»Mit einem Haufen Kauderwelsch. Betafaktoren, Put-Optionsscheine, Vertriebsprovisionen, Mirrortrades, Kick-backs und Aktiensplitting ... Ich hab nicht mal ein Zehntel davon verstanden. Bei Infantino ist das jedenfalls nicht gut angekommen. Die beiden haben sich angeschrien wie die Makaken, und dann hat Bärlapp gesagt, daß er der Kantonspolizei Zürich alles über das Abkommen mit dem Walliser Oberstaatsanwalt Rinaldo Arnold verraten werde, und Infantino hat gesagt, daß er dann Bärlapps Konto auf den Andamanen sperren lasse, und Bärlapp hat gesagt, daß er dann die Akten über den Deal mit Michel Platini der Staatsanwaltschaft übergebe, und dann ist es still geworden, und sie haben sich wieder vertragen, und Infantino hat gesagt: ›Mio caro amico! Eine halbe Billion kannst du haben, mein Bärli, weil du ein Ehrenmann bist, aber mehr kann ich dir wirklich nicht zur Verfügung stellen! Verzeih mir!‹ Und deshalb steht Bärlapp seit heute vor der Aufgabe, eine halbe Billion Franken zu beschaffen, wenn er verhindern will, daß sein nordkoreanisches Gastspiel viral geht ...«

»Nicht zu fassen«, sagte Gerold und blinzelte in die Sonne. »Hat Infantino zu Bärlapp wirklich ›mein Bärli‹ gesagt?«

»Das ist jetzt ja wohl unerheblich! Es geht um die illegale Transaktion von eintausend Milliarden Schweizer Franken und die Erpressung des Schatzmeisters der Fifa und nicht zuletzt um einen Verstoß gegen die UN-Kinderrechtskonvention!«

»Völlig richtig, meine Liebe. Aber wieso hat Bärlapp dich zu seinem Gespräch mit Infantino eigentlich mitgenommen?«

»Hat er doch gar nicht. Aber ich hab's auf Band.«

Zum zweitenmal pfiff Gerold durch die Zähne. »Dann hoffe ich, daß du dich bei deinem Lauschangriff an das geltende Recht gehalten hast ...«

»Na klar. Ich weiß auch nicht, wie das kommt, aber durch irgendeine Fehlschaltung wird alles, was Bärlapp sagt, von einem seiner Manschettenknöpfe in meine kabellosen Kopfhörer übertragen.«

»Und was ist dein nächster Schritt?«

»Ich werde Bärlapp im Auge behalten und mir ansehen, was er unternimmt, um sich eine halbe Billion Franken zu beschaffen. Dabei kann ich vielleicht noch was lernen. Und du? Wo bist du überhaupt?«

»Ich aale mich in einer Hängematte im Garten deiner Eltern, trinke ein Bier und warte auf einen Anruf von Kommissar Riesenbusch. In einer Fahrradsatteltasche des explodierten Whistleblowers Iglusch Boberaitis haben wir nämlich einen Schlüssel gefunden, und Riesenbusch hat einen Freund bei der NSA, der angeblich in der Lage ist, für jeden Schlüssel auf Erden das passende Schloß zu finden ...« Er berichtete Ute von dem Fahrradrennen in Greetsiel und winkte Folkert Fischer zu, der auf seinem Rasentraktor mit Heckauswurf vorüberfuhr und Kurs auf die östliche Grundstücksgrenze nahm.

»Und wieso ist Boberaitis explodiert?«

»Die Pathologen vermuten, daß ihm jemand Nitroglyzerin injiziert hat, aber die haben sich noch nicht final miteinander abgestimmt. Die einzige weiterführende Spur ist der Schlüssel aus seiner Satteltasche.«

»Nun denn. Viel Glück, Sherlock Holmes. Grüß meine Eltern! Ernähren sie dich gut?«

»Das will ich meinen. Deine Mutter bereitet gerade sogenannte Tuffelschnappkes vor. Mit Schafskäse und Speck.«

»Schön für dich. Dann gebe ich mich hier jetzt wieder meinem Heimweh hin ...«

Die große Tombola in der deutschen Botschaft in Brunei wurde von dem Kult-Entertainer Mario Barth moderiert. Die beiden Hauptgewinne, der Ford Puma und der Lamborghini, standen aufgebockt und glitzernd auf der Bühne, und dazwischen hopste Barth umher und zündete ein Pointenfeuerwerk aus Popo-, Klo- und Busen-Witzen. Vermittelt worden war ihm dieser Gig vom Botschafter persönlich.

Es war Barths Glück, daß die anwesenden bruneiischen Diplomaten kein Deutsch verstanden. Sonst wäre er von einem Schnellgericht abgeurteilt und einer schweren Körperstrafe zugeführt worden.

Auftragsgemäß pries er zwischendurch den »markanten SUV-inspirierten Look« des Ford Puma und »die innovative Mild-Hybrid-Leichtbauarchitektur« des Lamborghini mit ihrem »Lithium-Ionen-Superkondensator«, bevor er wieder Pups- und Dödelwitze riß.

»Ej, sach ma, Kollege!« rief Borromäus Görzke und knuffte Dietrich zur Nedden in die Seite. »Dä Lamboadschinnie hat Fentiele aus Titan und 'n Exterieur aus komplett sichtbarer Carbonfaser! Wenn ich den gewinn, hömma, ej, dann fahr ich heute noch 'ne Omma übern Haufen! Dat schwör ich dia!«

Die Journalisten jubelten, als Barth sie in die Trommel mit den Losen greifen ließ. Auch zur Nedden langte hinein, aber wie sich herausstellte, bekam er für seine Startnummer nur einen Trostpreis in Gestalt einer Kaffeemaschine namens Krups EA819E Arabica Latte Quattro Force mit zwei Reinigungstabletten und einem Entkalkungsbeutel.

Holder war die Glücksfee einem fischgesichtigen Abstauber von Eurosport, denn er sahnte den Ford Puma ab, und die Spannung stieg, als nach der Verlosung eines ausgestopften Wanderfalken, einer mikrowellengeeigneten Karaffe aus Borosilikatglas und einer stufenlos dimmbaren Standleuchte mit Dreibeinstativ nur noch der Lamborghini übrig war.

Görzke, hibbeliger denn je, trat von einem Fuß auf den anderen und schrie zur Nedden zu, daß ein Leben ohne Lamborghini sinnlos sei. »Vastehste, Schätzeken? Wenn man wat will, dann will man dat!«

»Sehr richtig!« stieß der neben ihnen stehende *Bild*-Chef Julian Reichelt hervor. »Wir Storyteller und Enabler wollen mehr, mehr, mehr! Mehr News, mehr Einordnung, mehr Reportagen, mehr Meinung, mehr spannende Bilder, Fotos und Videos, aber auch mehr Lamborghinis, wenn wir dieses Sultanat hier hypen sollen! Erst dann und nur dann können und wollen wir unserer Audience die WM '34 in Brunei schmackhaft und global erlebbar machen ...«

Während Barth zum letztenmal in die Lostrommel griff, versuchte Görzke in heller Aufregung eine SMS an einen Kumpel in Bochum abzusetzen, doch er drang nicht durch. »Wat hamm die denn hiea füa 'ne Bambusleitung?« jammerte er und hätte darüber fast den Höhepunkt der Veranstaltung verpaßt.

»And the winner«, tremolierte Barth, »is ... äh ... die Nummer 66!«

»Hier!« schrie Reichelt. »Ich hab die 66!« Er drängelte sich nach vorn und wedelte mit seinem Los. »Der Lambo ist meiner!«

Die 66 hatte aber auch Görzke gezogen. »Dat is ja wohl 'n dicken Hund!« rief er und rannte Reichelt hinterher.

Es entstand eine Rangelei, und wie sich zeigte, hatte Reichelts Los nicht die Nummer 66, sondern die Nummer 99, was er jedoch nicht gelten lassen wollte.

»Hasse Knöppe auffe Klüsen?« fragte Görzke. »Voll gelogen, watte da schwafelz!«

Der erregte Reichelt drohte Görzke, Barth und dem gesamten Botschaftspersonal mit einer Strafanzeige wegen Diebstahls und Betrugs, aber sein Versuch, die Autoschlüssel an sich zu reißen, scheiterte jämmerlich. Mit dem Ausruf »Weck da, du ollen Spacko!« schubste Görzke den *Bild*-Chef von der Bühne.

Unter allgemeinem Beifall kollidierte er mit einer Topfpflanze namens Dischidia bengalensis, die ihn unter sich begrub. Und noch während er mit ihr kämpfte und von einem »Klageerzwingungsverfahren« sprach, das er anstrengen werde, gingen die Videos von seinem Mißgeschick um die Welt.

Görzke riet Reichelt von oben zur Mäßigung: »Tu hiea ma nich wie Graf Rotz vonne Popelsburch! Du hass dowohl die Kappe naß!«

Kurzum: Es war ein glanzvolles Event, das auch zur Neddens Erwartungen weit übertraf.

13

Michael Ringel stand kerzengerade vor seinem Fernsehgerät. In einer ZDF-Sendung über die iranische Energiewirtschaft hatte er Thomas Gsella erblickt, auf einem Erdölfeld, mit einer Scheuerbürste in der Hand und einem grauen Bartflaum im Gesicht.

In der Mediathek sah Ringel sich die kurze Szene wieder und wieder an. Jeder Zweifel war ausgeschlossen: Diese ausgezehrte und bebrillte Ein-Mann-Putzkolonne bestand aus niemand anderem als Gsella.

»Time to act«, sagte Ringel halblaut. Er nahm Urlaub, kratzte seine Ersparnisse zusammen, packte seine Siebensachen, fälschte ein Visum, buchte einen Flug bei Turkish Airlines und stand vierzehn Stunden später mitten im Imam Chomeini International Airport vor den Toren Teherans.

Allein die Taxifahrt in die Stadt kostete Ringel fast eine Million Iranische Rial oder umgerechnet zwanzig Euro, und er gab dem Fahrer zusätzlich eine halbe Million Rial Trinkgeld dafür, daß er ihn bei der besten Privatdetektei der Stadt absetzte.

»Here it is«, sagte der Fahrer, als er vor einer grauen Mietskaserne anhielt. »Look! You go to second floor!«

Die Schilder an dem Haus konnte Ringel nicht lesen. Er klammerte sich an den Griff seines Rollkoffers und durchschritt einen vermüllten Flur. In einer Ecke schillerte Erbrochenes, und durch das Treppenhaus hallten handfeste Kontroversen.

Im zweiten Stock pochte er an die erstbeste Tür.
Der Privatdetektiv Huschang Shirazi tat ihm auf.
»Salem aleikum«, sagte Ringel.
»Aleikum salam«, erwiderte Shirazi. »Was führt Sie zu mir, Fremder?«
»Oh, sie sprechen Deutsch! Wie schön! Ich würde gern Ihre Dienste in Anspruch nehmen …«
Shirazi lachte verschmitzt. »Mein Deutsch ist etwas eingerostet. Kommen Sie herein und frischen Sie es auf!«
Als der Schah Mohammad Reza Pahlevi im Jahre 1967 in Westberlin empfangen worden war, hatte Shirazi zu dessen Leibgarde gehört, als sogenannter Prügelperser, und mit einer Holzlatte auf die demonstrierenden Studenten eingeschlagen. Damals hatte er sich mit mehreren deutschen Polizisten gut angefreundet, und er war Deutschland im Herzen immer verbunden geblieben.
Ringel setzte sich auf eine schmuddelige Ottomane. Wenn das die beste Privatdetektei in Teheran ist, möchte ich nicht wissen, wie die schlechteste aussieht, dachte er, während sein Blick über Steckbriefe, rissiges Mauerwerk, Shirazis blechernen Schreibtisch, eine gesprungene Milchglasscheibe, verstaubte Schriftrollen und breitgetretene Runzelkäfer schweifte.
Auch der Mittsiebziger Shirazi selbst bot keinen schönen Anblick. Auf seinem bulligen Haupt klebte ein Roßhaartoupet aus zweiter Hand, sein rechtes Ohr hatte sich bei einem Feuergefecht im Ersten Golfkrieg selbständig gemacht, und seine linke Wange wies die Spuren einer sternförmigen Einschußplatzwunde auf, die unfachgemäß verarztet worden war.
Was Ringel über den Fall Gsella zu sagen hatte, hörte Shirazi sich schweigend an und ölte dabei den Zylinderstift, den Kammerfanghebel, den Ladebügel und den Schlagbolzen seiner Browning ein.
»Und deswegen«, schloß Ringel, »möchte ich Ihnen den Auftrag erteilen, Ihre Fühler hier nach Thomas Gsella auszustrecken.«
»Kennen Sie meinen Stundensatz?« fragte Shirazi, ohne das Ölen zu unterbrechen.

Darauf habe er gerade zu sprechen kommen wollen, sagte Ringel. Im Moment sei er zwar leider etwas knapp bei Kasse, aber er könne mit Sachwerten dienen, die sich als Kapitalanlage eigneten und eine hohe Rendite versprächen.

Mit diesen Worten legte er den größten Schatz, den er besaß, auf Shirazis Schreibtisch: ein Album mit Autogrammkarten, die er als Jüngling in den siebziger Jahren gesammelt hatte. »Schauen Sie ruhig mal rein. Wenn Sie den Fall Gsella übernehmen, dürfen Sie sich eins der Autogramme aussuchen. Sie haben die freie Wahl!«

Es war eine Verzweiflungstat. Zwischen den mürben Fotoecken in Ringels Album steckten Autogrammkarten deutscher Schlagersänger, Sportler, Schauspieler und Politiker, die kaum noch jemand kannte. In einer anderen Währung konnte er nicht bezahlen.

Shirazi stellte das Ölkännchen ab und schlug das Album auf.

Mit deinen Fettfingern! dachte Ringel. Du Sau!

Doch er verkniff sich jeden Laut.

Mißmutig und immer mißmutiger blätterte Shirazi in dem Album, aus dem ihm Rainer Barzel, Roy Black, Ingrid Steeger, Ente Lippens, Erik Ode und Inge Meysel entgegenstarrten.

Ringels Hoffnungen erstarben. Einen Versuch war es wert, dachte er und ging vor seinem geistigen Auge schon die Liste derer durch, die er verklagen wollte, weil sie nicht genug für Gsellas Rettung unternommen hatten, aber dann schrie Shirazi: »Bernd Clüver! Ich werd verrückt! War das nicht der mit dem Lied von der Mundharmonika?«

»Aber ja«, sagte Ringel und stimmte Clüvers Oldie »Der Junge mit der Mundharmonika« an: »Du hörst sein Lied, / und ein Engel steht im Raum, / dann weißt du nicht, / ist es Wahrheit oder Traum ...«

»Das kenne ich von meinen alten Freunden aus Berlin!« rief Shirazi. Er stand auf, lief auf Ringel zu, umarmte ihn und sang die zweite Stimme: »Der Junge mit der Mundharmonika / singt von dem, was einst geschah, / in silbernen Träumen ...«

Danach ging Bernd Clüvers Autogrammkarte in den Besitz von

Shirazi über, und er legte den Schwur ab, daß er Gsella binnen vierundzwanzig Stunden finden werde.

Mit Beckenbauer und Hoeneß wollte es sich der Emir Tamim bin Hamad keinesfalls verscherzen. Er bewilligte ihnen das Schweigegeld, ernannte sie zu Ehrenbürgern Katars auf Lebenszeit und verwöhnte sie mit Sirupknödeln, Reisbrei und Rosenwasser.

»Song S', Herr Emir«, sagte Beckenbauer, als das Eßgeschirr abgeräumt wurde, »de Leid redn so vui vo dene schlechdn Arbadsbedingunga vo dera Arbada, de wo in Katar de Impfrastruktur fia de WM schoffa doa. Is des wahr?«

Der Dolmetscher übersetzte die Frage aus dem Bairischen ins Arabische, wobei es ihm zupaß kam, daß er als Student der Interkulturellen Theologie zwei Auslandssemester an der Augustana-Hochschule Neuendettelsau im mittelfränkischen Landkreis Ansbach verbracht hatte.

Die Herren könnten sich gern selbst ein Bild von der Lage der arbeitenden Klasse machen, erwiderte Tamim. Er schnippte eine Sänfte herbei, und schon fünf Stunden später hatten die Träger den Emir, seine Gäste und den Dolmetscher im Laufschritt zum Rohbau des Fußballstadions in Umm Salal befördert.

Beckenbauer und Hoeneß staunten nicht schlecht, als der Emir ihnen dort eine typische Arbeiterunterkunft zeigte. Zur Grundausstattung gehörten Kingsize-Betten, in Italien handgefertigte Kristallbadewannen, Fliesen aus Carrara-Marmor, Gaggenau-Backöfen mit Mehrpunkt-Kerntemperaturfühlern, Induktionskochfelder mit Muldenlüftung, französische Küchenmöbel aus Naturholz und AquaClean-8000plus-Toiletten mit Warmluftgebläse und Massagefunktion. Für die Zufriedenheit der Arbeiter sorgten zudem ein LED-Fernseher, ein Night-&-Day-Butler-Service, eine begrünte Dachterrasse, ein beheizter Vitalpool, ein Barbecue-Bereich, ein Fahrstuhl zu den streng bewachten Tiefgaragenparkplätzen, ein Weinklimakeller von Miele und ein hauseigener Schönheitssalon.

»Da legst di nieda«, sagte Hoeneß. »So gut haben wir's als Lehrlinge nicht gehabt! Gell, Franz?«

Auch Beckenbauer war tief beeindruckt. »Do konn ma moi den Undaschied zwischn den valeimderischn Greilmärchn und da Realität seng«, sagte er und klopfte Tamim auf die Schulter. »Es hod uns sea guad gfoin, Herr Emir! Aba jetz meng mia Sie ned länga aufhoidn. Könna S' uns in Umm Salal oan gmiadlichn Gasthof empfehln? Möglichst zendroi glegn? Wo's a Schweinshaxn gibt? Oda a boa Weißwiaschd?«

Hamim verwies sie an das Popeye Restaurant in der Mohammed Road.

»Recht schönen Dank für den Tip«, sagte Hoeneß, und Beckenbauer winkte Tamims Sänfte noch lange nach und rief: »Pfiagod, Herr Emir! Kemman S' guad hoam!«

In der Cohiba Lounge Bar in Damaskus saß Gieselhard Quirrler bei einem Martini und pochierten Kiebitzeiern an Speckschaum mit seinem alten Freund Abdul Saqqaf vom syrischen Geheimdienst beisammen. Sie kannten sich bereits seit einem 1942 gemeinsam verlebten Abend in einem Offizierskasino der Wehrmacht in Tobruk. In den späten vierziger Jahren hatten sie dem SS-Hauptsturmführer Alois Brunner in Syrien eine Vertreterstelle bei der Dortmunder Actien-Brauerei vermittelt, und 1974 waren sie auf Zypern in der Pufferzone der Vereinten Nationen auf einem Eselskarren unter zwei Strohballen verborgen mit zwei Panzerwurfminen von Lanarca nach Nicosia gereist. Diese Erlebnisse hatten Quirrler und Saqqaf zusammengeschweißt. Sie vertrauten einander blind.

»Habt ihr Gsella auf dem Radar?« fragte er.

»We use biometric facial recognition«, sagte Saqqaf. »With cameras everywhere, you know?« Es gebe einen intensiven Austausch mit den iranischen Nachrichtendiensten, und vor zwei Tagen sei im Süden des Irans eine Person registriert worden, die Gsella sehr ähnlich sehe.

»Das ist er«, sagte Quirrler, als Saqqaf ihm die Fotos vorlegte. »Wo sind die aufgenommen worden?«

Saqqaf nannte ihm die Koordinaten, und noch in derselben Minute forderte Quirrler beim Chef des Kommandos Spezialkräfte der Bundeswehr fernmündlich zehn Mann an, die Gsella aus dem Ölfeld herausfischen sollten.

»Riesenbusch hier«, sagte Riesenbusch. »Ich habe gute Nachrichten für Sie, Herr Gerold. Mein Kontaktmann bei der NSA hat ermittelt, in welches Schloß der Schlüssel aus der Satteltasche des verstorbenen Herrn Boberaitis paßt.«

Er sei ganz Ohr, behauptete Gerold, obwohl er gerade damit beschäftigt war, ein schimmliges Gummiband aus dem Flusensieb seiner Waschmaschine zu zupfen.

»Es ist der Spind Nummer neunzehn in der Umkleidekabine der Gästemannschaften im Stadion des Fußballvereins Wydad Casablanca in Marokko.«

»Alle Achtung«, sagte Gerold. »Und wie kommen die darauf?«

»Das verraten sie Normalsterblichen wie uns natürlich nicht. Die jagen das Schlüsselprofil durch ihre Datensammlung – und Bingo! Aber haben Sie denn Zeit für einen Abstecher nach Marokko?«

»Die werde ich mir nehmen. Ich könnte sowieso einen Tapetenwechsel gebrauchen ...«

Zwei Stunden zuvor hatte ein freier Journalist namens Hasko Czagaja auf seiner Website ein Video veröffentlicht, auf dem zu sehen war, wie Kommissar Gerold in Greetsiel einem kleinen Kind sein Fahrrad entriß. Die Tatsache, daß er dem Kind das Rad nach der Verfolgungsjagd zurückgegeben hatte, war von Czagaja unterschlagen worden. Vor seine Kamera hatte er aber den Polizeistationsleiter Pannkok geholt und ihn mit fünfzig Euro dazu überredet, Gerold zu denunzieren: »De hett sük eenfach mien Plünnen antreckt! Un he hett se mi nich weergeven!«

Nun stand Kommissar Gerold als Fahrrad- und Wäschedieb da,

und sein Vorgesetzter im Polizeihauptkommissariat Uelzen, der entscheidungsschwache und allein aufgrund seiner Schwippschwägerschaft mit einem einflußreichen Ratsmitglied zu Amtsehren gelangte Erste Polizeihauptkommissar Dietlof Münzenich, erlaubte ihm nur allzu gern eine Dienstreise nach Marokko.

»Je weniger wir von Ihnen hier in näherer Zukunft sehen, desto besser ist es eo ipso für unseren Ruf«, sagte Münzenich, als er Gerold das Flugticket überreichte. »Sie fliegen morgen mit Air France von Frankfurt über Paris nach Marokko, und an Ihrer Stelle würde ich mir anschließend Urlaub nehmen. Ich halte es per definitionem für einen ausgemachten Skandal, was Sie sich da de facto in Greetsiel geleistet haben, und von dieser meiner Meinung habe ich nolens volens auch den Landespolizeidirektor und den Landesinnenminister unterrichtet.«

Gerold wußte nicht, was er abscheulicher fand: den fünf Zentimeter langen Schmiß in Münzenichs Gesichtsflak oder die Latinismen, mit denen dieser Mensch seine Äußerungen würzte.

Michael Ringel quartierte sich in Teheran im Espinas Persian Gulf Hotel in der Presidential Suite ein, die ihm zugestanden worden war, nachdem er dem filmverrückten Hoteldirektor ein Autogramm von Klaus Kinski vermacht hatte.

Endlich allein! dachte Ringel, warf sich aufs Bett und streifte seine Socken von den Füßen. So muß Lawrence von Arabien sich nach der Durchquerung der Wüste Nefud gefühlt haben, dachte er und zappte sich durch das Fernsehprogramm, das leider viel zu wünschen übrig ließ. Es wurde von bärtigen Mullahs dominiert. Ringel verstand zwar nicht, was sie sagten, doch er konnte sich denken, daß sie den Mund nicht auftaten, um für die Universalität der Menschenrechte einzutreten und eine Love Parade im Mausoleum des Ayatollahs Chomeini zu befürworten. Diese Männer sahen allesamt so aus, als wollten sie das Rad der Zeit ins Paläozoikum zurückdrehen.

Jemand klopfte an die Zimmertür, und eine zarte Stimme rief: »Room Service!«

Er habe nichts bestellt, rief Ringel zurück, doch da wurde die Tür bereits von außen aufgeschlossen. Ein verschleiertes Zimmermädchen schwebte herein, zog die Tür hinter sich zu, stellte sich als Kimia vor, entstieg ihrem Tschador und führte Ringel zu seiner grenzenlosen Verwunderung sechs Stunden lang in alle Geheimnisse der orientalischen Liebeskunst ein.

»Und wie komme ich zu dieser Ehre?« fragte er im Morgengrauen, als er schweißfeucht und ausgepumpt nach seinem Blutdruckmesser tastete. »I mean, how do I come to this honor?«

»You are just irresistible«, hauchte Kimia. »I love you Europeans. And I will never forget you!«

Sie hüllte sich wieder in ihren Tschador und ließ in der Presidential Suite einen sehr nachdenklichen Michael Ringel zurück. Von dieser Seite hatte er Persien zuvor als Fernsehzuschauer nicht kennengelernt, und er fragte sich, ob ihm die altgedienten Auslandsreporter Peter Scholl-Latour, Dieter Kronzucker und Gerhard Konzelmann etwas über dieses Land der freien Liebe verschwiegen hatten.

Auf allen vieren schrubbte Thomas Gsella im Auffangbecken Nummer 12 mit einem Stahlschwamm einen Giftschlammfangeimer, an dessen Innenseite sich ein grünlicher Belag festgefressen hatte. Schimmelpilzsporen, Metallcarbonyle, amorphes Cadmiumoxid und konzentrierte Silbersalze bahnten sich dabei einen Weg unter Gsellas brüchige Fingernägel und in seine Lungenflügel. Um sich Mut zu machen, summte er die Melodie des alten Arbeiterkampflieds »Brüder, zur Sonne, zur Freiheit«, bis ihm auffiel, daß er doch lieber im Dunkeln gearbeitet hätte als unter der sengenden Sonne der Islamischen Republik Iran.

Dann hörte er Hufgetrappel und linste neugierig über den Beckenrand.

Ein Reiter preschte heran, sprang von seinem Pferd ab, eilte zu einem der Mietklos an der Südseite des Beckens und knallte die Tür hinter sich zu.

Gsella blickte sich um. Der Supervisor war nicht in Sicht, aber dort vorn stand ein gesattelter Araberhengst!

Jetzt oder nie, dachte Gsella. Er kletterte aus dem Becken, lief auf das Pferd zu, schwang sich hinauf, zog die Zügel straff an und rief: »Hottehü!«

Doch es bewegte sich nicht vom Fleck.

Gsella schwitzte. Was mag »Hottehüh« auf Farsi heißen? fragte er sich, und da kam auch schon der Supervisor angekeucht, in eine Trillerpfeife blasend, und legte eine Repetierbüchse auf ihn an.

Aus dem Inneren des Mietklos meldete sich nun auch der Reiter mit der Frage, was hier vor sich gehe. Er betätigte die Spülung und schien, den Geräuschen nach zu urteilen, seine Beinkleider zu ordnen.

Um den Hengst anzuspornen, verschärfte Gsella seinen Ton: »Na los, du Schindmähre! Hopp, hopp! Zeig deinem Onkel Thomas, was in dir steckt!«

Eine Kugel aus dem Schießprügel des Supervisors pfiff zwischen den Zügeln hindurch, und das änderte alles. Das Pferd blähte die Nüstern, wieherte laut und galoppierte mit Gsella davon. Nach zweihundert Metern setzte es mit einem Strecksprung über den Zaun, der das Ölfeld umgab, und stürmte auf den ockerbraunen und vegetationslosen Horizont zu.

Die Zügel hatte Gsella schießen lassen. Er lag flach auf dem Pferderücken, hielt sich an der Mähne fest und biß die Zähne zusammen.

Wohin mochte dieses Tier wohl rennen? Zur Straße von Hormus? Oder zum Kaspischen Meer?

»Bring mich bitte nur möglichst weit weg!« schrie er in eines der Pferdeohren. »Ich versprech dir alles, was du willst! Du kriegst von mir Zuckerrübenschnitzel, eiweißreduzierte Wiesenfasern, strukturreiches Küstenheu, einen ganzen Stall voller Zuchtstuten und dazu Ergänzungsfuttermittel mit Bierhefe und Kieselsäure! Und eine Wurmkur! Gratis! Und es erwartet dich unsterblicher Ruhm! Man wird dich in einem Atemzug mit Rosinante, Fury, Jolly Jumper, Rih und Hatatitla nennen, wenn du mich rettest!«

14

So wie in jedem ordentlichen Staatswesen waltete in Brunei eine Kfz-Zulassungsstelle ihres Amtes, und Borromäus Görzke mußte sich in eine lange Warteschlange einreihen, bevor er seinen Lamborghini in Besitz nehmen durfte.

»Kerlokiste, ich krich ein' am Appel!« jaulte er Dietrich zur Nedden zu, der ihm aus Mitleid Gesellschaft leistete. »Dat gibbet donnich!«

»Ruhig Blut«, sagte zur Nedden. »In Südostasien gehen die Uhren etwas anders als an der Ruhr ...«

Zweieinhalb Stunden später händigte ein Beamter Görzke die Fahrzeugpapiere aus und wies ihn darauf hin, daß in Brunei der Linksverkehr gelte.

»Geht fit!« rief Görzke. »Danke, Kollege! Ich bin total hormongeflasht! Bleib cremig, Alter!«

Dem Beifahrer zur Nedden stockte der Atem, als Görzke dann auf seiner Jungfernfahrt mit 350 Stundenkilometern über den Muara-Tutong Highway schoß und aus dem Fenster brüllte: »Macht ma Platz, ihr Nuckelpinnen!«

Um keine Zeit zu verlieren, nutzte Görzke auch die Standspur für seine Überholmanöver, und er brach in immer neue Jubelrufe aus: »Abba jawollo!« – »Geht ap wie Döppken, die Karre!« – »Und gezz mit Schmackes!« – »Dat is als wie wennze fliechs!«

Kurz hinter Bukit Panggal platschte der Kot einer Dickschnabelkrähe auf die Windschutzscheibe, und Görzke erschrak. Er riß das Steuer nach links, nach rechts und wieder nach links, touchierte einen Melonentransporter, entschied sich für eine Vollbremsung und stellte überrascht fest, daß der Lamborghini von der Straße abhob.

In zur Nedden wurde die Erinnerung an eine Achterbahnfahrt mit einem Dreier-Looping auf dem hannoverschen Schützenfest wach, während der Wagen sich überschlug und mit Karacho eine Schneise in den Bewuchs auf der linken Seite der Autobahn fräste.

»De Gsella-affaire groeit uit tot een Duitse staatscrisis«, meldete die niederländische Tageszeitung *De Telegraaf,* und auch das schwedische Blatt *Dagens Nyheter* übte Druck auf den deutschen Außenminister aus: »Lukas Mampe måste rädda poeten Gsella!«

Über eine sichere Leitung seines Telefons aus der Premiumreihe der IP-Telefonfamilie des Herstellers Tiptel machte Mampe dem Agenten Quirrler Dampf: »Wann liefern Sie mir Gsella?«

»Sehr bald, Herr Minister«, sagte Quirrler. »Wir haben ihn lokalisiert. Der Zugriff ist bloß noch eine Frage von Stunden.«

»Und wo haben Sie Herrn Gsella lokalisiert, wenn ich fragen darf?«

»Das unterliegt der strengsten Geheimhaltung.«

»Verstehe. Aber werden Sie ihn denn lebendig zurückbringen?«

»Selbstverständlich. Soweit es in unserer Macht steht.«

Mampe schaute aus dem Fenster. Auf der Straße vor seinem Ministerium blockierten rund zweihunderttausend Träger von Gsella-Masken den Verkehr.

»Sind Sie noch da, Herr Minister?« fragte Quirrler.

»Ja«, sagte Mampe. »Und ich sage Ihnen eins: Ich mache Sie persönlich für die Rückführung von Thomas Gsella nach Deutschland verantwortlich. Sie können sich nicht vorstellen, was hier los ist. Alle flippen aus wegen der Causa Gsella! Ich kriege sogar schon Anfragen von der Tunesischen Liga für Menschenrechte und dem Weißrussischen Helsinki-Komitee!«

Aus Quirrlers Rachen drang ein unartikulierter, einem Lachen ähnelnder Laut, und dann brach die Verbindung ab.

»Sie sind wirklich ein Schatz, Fräulein Süß«, sagte Bärlapp, als die Fischerin ihm einen Cocktail aus Kirschlikör, Zwetschgensaft, schwarzem Johannisbeersaft, Eiswürfeln, gestößelter Minze, Absinth und Rumverschnitt mixte und ihn mit einem Orangenachtel, drei Limettenvierteln, einem Sahnespritzer und einer Prise Tabasco ornamentierte. Im Regierungspalast von Brunei hatte Bärlapp viereinhalb Stunden lang mit dem bruneiischen Sportminister konferiert, und jetzt hing er schlaff in einem knirschenden Korbstuhl in seiner Suite im Rizqun International Hotel und sehnte sich nach menschlicher Wärme.

Die alkoholischen Zutaten hatte Kommissarin Fischer im Schleichhandel erworben.

Nach dem dritten Schluck stieß Bärlapp auf, und nach dem vierten löste sich seine Zunge. »Können Sie schweigen, Fräulein Süß?« fragte er.

»Wie eine Sphinx«, sagte sie und mixte den nächsten Cocktail.

»Es ist nämlich so«, hob Bärlapp an, »daß der Sultan von Brunei die WM 2034 in sein komisches kleines Land holen will, obwohl es hier nur zwei oder drei Fußballstadien gibt. Und mit allen, die was dagegen haben, macht er kurzen Prozeß. Deswegen sind schon ein paar Funktionäre, wenn ich das mal so sagen darf, über den Jordan gegangen. Oder über den Deister, wie man in Niedersachsen sagt. Im Grundsatz besteht in unseren Gremien Einigkeit darüber, daß der Sultan die WM haben kann, aber wenn er das will, dann muß er aktuell eine halbe Milliarde Franken mehr lockermachen als geplant. Das hab ich dem Sportminister heute einzuschärfen versucht, aber der hat auf stur geschaltet ...«

»Wie dumm von ihm! Er muß doch wissen, daß er auf Sie angewiesen ist!«

Es gelang Bärlapp nicht, die Fischerin zu fokussieren, weil er schon zu betrunken war, aber er nickte ihr zu, verleibte sich einen weiteren Schluck ein und teilte ihr mit, daß die nächste Reise nach Manila gehen werde. Er kenne dort einen billionenschweren Banker, bei dem der Sultan von Brunei persönlich in der Kreide stehe. »In

Manila stimmen wir die Mandolinen neu, Fräulein Süß. Es sollte mich wundern, wenn der Sultan und sein Sportminister mir danach nicht aus der Hand fressen ...«

Zehn Minuten später setzte Kommissarin Fischer einen verschlüsselten Funkspruch an die SoKo Fußballfieber ab, in dem sie offenlegte, was Bärlapp ihr gesagt hatte, doch da es die SoKo nicht mehr gab, ging die Mitteilung im Äther verloren, und das Unglück nahm seinen Lauf.

Von dem Privatdetektiv Shirazi erfuhr Michael Ringel, daß Thomas Gsella vor einigen Tagen im iranischen Darknet als Sklave zum Verkauf angeboten worden sei.

»Sapperlot!« rief Ringel. »Und von wem?«

»Allem Anschein nach von Seyed Mansour Esfandiari, einem hier in Teheran wohnhaften Unternehmer.«

»Erzählen Sie mir mehr! Lassen Sie nichts aus! Selbst die kleinste Kleinigkeit könnte wichtig sein!«

Shirazi zögerte. »Haben Sie auch ein Autogramm von Heintje?«

»Leider nein ... Aber wie wäre es mit, äh, einem Autogramm von, äh, warten Sie kurz ...« Er blätterte fahrig in seinem Album. »Hier! Wie wäre es mit einem Autogramm von Beppo Brem?«

»Beppo who?«

»Beppo Brem! Ein hochangesehener deutscher Volksschauspieler! Auf Sammlerbörsen kriegen Sie dafür zehn oder zwanzig Heintjes!«

Das überzeugte Shirazi, und er ging näher ins Detail: »Esfandiari entstammt einer alten Strumpfwirkerdynastie, die bereits unter dem Schah Aga Mohammed Khan eine einzigartige Machtstellung aufgebaut hat. Manche Historiker vertreten die Ansicht, daß die Wurzeln der Familie sich bis in die Seldschukenzeit zurückverfolgen lassen. Unter dem Kadscharenherrscher Mozaffar ad-Din Schah ist Esfandiaris Urgroßvater Malek Ali Djalali Esfandiari Ende des neunzehnten Jahrhunderts in den internationalen Teppichhandel eingestiegen und hat mit Einwilligung der britischen Kolonialmacht eine Zweigniederlassung in Bombay gegründet, die jedoch beklagenswerterweise einer Feuersbrunst zum Opfer gefallen ist ...«

»Kommen Sie zum Punkt«, sagte Ringel. »Wo finde ich diesen Esfandiari?«

Shirazi nannte ihm eine Adresse in einem Teheraner Industriegebiet, und nach einer ungemütlichen Taxifahrt, die er mit einem Autogramm von Abi Ofarim bezahlte, schritt Ringel noch am selben Tag auf Esfandiaris Fabrikgebäude zu und fragte sich bis zum Chef durch.

Dessen Sekretärin Shalal Mirza-Meier hatte einen deutschen Migrationshintergrund und konnte alles übersetzen, was der Fremdling dem Firmeninhaber sagen wollte. Und das war viel: »Mein Name ist Michael Ringel, und ich bin auf der Suche nach Thomas Gsella, den Sie, sehr geehrter Herr Esfandiari, im Darknet als Sklaven angeboten haben, wie ich aus einer verläßlichen Quelle weiß. Es liegt mir fern, Ihnen dieserhalb Unannehmlichkeiten zu bereiten, obwohl ich das könnte, denn der Sklavenhandel verstößt gegen international anerkannte Rechtsnormen. Ungeachtet dieser Tatsache bin ich aber nur daran interessiert, meinen Freund und Kollegen Gsella aus der Sklaverei zu befreien und ihn unversehrt wieder nach Deutschland zu bringen. Wenn Sie mir dabei helfen, werde ich über Ihre Praktiken Stillschweigen bewahren und Ihnen als Zeichen meines guten Willens ein Autogramm von Norbert Nigbur schenken. Kennen Sie Norbert Nigbur?«

Esfandiari schüttelte den Kopf.

»Nigbur war Torwart bei Schalke 04, bei Hertha BSC, beim VfB Hüls und bei Rot-Weiß Essen«, sagte Ringel. »Und er hat sechsmal für die deutsche A-Nationalmannschaft das Tor gehütet.«

Er kenne weder Herrn Nigbur noch Herrn Gsella, erwiderte Esfandiari.

»Darf ich Ihrem Gedächtnis auf die Sprünge helfen?« fragte Ringel und legte ihm ein Foto von Gsella vor.

Jetzt erinnere er sich, sagte Esfandiari. Diesen Angestellten habe er an die National Iranian South Oil Company weiterverscherbelt.

»Aha. Und läßt sich das rückgängig machen? Mit einem Produktrückruf Ihrerseits?«

Abermals schüttelte Esfandiari den Kopf.

Jetzt reichte es Ringel. »Wie Sie wollen«, sagte er. »Sie hören dann von meinen Anwälten, und am kommenden Montag werde ich den Vorgang in einer Rede vor der Generalversammlung der Vereinten Nationen ansprechen. Auf Wiedersehen! Es hat mich sehr gefreut, Sie kennenzulernen!«

Vielleicht, merkte Esfandiari an, gebe es noch eine andere Möglichkeit, die Affäre zu bereinigen. Babak Ossouli, ein Geschäftspartner von ihm, arbeite in der Personalabteilung der National Iranian South Oil Company und sei plausiblen Argumenten zugänglich. An diesen Mann könne Ringel sich wenden und ihm als Merci für seine Dienste ein kleines Geschenk überreichen.

Nach dieser Vorrede schrieb Esfandiari einen Scheck über eine Million Iranische Rial aus und schob ihn über den Tisch.

Das ist ein Anfang, dachte Ringel und steckte den Scheck ein.

»Ich geleite Sie dann hinaus«, sagte Shalal Mirza-Meier frostig. Erst als sie neben Ringel im Fahrstuhl stand und die Türen sich geschlossen hatten, taute sie auf. »Endlich hat jemand diesen Scheißkerl in seine Schranken gewiesen!« rief sie und fiel Ringel um den Hals. »Sie sind mein Held! Und ich bin Ihnen etwas schuldig! Was kann ich für Sie tun? Darf ich Ihnen unsere Teeküche zeigen?«

Von Haus aus war Ringel kein großer Teeküchenfreund, doch ein vages Vorgefühl sagte ihm, daß er auf dieses Anerbieten eingehen sollte. Und in der Tat: In der Teeküche entführte die entschleierte Shalal ihn in Gefilde der Seligkeit, die nur wenige Sterbliche jemals zuvor erschaut hatten.

Wenn Ringel auch nicht mehr der Jüngste war, so setzte er dem Ungestüm dieser Tochter des Orients doch alles entgegen, was er aufzubieten vermochte, während von den Regalen an den wackelnden Wänden der Küche die Dosen mit Süßholz-, Wildkirschen- und Orangenblütentee reihenweise herabstürzten. Es hätte nicht viel gefehlt, und durch die hohe Körpertemperatur der beiden Beteiligten wäre ein Feueralarm ausgelöst worden.

»Du hast einen neuen Menschen aus mir gemacht«, sagte Ringel, als er danach wieder in seine Bruno-Banani-Strümpfe schlüpfte.

»Gern geschehen«, antwortete Shalal und gab ihm einen Zungenkuß, der ihn an die Stromschnellen in den biblischen Paradiesflüssen denken ließ. »Aber nun spute dich und rette deinen Freund Thomas Gsella!«

Das Stadion des Vereins Wydad Casablanca bot 67 000 Zuschauern Platz, aber als Kommissar Gerold dort in tiefer Nacht mit einer Eisenschere die Metallstäbe der Umzäunung kappte, lag es leer und verlassen da. Er hatte den Amtsweg vermieden und sich entschlossen, inoffiziell zu dem Spind vorzudringen, in dessen Schloß der Schlüssel aus dem Nachlaß von Iglusch Boberaitis passen sollte. Es hätte Monate dauern können, von Deutschland aus die gerichtliche Erlaubnis zur Durchsuchung eines Spinds in Marokko zu erwirken, und wenn darin Beweismittel lagerten, die der Aufklärung der Morde an den Fußballfunktionären dienten, war Eile geboten.

Ein einachsiger Tieflader bremste auf der Rue Kaid al Achtar an der Südseite des Stadions ab, blieb stehen und schnaufte aus. Die Scheinwerfer richteten sich auf die nächste Kreuzung, aber ihr Licht erfaßte auch Kommissar Gerold, der sich gerade durch das Loch im Zaun zwängte.

Dem Tiefladerfahrer fiel das jedoch nicht auf. Er stieg aus, schlug an einem Laternenpfahl sein Wasser ab, stieg wieder ein und fuhr weiter.

Das hätte auch schiefgehen können, dachte Gerold. Ein paar Sekunden lang malte er sich schaudernd das Leben in der marokkanischen U-Haft aus, bevor er auf der Aschenbahn dem grünen Schein seiner Stirnlampe zu den Umkleidekabinen folgte.

Zwei Berberäffchen schraken auf. Sie hatten auf dem Tribünenboden nach Pistazienkernen gesucht und nahmen vor Gerold Reißaus.

Es war ihm bewußt, daß er bei diesem Einbruch seine Karriere aufs Spiel setzte, doch es gab schließlich höhere Ideale als eine gesicherte Pension.

Sechs Türen mußte er eintreten, bis er in einem stark nach Fußschweiß müffelnden Raum vor dem Blechspind mit der Nummer 19 stand.

Der Schlüssel paßte.

Von der Innenseite der Tür schwoll Gerold ein Pin-up-Girl entgegen, das an einer Ananasscheibe lutschte, und in einem der Spindfächer lag eine dreckige schwarze Turnhose.

Mit spitzen Fingern hob er sie hoch und untersuchte sie. Die Pflegesymbole auf dem ausgeblichenen Etikett verrieten ihm, daß diese Hose nur mit höchstens dreißig Grad heißem Wasser gewaschen und nicht heiß gebügelt werden durfte. Und daß sie zu einhundert Prozent aus Polyester bestand. Andere Geheimnisse gab sie nicht preis.

Und dafür bin ich nach Marokko geflogen, dachte Gerold. Vielen Dank, Herr Boberaitis!

Dann streifte sein Blick noch einmal das Pin-up-Girl. Unten auf dem Poster standen in einer ungelenken Handschrift die Worte:

Call Onur Lütfi Kasapoğlu – Galatasaray Istanbul!

Sollte Istanbul das nächste Ziel auf dieser Schnitzeljagd sein, die Gerold von Greetsiel nach Casablanca geführt hatte?

Er hörte Hunde bellen und Schreie hallen. Von außen fiel gleißendhelles Licht durch die Rubbelglasscheiben, und aus einer Flüstertüte schnarrten die Worte: »Vous êtes entouré! Sortez les mains en l'air et abandonnez-vous!«

Gerolds Schulfranzösisch reichte für die kurzgefaßte Übersetzung aus: Er war umstellt und sollte sich ergeben. Vorher riß er aber noch das Poster von der Tür und fraß es auf. Es ging niemanden etwas an, daß er vorhatte, Kontakt zu Onur Lütfi Kasapoğlu aufzunehmen.

15

Bei seiner Flucht auf dem Araberhengst erfuhr Thomas Gsella auf schmerzhafte Weise, daß er gegen Pferdehaare allergisch war. Die Symptome hatten sich vollzählig eingestellt: Niesreiz, Juckreiz, laufende Nase, tränende Augen, Dauerhusten, Atemnot und Nesselfieber. Gsellas Unterarme standen in Flammen, und an der Innenseite seiner Oberschenkel schwärten rotgeränderte, topflappengroße Quaddeln.

In einer Talsenke stieg er ab, weil er es nicht mehr aushielt.

Das Pferd blickte ihn fragend an.

»Geh nur«, sagte er und streckte sich auf der Gipskruste des Steppenbodens aus. »Laß mich hier einfach liegen ...«

Mit der linken Hand bekam er einen Kalkstein zu fassen und kratzte sich damit geistesabwesend zwei Pusteln auf, während das Pferd davontrottete und die Sonne in den Zenit stieg.

Obwohl er nur die durchgescheuerte Strumpfhose anhatte, wurde Gsella das Gefühl nicht los, daß er viel zu warm angezogen sei. Im Grunde wollte er nichts mehr von dieser Welt wissen, aber eine Abkühlung wäre ihm lieb gewesen, und bevor er mit dem Leben abschloß, hätte er auch gern noch einen letzten Schluck Wasser getrunken.

In der irrigen Annahme, daß er in östlicher Richtung eine Zisterne erkannt habe, kroch Gsella durch die vulkanische Asche auf den immerfort wandernden Schatten einer Felsnase zu und machte nach acht Stunden schlapp.

Doch er fand keine Ruhe, denn nun schwärmten die örtlichen Feuerameisen aus. Ein Wirbeltier von Gsellas Größe hatten sie zuvor noch nie attackiert. Eine Vorhut griff die Epithelschicht seiner Augenhornhaut an, andere Pionierbrigaden bildeten Stoßkeile, die in die Ohrmuscheln und in die Nasenlöcher einmarschierten, und während der Angriffsschwung eine fast zweitausend Rekruten zählende Schwadron zu den Achselhöhlen und den Flanken trug, kreiste ein Bataillon in Kompanien zu je dreihundert Mann den entzündeten Bauchnabel ein. Die Frontbreite dehnte sich auf Gsellas gesamten Oberkörper aus, und im weiteren Operationsverlauf eroberten furchtlose Infanteristen in zwei großen Umfassungsschlachten auch die wichtigsten Verkehrsknotenpunkte innerhalb der Strumpfhose.

Gsella wälzte sich stöhnend im Geröll, um das Kampfgetümmel zu beenden, aber diese Gegenmaßnahme fiel nicht ins Gewicht. Für jede verlorene Einheit rückte ein neuer Großverband nach, und die in Gsellas Haut gespritzte Feuerameisensäure löste chemische Reaktionen aus, die seine Abwehrkräfte schwächten und ihn in ein zukkendes Nervenbündel verwandelten.

Erst in der Morgendämmerung ließen die Ameisen von ihm ab. Es hatte sich für sie gelohnt: Mit dem aus seiner Epidermis geschöpften Talg war der Lebensmittelnachschub ihres Stammes auf Monate hinaus sichergestellt.

Nach dem Rückzug des Ameisenheeres landeten drei Ohrengeier neben Gsella. Es waren anhängliche und geduldige Tiere. Sie wollten bis zu seiner letzten Stunde bei ihm bleiben und wahrscheinlich sogar noch etwas länger.

Nach dem Unfall mit dem Lamborghini waren Borromäus Görzke und Dietrich zur Nedden ins Jerudong Park Medical Centre eingeliefert worden. Sie hatten keine größeren Blessuren davongetragen und freuten sich schon auf ihre Entlassung, aber dann wurde Görzke mitten in der Ergotherapie von Militärpolizisten verhaftet und abgeführt. Er habe, so hieß es, mit dem Lamborghini ein Geschenk des Sultans zerstört, und darauf stehe die Todesstrafe.

»Ihr habt doch wohl 'n Schlach mit der Wixbürste wech!« rief er den Polizisten zu, und um sich nicht noch mehr von ihm anhören zu müssen, brachten sie ihn mit Elektroimpulswaffen zum Verstummen.

Zur Nedden hielt sich zurück. Er tat alles, was die Ärzte von ihm verlangten, checkte vorschriftsmäßig aus dem Krankenhaus aus, machte sich fein und wurde dann im Palast des Sultans vorstellig, um ein gutes Wort für Görzke einzulegen.

Auf Wikipedia hatte zur Nedden gelesen, daß dieser Palast der größte der Erde sei. Auf einer Wohnfläche von zweihunderttausend Quadratmetern umfasse er 1788 Räume, 18 Fahrstühle, 44 Treppenhäuser und 250 Badezimmer. Die Fenster- und Türbögen seien aus purem Gold, und 64 000 Quadratmeter Wandfläche habe man mit 38 unterschiedlichen Sorten Marmor verkleidet.

Kann hinkommen, dachte zur Nedden, als er in der Empfangshalle eine Wartenummer gezogen hatte. Er warf ein Kaugummi ein und ließ sich auf einem der Sitzsäcke aus chromgegerbtem Elefantenleder nieder. Über ihm wölbte sich eine juwelengespickte Dachkuppel, von der große Volieren mit Mongolenregenpfeifern, Nashornvögeln, Jungfernkranichen und Diamantfasanen herabhingen. Zu seiner Unterhaltung rauschte drei Meter neben ihm ein künstlicher Wildbach.

Normalerweise empfing der Sultan keine Überraschungsbesucher, aber nach den Informationen seines Geheimdienstes galt zur Nedden in Deutschland als führender journalistischer Meinungsmacher, der es verdient hatte, spätestens nach einer fünfstündigen Wartezeit vorgelassen zu werden.

Alles im Inneren des Palastes zielte darauf ab, die Gottgleichheit seines Bewohners herauszustreichen, doch die architektonische Prachtentfaltung ließ zur Nedden kalt. Als ihn ein Quartett aus Leibgardisten zum Sultan brachte, hatte er bloß einen einzigen Gedanken: Wo sollte er sein Kaugummi lassen, bevor er dem Sultan unter die Augen trat?

Es gab für dieses Problem nur die Lösung, das Kaugummi mit der Zungenspitze in einer Backenzahnlücke zu parken.

In seinem üppig aufgeputzten Thronsaal begrüßte der Sultan den deutschen Gast ohne großes Zeremoniell, wies ihm einen Platz auf einer schaumgepolsterten Designercouch zu, setzte sich ihm gegenüber, bot ihm eine Tasse Gyokuro-Samurai-Tee an und fragte ihn, was er auf dem Herzen habe.

Der Dolmetscher, ein dürres Männlein, das kaum einmal den Blick zu heben wagte, mußte seine Arbeit im Stehen verrichten.

»Eure Hoheit mögen mir meinen Vorwitz gütigst verzeihen«, sagte zur Nedden. »Was mich zu Euch führt, ist die Hoffnung, daß Ihr Euch dazu bereitfinden könntet, den Unfallfahrer Borromäus Görzke zu begnadigen. Er hat sich schwer versündigt, keine Frage, aber ich bin mir sicher, daß er darauf brennt, das Sultanat Brunei zu preisen und zu rühmen, sobald Ihr ihn freilaßt. Ich kenne mich ein bißchen aus in der deutschen Medienlandschaft, und ich weiß, daß ein Influencer wie Görzke das Zünglein an der Waage spielen kann, wenn es darum geht, seine und meine Landsleute für die Vergabe der WM '34 nach Brunei zu begeistern ...«

Zur Nedden nippte an seiner Tasse und leitete den Tee in der Mundhöhle sorgfältig an dem Kaugummi vorbei.

Nachdem der Sultan sich die Übersetzung angehört hatte, nickte er bedächtig und gab zur Antwort, daß er erwägen werde, das Strafmaß zu mildern und Görzke nur blenden und ihm beide Hände abhacken zu lassen.

»Aber Majestät!« rief zur Nedden. »Das ist doch krank! Ihr könnt den Mann doch nicht einfach verstümmeln lassen! Geht das in Eure Matschbirne nicht rein?«

Der Ausdruck »Matschbirne« bereitete dem Dolmetscher Schwierigkeiten, aber der Sultan hatte bereits verstanden, daß er tödlich beleidigt worden war. Unter schwerer Wahrung seiner Würde schritt er zu seiner Dienstbotenklingel, um die Palastwache herbeizurufen.

Doch dazu kam es nicht. Zur Nedden sprang auf, stieß den Sultan um, schlug ihn k. o. und rollte ihn in einen der Orientteppiche ein, mit denen der Thronsaal überreichlich ausstaffiert war.

Dem Dolmetscher purzelten fast die Augen aus dem Kopf.

»Sie trifft keine Schuld an diesem kleinen Malheur«, sagte zur Nedden. »Ich würde Ihnen raten, sich durch eine Hintertür von hier zu entfernen.«

Diesen Rat befolgte der Dolmetscher ohne Verzug.

Um Zeit zu gewinnen und für Unordnung in den gegnerischen Reihen zu sorgen, warf zur Nedden den gefüllten Teppich aus dem Fenster in einen vier Meter tiefer gelegenen Steingarten und versteckte sich danach in einem Kleiderschrank im Ostflügel des Saals.

Hier werden sie schon nicht nach mir suchen, redete zur Nedden sich ein. Er setzte sich still hin, nahm das Kaugummi aus dem Mund und klebte es an einem der Frackschöße des Sultans fest.

Im Chefbüro des Ölfelds, aus dem Gsella geflohen war, schrie Gieselhard Quirrler auf den Leitenden Direktor ein: Es sei eine Schande, daß ein Arbeiter aus diesem Betrieb mir nichts, dir nichts verschwinden könne, ohne verfolgt zu werden. »Unter dem Führer hätte es das nicht gegeben! Was glauben Sie wohl, wie der Heeresnachrichtendienst mit mir verfahren wäre, wenn ich gemeldet hätte, daß mir ein Partisan auf einem Pferd entkommen ist? Und noch dazu auf einem gestohlenen? Wissen Sie, was wir in der Ukraine mit Pferdedieben gemacht haben? Da ging's ritschratsch! Klapptisch aufgestellt, Standgericht einberufen, Urteil gefällt und immer ran an den Galgen! Aber Sie scheinen ja lieber Nachsicht walten zu lassen. Menschenskind! Sind Sie denn kein Indogermane?«

Der Direktor, ein untersetzter Mittvierziger, hörte sich die Gardinenpredigt regungslos an. Er verstand kein Deutsch und hielt es für das Beste, den Besucher ausreden zu lassen.

»Das wird Folgen haben«, sagte Quirrler. »Für Sie persönlich und auch für die Beziehungen zwischen Deutschland und dem Iran! Darf ich Sie daran erinnern, wer dem Geheimdienst in Ihrem Land nach dem Krieg auf die Beine geholfen hat? Die Amerikaner, sicherlich, aber wer hat euch das Know-how an die Hand gegeben? Wir Deutschen! Ohne unsere Leute vom Reichssicherheitshauptamt, vom SD und von der Gestapo wärt ihr hier in den Fuffzigern doch abgesoffen wie Mückenscheiße in Kuhmilch!«

Er erwärmte sich, so wie immer, wenn er in den Jargon seiner

Frühzeit verfiel, aber der Direktor ließ sich davon nicht aus der Ruhe bringen. Er verknusperte Kekse aus einer Pflaumenfruchtrolle. Das machte Quirrler wild. »Sie Memme!« brüllte er. »Haben Sie denn wenigstens Hufabdrücke von dem Zossen, mit dem Gsella von hier abgehauen ist?«

Der Direktor zuckte die Achseln.

Alle an die Wand stellen, dachte Quirrler und verlangte gebieterisch nach den Überwachungsvideos der letzten zweiundsiebzig Stunden.

Damit erntete er nur einen weiteren verständnislosen Blick des Direktors. Quirrler mußte sich mit der bitteren Wahrheit vertraut machen, daß es auf dem Ölfeld bloß eine einzige Überwachungskamera gab, und zwar die für den Pepsi-Cola-Automaten in der Cafeteria der höheren Angestellten.

Um so verdrießlicher war es, daß gerade jetzt Lukas Mampe anrief und wissen wollte, ob es einen ersten Teilerfolg gebe.

»Gsella spürt bereits meinen Atem im Nacken, Herr Minister«, sagte Quirrler. »Die Treibjagd nähert sich dem Ende!«

»Und was ist mit dem Kommando Spezialkräfte der Bundeswehr, das Sie angefordert haben?« fragte Mampe.

»Das soll sich bereithalten! Wir stehen kurz vorm Ziel!«

Karl-Heinz Rummenigge stärkte sich mit einem Bonbon der Sorte Vivil Extra Strong Zitronenmelisse, bevor er zu seiner kurzen Ansprache ansetzte. In der Vereinszentrale des FC Bayern München an der Säbener Straße hatte er die Vorstandsmitglieder Jan-Christian Dreesen, Oliver Kahn, Andreas Jung, Hasan Salihamidžić und Jörg Wacker sowie den Präsidenten Herbert Hainer um sich geschart. »Meine Herren«, sagte er, »Sie wissen, daß der Uli und der Franz verschwunden sind. Fakt ist, daß die Polizei – Stand heute – noch immer keine Spur von den beiden gefunden hat. Das löst natürlich bei uns allen und auch bei Millionen Fans große Emotionalität aus. Wir haben in dieser Situation zwei Möglichkeiten: Entweder überlassen wir die Sache der Polizei – oder wir holen uns mit Vereinsmitteln ein paar Profis ins Boot, damit die den Uli und den Franz ganz konsequent und kontinuierlich scouten. Das muß heute nicht final entschieden werden, aber ich denke mal, daß jetzt ein temporäres Stimmungsbild hier im Vorstand am Ende des Tages schon ein gutes Stückchen hilfreich wäre.«

»Was würde uns der Spaß denn kosten?« fragte Hainer.

»Eher mehr als weniger«, sagte Rummenigge. »Ich schätze mal, daß wir uns da in einer Größenordnung von roundabout sechzig- bis siebzigtausend oder approximativ auch vielleicht an die zwei- bis drei- oder vierhunderttausend Euro bewegen. Plus Spesen, versteht sich. Da geht's dann bereits in die Siebenstelligkeit rein. Aber das sind Fragen, die ich nicht seriös beantworten kann. Für unser Budget wäre das auf jeden Fall ein Streßtest, und deshalb muß man das Ganze meiner Meinung nach in einer gewissen Relation sehen. Der Franz und der Uli, um es mal so zu formulieren, haben viel für den FC Bayern getan, darüber brauchen wir nicht zu reden, aber auf der anderen Seite ist es ja auch nicht so, daß sie hier im Tagesgeschäft unverzichtbar wären. Mir ist sogar schon hinterbracht worden, daß bei uns manches runder läuft, seit der Franz und vor allem der Uli, um es mal knallhart auszudrücken, weg vom Fenster sind. Ich möchte daher vorschlagen, auch im Blick auf unsere Finanzen, daß wir eine Zwei-Säulen-Politik fahren. Säule eins: Wir machen der Polizei so viel Druck, wie wir können. Säule zwei: Wir halten unser Pulver trocken, warten ab und unternehmen nichts. Wer ist dafür?«

Alle zeigten auf.

»Gegenprobe?«

Keine Hand rührte sich.

»Benissimo«, sagte Rummenigge, der in seiner Zeit bei Inter Mailand viel gelernt hatte. »Dann hebe ich die Sitzung hiermit auf. Oder gibt's noch Fragen?«

Er habe läuten hören, daß Brunei ein heißer Kandidat für die Ausrichtung der WM '34 sei, sagte Kahn. »Weiß da wer von euch was drüber? Weil, wenn, dann würde ich bei 'ner Gaming Group was darauf wetten ...«

Doch da waren die Herrschaften überfragt. Solche Dinge wurden weit oberhalb der Vorstandsetage des FC Bayern München ausgehandelt.

Durch die raumhohen Panoramafenster der Tower Wing Suite im Hotel Edsa Shangri-La bot sich ein umwerfender Blick auf die Skyline von Manila, aber dafür fehlte der Fischerin leider die Zeit, denn bereits in zehn Minuten sollte der Billionär Alonso Nabiula eintreffen, und Roderich Bärlapp war hektisch darum bemüht, eine behagliche Atmosphäre zu schaffen. Er knipste an den Lichtschaltern herum und fragte: »Ist es so am besten? Oder so? Oder so?«

Auf einem Beistelltisch arrangierte Ute die Hotelküchengrüße: Schwertfischmedaillons, gefüllte Schweineherzen, gegrillte Langusten, Klöße aus Wasserbüffelinnereien und pikant gewürzte Gambas im Papageieneierteigmantel. Um den Gast in Spendierlaune zu versetzen, hatte Bärlapp auch eine 5-Liter-Flasche Veuve Clicquot geordert.

Als Nabiula zur ausgemachten Zeit eintrat, zeigte sich, daß er in einem Cutaway aus der Werkstatt des Londoner Schneidermeisters Tony Lutwyche steckte und einem Bison glich. Sein ausladendes Haupt, sein aufgedunsenes Gesicht, sein breites Kreuz und sein tonnenförmiger Rumpf verliehen ihm eine animalische Aura, und in seinem Händedruck wurde die Macht eines Mannes fühlbar, der nach Belieben Regierungen stürzen, Wechselkurse manipulieren und mit einem Federstrich Millionen Arbeitsplätze vernichten konnte.

»Welcome, welcome, welcome!« rief Bärlapp und tänzelte um Nabiula herum. »It's a great pleasure to meet you! Take a seat!«

Ute bangte um die Statik des Diwans, auf dem er niedersank, aber der hielt stand.

Während Bärlapp die übergroße Flasche Veuve Clicquot entkorkte und drei Champagnerflöten füllte, setzte er seinen Schwänzeltanz fort und erkundigte sich nach Nabiulas Befinden: »You're doing all right? You look great! I always say to my friends, there is nobody like Alonso Nabiula! He is the smartest businessman in the universe!«

Sie prosteten sich zu. Nabiula im Sitzen; Bärlapp und Ute im Stehen.

»Well, well, well!« rief Bärlapp. »So here we are again! When have we met the last time, Mister Nabiula? Was it last year? It seems like an eternity! How time flies, as I always say to my people! Well, well, well ...«

Mit einem Grunzlaut gab Nabiula ihm zu verstehen, daß er nach den Artigkeiten zum geschäftlichen Teil übergehen könne.

»Gewiß, Herr Nabiula«, sagte Bärlapp und schaltete das supernovahelle Lächeln ein, das er sich für solche Zwecke antrainiert hatte. »Because time is money, as we all know, nicht wahr?«

In der folgenden halben Stunde redete er von Cash Burn Rates, Measurement Sheets, Organizational Breakdown Structures, Value-at-Risk-Berechnungen, Credit Default Swaps, Wandelanleihen und Debitorenbeständen und steuerte erst nach vielen Umwegen auf die Frage zu, ob es Nabiula möglich wäre, ihm eine halbe Milliarde Franken zu stiften.

»For what?« fragte Nabiula, der auch nicht besser Englisch sprach.

»Für meinen persönlichen Gebrauch«, sagte Bärlapp. »I mean, for my personal use.«

Nabiula, der sich gerade ein Schweineherz eingeworfen hatte, hielt die Luft an. Seine Augen weiteten sich, und seine besenborstenartigen Brauen stiegen mehrere Stockwerke aufwärts.

Auch Bärlapp hielt die Luft an. In diesen Sekunden stand seine Zukunft auf Messers Schneide. Das einzige, was sich an ihm bewegte, war sein Adamsapfel.

Dann grummelte es tief in Nabiulas Eingeweiden. Das Grummeln ging in ein Gluckern über, und der ganze imposante Bauch geriet in Wallung. Nach und nach erfaßte das Beben auch die mächtigen Schultern, den stämmigen Hals und den schweren Wangenspeck.

Im Fernsehen hatte Ute einmal gesehen, was mit den ozeanischen Wassermassen geschah, wenn die nordamerikanische, die pazifische, die eurasische und die philippinische Kontinentalplatte aufeinanderstießen. Daran fühlte sie sich jetzt erinnert, als Nabiula am ganzen Körper erzitterte und in ein Lachen ausbrach, das der einheimischen Donnergötter Gugurang und Dalodog würdig gewesen wäre.

Bärlapp lachte versuchshalber ein bißchen mit, aber davon nahm Nabiula nichts wahr. Er hielt sich, so gut er konnte, den Bauch und lief, während er lauthals weiterlachte und auf die Seite sackte, rot an.

In Bärlapps Augen flackerte Angst auf. »Tun Sie was!« rief er Ute zu.

»Und was?«

»Ich weiß nicht! Denken Sie sich was aus! Dafür werden Sie bezahlt!«

Mit Nabiula schien alles in Ordnung zu sein, auch wenn er sich vor Lachen bog und vor Vergnügen mit den Fäusten auf den Diwanbezug aus echtem Nubukleder trommelte.

Um Bärlapp zu besänftigen, lief Ute ins Badezimmer, holte einen Rakel und wischte Nabiula damit die Lachtränen ab.

Das ließ ihn noch stärker auflachen, und dabei verschluckte er sich an dem Schweineherzen.

Es war ein denkwürdiges Naturschauspiel, das sich nun vollzog. Nabiulas Gesichtsfarbe wechselte von Backsteinrot zu Fliederblau, und obwohl er mindestens dreihundertfünfzig Pfund wog, vollführte er wahre Bocksprünge, zerriß sein Sakko und hustete wie ein Unterteufel. Von seinen Augen war nur noch das Weiße zu sehen.

Das muß ich Gerold erzählen, dachte Ute.

Für den Anfang würden ihm auch zweihundertfünfzig Millionen Franken genügen, rief Bärlapp, in der Hoffnung, den röchelnden Nabiula mit diesem Kompromißvorschlag an den Verhandlungstisch zurückzulocken, aber daraus wurde nichts. Noch bevor Ute einen Notarzt anrufen konnte, brach Nabiula zusammen, unternahm einen letzten vergeblichen Versuch, das in seiner Luftröhre klemmende Schweineherz auszuhusten, fiel vom Diwan auf das Edelholzparkett und starb.

»Da haben Sie mir ja schön was eingebrockt!« schrie Bärlapp. »Wie sollen wir das denn bloß den Behörden erklären?«

»Indem wir einfach bei der Wahrheit bleiben«, sagte Ute und verständigte die Polizei.

Mit allen Zeichen der Dankbarkeit nahm Babak Ossouli im Hauptquartier der National Iranian South Oil Company in der Stadt Ahvaz den von Esfandiari ausgestellten Millionenscheck entgegen und fragte den Überbringer Michael Ringel, um welche Gefälligkeit er ihn dafür bitte.

Es gehe um einen Arbeiter namens Gsella, sagte Ringel und zeigte Ossouli ein Foto von ihm. Dieser Mann sei hier als deutscher Staatsangehöriger zur Sklavenarbeit gezwungen worden, und er, Ossouli, habe genau vierundzwanzig Stunden Zeit, um ihn wohlbehalten auszuliefern. Sollte das unterbleiben, werde Deutschland dem Iran den Krieg erklären.

Ringel pokerte hoch, denn er war keineswegs dazu befugt, solche Drohungen auszusprechen, aber Ossouli fiel das Herz in die Hose. Als einfacher Angestellter verstand er nichts von hoher Politik, und sein tiefschwarzer, förmlich von Daressalam bis nach Kandahar reichender Vollbart saugte sich mit Angstschweiß voll.

Zur Not hätte Ringel ein Autogramm des DDR-Wintersportlers Helmut Recknagel in der Hinterhand gehabt, doch diesen Trumpf mußte er nicht ausspielen. Ossouli schwor, daß er das Ultimatum einhalten werde, und Ringel konnte sich beruhigt in sein Hotelzimmer zurückziehen.

Dort blieb er jedoch nicht lange allein. Eine der Rezeptionsdamen hatte ein Auge auf ihn geworfen. Während er ein Duschbad nahm und »Fiesta Mexicana« sang, verschaffte sie sich Zutritt in sein Zimmer und drapierte sich in einem Nachthemd mit V-Ausschnitt und Zierschleifen auf seinem Bett.

Als er splitternackt aus der Dusche kam und die fremde Frau auf der Matratze liegen sah, verjagte er sich fürchterlich, stieß mit der Hüfte an die Oberkante der leeren Minibar und bedeckte seine Blöße mit einem mehrsprachigen Prospekt der Shahid Chamran University of Ahvaz.

Sie heiße Gülnur, sagte die Frau auf Englisch, und sie sehne sich nach einem Zeitvertreib. Um ihre Aussage zu bekräftigen, nestelte sie an einem ihrer Spaghettiträger.

Herrlich verrückter Vorderer Orient! dachte Ringel. Ihm wurde immer klarer, daß er sich ein völlig falsches Bild von den Sitten und Gebräuchen im Iran gemacht hatte. Sah so etwa eine Theokratie aus? Wenn die liebeshungrige Gülnur und die stürmische Shalal auch nur halbwegs repräsentativ für die hiesige Frauenwelt waren, dann wollte er niemals wieder woanders Urlaub machen als in diesem Land, wo Milch und Honig flossen.

Mit Daumen und Zeigefinger lupfte Gülnur den unteren Spitzensaum ihres Nachthemds und sagte, daß es an der Innenseite einen kleinen Webfehler habe. »Would you like to see it?«

Als Kavalier alter Schule verhehlte Ringel ihr sein ausgeprägtes Desinteresse an der Tuchmacherkunst. Er wußte, was sich gehörte, und begab sich mit sprunghaft wachsendem Eifer auf die Suche nach dem Webfehler.

Das altersschwache Bettgerüst, das Nachtschränkchen und die anderen Möbelstücke hielten dem ausufernden Treiben dabei ebensowenig stand wie die Deckenleuchte, die Vorhangleiste und das gerahmte Konterfei des Ayatollahs Ruhollah Chomeini, aber diese Begleiterscheinungen bereiteten Ringel kein Kopfzerbrechen. Nach zwei Stunden sank er neben Gülnur reuelos auf die zermalmte Lagerstatt und beschloß, die Reparaturkosten mit einem Autogramm des ägyptischen Schauspielers Omar Sharif zu begleichen.

16

»Denke weder an die Goldschakale, die das Haus umschleichen, noch an die Kräuselradnetzspinnen, die es nach deinem Blut gelüstet, während der Nachtmond im Osten aufgeht, sondern erinnere dich an das gute Gesicht deiner Mutter, die um dich weint und in der nächsten Hungersnot für dich sterben wird, sofern Allah es von ihr verlangt ...«

Das war sinngemäß der Text der ersten Strophe eines alten persischen Schlaflieds, das Habib El-Auf dem halbtoten Thomas Gsella vorsang. El-Auf, ein menschenfreundlicher Kleinunternehmer aus der Stadt Schahr-e Kord, hatte ihn auf einer Geschäftsreise in einer Sandwehe entdeckt und im Auto mitgenommen, um ihn aufzupäppeln. Es war jedoch leider unmöglich, ihm Wasser oder feste Nahrung zu verabreichen. Sein ausgedörrter, von Geierschnabelhieben und Ameisenbissen entstellter Körper mußte erst einmal mit Eisbeuteln und Jodtinkturen von der Schwelle des Todes zurückgeholt werden. Die Bauchkrämpfe, die Gsella schüttelten, bekämpfte El-Auf mit Quarkwickeln und Fenchelzäpfchen, die spröden Lippen bestrich er mit einer hausgemachten Salbe aus Zypressenöl und gemörserten Hasenhoden, und dann versuchte er, wie schon erwähnt, sein Glück mit einem Gutenachtlied, um Gsellas Genesung voranzutreiben.

Eine freie deutsche Übersetzung der zweiten Strophe hätte folgendermaßen gelautet: »Nimm es nicht schwer, daß dein Vater und alle unsere Esel in den Ländereien der Götzendiener verdurstet sind wie hohle Palmenstümpfe, und versprich dir weder Armspangen aus Silber noch Gewänder aus Brokat und grüner Seide, sondern übe gute Werke und ehre die Opferbräuche, bevor du selbst zu Staub und Knochen wirst und der Allerbarmer dich in den Feuerpfuhl wirft ...«

Die Heilmittel, der begütigende Singsang und die gute Pflege retteten Gsella das Leben. Sein Fieber sank. Nach einiger Zeit konnte er eine dünne Dattelsamensuppe zu sich nehmen und bald darauf schon eine ganze Hammelkeule. Um sich erkenntlich zu zeigen, half er El-Auf in dessen Ladengeschäft aus, indem er Kichererbsen abwog, Pomeranzen schälte, Mirabellen entsteinte, Weinblätter in Salzlake einlegte und Splitterhandgranaten sortierte.

Es entging ihm nicht, daß El-Auf unter dem Ladentisch dann und wann Bückwaren hervorholte, für die sich besonders seine Stammkunden aus der höheren Geistlichkeit zu interessieren schienen: Liebeskugeln, Auflegevibratoren, Silikonpuppen mit innen genoppten Lustkanälen, Buttplugs in Schraubenoptik und batteriebetriebene Freudenspender mit Stimulationsflügeln und gefühlsechter Rillenmechanik. Ein ältlicher Freitagsprediger ließ sich eine bipolare Reizstromschlaufe als Geschenk einpacken, und ein leibhaftiger Großayatollah verlangte sein Geld für zwei Nippelpumpen zurück. Er legte einen Garantieschein vor und monierte, daß die Saugkraft der Pumpen bereits nach drei Wochen nachgelassen habe.

El-Auf nahm die Beschwerde routiniert entgegen, erstattete dem Mann seine Auslagen und drückte ihm zum Trost den multifunktionalen Satisfyer »Endless Joy« in die Hand, ein brandneues Gerät mit drei Motoren und mehr als vierzehn Anwendungsmöglichkeiten.

Nachdem er die Produktinformationen gelesen hatte, fragte der Großayatollah, ob es wirklich stimme, daß dieses Spielzeug eine seidige Haptik und eine hohe Gleitfreudigkeit besitze, und El-Auf verbürgte sich dafür bei der Ehre seiner Mutter.

Rätselhafter Islam! dachte Gsella. Wenn er nach seiner Meinung gefragt worden wäre, hätte er den Vertretern dieser Religion empfohlen, sich offen zu ihrer Doppelmoral zu bekennen und nicht immer so zu tun, als würden sie sich alles durch die Rippen schwitzen.

Nach Ladenschluß öffnete El-Auf im Souterrain seines Lädchens die Pforten eines Heimkinos, in dem er einem exklusiven Kundenkreis westeuropäische Aufklärungsfilme vorführte. Im Rahmen einer Retrospektive der Werke des Regisseurs Alois Brummer standen an diesem Abend die Klassiker »Graf Porno bläst zum Zapfenstreich« und »Kursaison im Dirndlhöschen« auf dem Programm. Für die Cineasten unter den Mullahs von Schahr-e Kord war das ein »Must See«, und sie standen Schlange von El-Aufs Kellertreppe bis zum drei Kilometer entfernten Hof der berühmten Zahab-Al-Zaman-Moschee. Gsella tat dabei Dienst als Kartenabreißer, Platzanweiser und Popcornverkäufer. Und wenn ich morgen wieder bei Kräften bin, dachte er, werde ich mich zum nächstgelegenen deutschen Konsulat durchschlagen ...

Doch er hatte sich verkalkuliert. Während El-Auf die zweite Filmspule einlegte und die fröhlich schnatternden Mullahs die Hälse reckten, stürmte eine Staffel der Religionspolizei das Gebäude, und noch in derselben Nacht atmete Gsella, mit einem Stiefel im Genick, den Feinstaub vom Betonfußboden einer Massenzelle ein.

Seine Ausweispapiere hatte Kommissar Gerold wohlweislich nicht in das Stadion mitgenommen. Sie lagen im Safe des Hotelzimmers, das er unter einem falschen Namen gemietet und für fünf Tage im voraus bezahlt hatte. Wie er hieß, war sein Geheimnis geblieben. Die marokkanischen Polizeibeamten hatten es ihm erfolglos mit Stockschlägen, Eiswassergüssen und Bambusspießen zu entreißen versucht. »Ich verlange einen Anwalt«, hatte er immer wieder gesagt, aber sonst nichts.

Jetzt saß er angekettet in einem kleinen, fensterlosen Raum auf einem Metallstuhl vor einem Metalltisch und wartete auf das nächste Verhör.

Ein mörtelgrauer Eulenfalter flatterte auf die Deckenglühbirne zu, verbrannte sich daran, fiel auf den Tisch und ruderte mit den Beinen.

Irgendwann müssen sie mir ja einen Anwalt schicken, dachte Gerold. Auch in den Maghrebstaaten gelten die Menschenrechte! Und soweit er wußte, stand Marokko im Korruptionswahrnehmungsindex von Transparency International auf einem guten mittleren Tabellenplatz – weit vor Osttimor, Dschibuti, Uganda und Somalia.

Der Eulenfalter regte sich nicht mehr, aber Gerold weigerte sich, darin ein böses Omen zu erkennen. Er hatte einmal ein Buch über Positives Denken gelesen und rief sich nun die zentralen Faustregeln in Erinnerung. Negativen Gedanken die Aufmerksamkeit entziehen ... sich von der Opferrolle verabschieden ... lächeln ... ein Dankbarkeits-Tagebuch führen ... Miesepetern aus dem Weg gehen ...

Können vor Lachen, dachte er, als ein Schlüssel im Schloß klapperte, die Tür in den Angeln kreischte und ein Doppelgänger von Lord Voldemort hereinkam. Nein – kein waschechter Doppelgänger, aber doch ein nasenloser, bleicher Widerling, der es offenkundig nicht darauf anlegte, das Vertrauen seiner Mitmenschen zu erringen.

Sein Name war El Mahi Lahlafi. Vor Jahren hatte er sich in den Semesterferien bei der Vorbereitung eines Attentats auf einen Oppositionspolitiker große Teile seines Gesichts versehentlich mit Pikrinsäure weggesprengt und es trotzdem geschafft, sein Studium der Rechtswissenschaften an der Université Cadi Ayyad in Marrakesch abzuschließen. Er beherrschte fünfzehn Sprachen, aber da er nicht vorzeigbar war, verdiente er seinen Lebensunterhalt seither mit der Erledigung von Schmutzarbeiten für die Fédération Royale Marocaine de Football.

»Ich verlange einen Anwalt«, sagte Gerold.

Lahlafi ging darauf nicht ein. Er blieb stocksteif stehen und fragte ihn, was er im Stadion von Wydad Casablanca zu suchen gehabt habe.

Gerold schwieg.

»Sie haben sehr gepflegte Hände«, sagte Lahlafi. »Wissen Sie, wie lange es dauert, bis ein Fingernagel nachwächst?«

Um alle negativen Gedanken beiseite zu schieben, dachte Gerold an die erste Fünf, die sein Sohn Fabian nach einer Serie von Sechsen in Physik geschrieben hatte, an den Geschmack eines mit Roquefort belegten Stücks Apfelstrudel, an goldbraune Magnolienblätter im Herbstwind, an Jan Vermeers unvergleichliches Gemälde »Briefleserin am offenen Fenster« und an den Haarflaum in Utes Nacken.

»Hat Iglusch Boberaitis Sie geschickt?« fragte Lahlafi.

»Ich verlange einen Anwalt«, sagte Gerold.

»Stecken Sie mit Boberaitis unter einer Decke?«

»Ich verlange einen Anwalt.«

»Was hat Boberaitis Ihnen verraten?«

»Ich verlange einen Anwalt.«

»Gut, mein Herr. Ich überweise Sie dann zur Maniküre ...«

»Und was ist, wenn ich alles aufschreibe, was ich weiß?«

Mit seinem linken Auge, das im Gegensatz zu seinem blinden rechten noch zwölf Prozent Sehkraft besaß, blickte Lahlafi ihn streng an und fragte ihn, wie er das meine.

»Na, wie schon?« sagte Gerold. »Wenn Sie mir einen Stift und ein Blatt Papier geben, schreibe ich alles auf, was Sie wissen müssen. Mein Ehrenwort!«

Lahlafi ließ die gewünschten Utensilien herbeischaffen und sah Gerold wohlgefällig beim Schreiben zu. Es war jedesmal aufs neue befriedigend, ein Geständnis zu erlangen. Früher oder später gaben alle Schuldigen klein bei, wenn man sie nicht so unvorsichtig anfaßte, daß sie starben, bevor sie gestehen konnten.

Doch was mußte Lahlafi lesen, als Gerold fertig war?

Liebes Dankbarkeits-Tagebuch!

Und ob ich schon wanderte im finsteren Tal, fürchte ich kein Unglück, denn Du bist bei mir; Dein Stecken und Stab trösten mich.

Man hält mich hier zwar gefangen, und ich werde von einer Kreatur verhört, die sich mit heißem Bratfett zu waschen scheint, aber schon in wenigen Stunden werde ich wieder frei sein, während diese Kreatur immer noch wie etwas aussehen wird, das sich mit heißem Bratfett wäscht.

Dankbar bin ich auch für das gesunde Rechtsempfinden, das es mir verbietet, meine Seele an den Teufel zu verkaufen, so wie es die vorstehend genannte Kreatur getan hat.

Danke, danke, danke!

»Wie Sie meinen«, sagte Lahlafi. »Unter diesen Umständen werde ich die Maniküre persönlich ausführen, und zwar in meiner privaten Praxis in El Jadida. Ist Ihnen dieses bezaubernde Hafenstädtchen bekannt? Nein? Es wird Ihnen gefallen! Für einen Rundgang durch die Altstadt werden wir wahrscheinlich keine Zeit finden, aber ich versichere Ihnen, daß Sie sich auch im schalldichten Hobbyraum im Keller meiner Villa nicht langweilen werden.«

Im Schrank mit den Fräcken des Sultans von Brunei hatte Dietrich zur Nedden lange Zeit ausgeharrt. Die Suchtrupps waren treppauf und treppab gelaufen, angefeuert von ihren Kommandanten, die ahnten, wie sie enden würden, wenn es ihnen mißlang, den Unhold aufzuspüren, der sich an Seiner Majestät Sultan Hassanal Bolkiah vergriffen hatte, doch der Schrank, in dem zur Nedden kauerte, war außer acht geblieben.

Stunde um Stunde erscholl von fernher das Echo schneidiger Feuerbefehle und summarischer Erschießungen. Dann hörte zur Nedden Stiefelabsätze knallen und jemanden hereingepoltert kommen, der schwer atmete und Wortkaskaden ausstieß.

Zur Nedden riskierte einen Blick durch den Türspalt. Es war der Sultan, der hier im Kreis herumrannte, vollmundig mit sich selbst sprach und seinen Generälen wünschte, daß man ihre Großmütter als Stricherinnen nach Malaysia verkaufen möge, wo ihre Adern sich mit dem Urin verseuchter Walzenschlangen füllen sollten.

Die geflügelten Worte, die der Sultan äußerte, verstand zur Nedden nicht. Als aber zwei Besucher erschienen, war er wie elektrisiert, denn der eine sagte gut vernehmlich: »Griaß God, Herr Sultan! Mei Freind Uli und i hom ghört, dass Sie no Leid fia Ihr WM-Oaganisationskomitä suchn, und do woidn mia hoid moi frong, ob mia Ihna unta de Arme greifa könna und wos Sie so an Barmiddln besitzn, weil, fia oan Herrgottslohn arbadn mia ned. Aba wenn de Kasse klingelt, könna Sie mid unsara tatkräftign Unterstützung rechna!«

Um sich zu vergewissern, spähte zur Nedden abermalig aus seinem Versteck. Tatsächlich: Dort vorn standen Franz Beckenbauer und Uli Hoeneß. Damit der Sultan sich mit ihnen verständigen konnte, rief er einen Dolmetscher herbei. Es war ein anderer als der von neulich, aber auch wieder einer, der vor Angst schlotterte.

In zur Nedden erwachte der investigative Reporter, und er nahm das folgende Gespräch mit seinem Smartphone auf.

Hoeneß: »Was der Franz Ihnen sagen will, ist im Prinzip, daß Sie unsere Expertise haben können, wenn Sie dafür genug Money springen lassen.«

Beckenbauer: »Money makes ze world go round, Herr Sultan!«

Bolkiah (in der Übersetzung seines Dolmetschers): »Ich weiß, daß Sie zwei einen guten Ruf genießen. Aber worin genau würden Ihre Dienstleistungen bestehen?«

Hoeneß: »Der Franz und ich können ein höllisches Bietergeschäft um die TV-Rechte lostreten und Ihnen speziell in Germany ein Werbevolumen versprechen, das in die Milliarden geht. Ich zähle nur mal ein paar Stichpunkte auf: Brand Building, Awareness-Kampagnen, vermarkterseitiges Geschlechts- und Alters-Targeting, an die Post-Cookie-Ära angepaßtes Programmatic Advertising, hohe Umfeldqualität, crossdigitale Kontakte und externes Monitoring.«

Beckenbauer: »De Big-Dada-Sysdäme ned zua vagessn.«

Hoeneß: »Richtig, die Big-Data-Systeme. Der Franz meint damit vor allem Click-Stream-Analysen im Online-Handel. Und wir würden natürlich auch unsere privaten Skills implementieren, also unsere Connections auf den höheren Verbandsebenen ...«

Beckenbauer: »Und dazua käma no de Big-Dada-Sysdäme!«

Bolkiah: »Das läßt sich hören. Einstweilen würde es mir aber genügen, wenn Sie Mister Logan McMason, dem stellvertretenden Kassenwart der United States Soccer Federation, ein kleines Geschenk von mir überbringen könnten. Ein Eau de Toilette mit einer Kopfnote aus bruneiischer Mangrovenrinde. Er hat sich intern gegen die Vergabe der WM 2034 an mein Land ausgesprochen, und ich will ihm beweisen, daß ich seine Haltung respektiere. Wären Sie so gut? Mit Ihren internationalen Verbindungen müßte es Ihnen ja ein leichtes sein, einen Termin bei Mister McMason zu bekommen. Sie dürfen für die Reise gern einen meiner Jets benutzen. Ich werde den Piloten sofort instruieren ...«

Beckenbauer: »Und wo findn mia den Herrn McMason?«

Bolkiah: »Die United States Soccer Federation hat ihren Sitz in der South Prairie Avenue in Chicago, Illinois.«

Hoeneß: »Dann wäre freilich noch die Frage nach unserer Gage zu klären.«

Darauf antwortete Bolkiah nicht sofort. Erst nach einer Kunstpause äußerte er etwas, das wie ein Befehl klang.

Zur Nedden hörte Schritte, die sich näherten. Durch den Schranktürspalt sah er den Dolmetscher auf sich zukommen.

Gott steh mir bei, dachte zur Nedden. Jetzt wußte er, wie Jim Hawkins zumute gewesen war, als er an Bord der Hispaniola in einer Apfeltonne versteckt die Meuterer belauscht und John Silver Appetit auf einen Apfel verspürt hatte ...

Doch der Dolmetscher riß die Schranktüren nicht auf. Er tat etwas anderes: Er schob den Schrank mit großer Mühe anderthalb Meter nach links und legte einen lichtgrau lackierten und mehrseitig bolzenverriegelten Wandtresor mit Doppelbartsicherheitsschloß und hochwertiger Feuerisolierung frei.

Die Gold- und Silberbarren, die der Sultan dann aus dem Tresor herausholte, schienen den Besuchern bis auf weiteres zu reichen.

Hoeneß: »Wir sind uns doch aber einig, daß es sich hier nur um eine Anzahlung handelt ...«

Bolkiah: »Darauf gebe ich Ihnen mein Wort. Unsere geschäftliche Partnerschaft wird nun erblühen wie eine Lotusblume, die im saftigsten Teichschlamm wurzelt!«

Beckenbauer: »Bei uns is 's ned a so wia bei de arma Leit, Herr Sultan, gell?«

Habib El-Auf, Thomas Gsella und die auf frischer Tat ertappten Heimkinobesucher aus Schahr-e Kord mußten sich vor einem Religionsgericht in Isfahan wegen Beleidigung des Islams verantworten. Zu seiner Verteidigung hatte Gsella im Geiste ein Plädoyer entworfen, von dem er hoffte, daß es seinen Eindruck auf die Richter nicht verfehlen werde. »Hohes Gericht!« wollte er sagen. »Mit heißem Herzen habe ich in meiner Jugend vor dem Fernseher den Sturz des faschistischen Schah-Regimes verfolgt. Aus einem rororo-aktuell-Band wußte ich, daß die Geheimdienste der USA und Großbritanniens 1953 einen Militärputsch inszeniert hatten, um den demokratisch gewählten iranischen Premierminister Mohammad Mossadegh zu entmachten, und daß das gesegnete Land, in dem wir uns hier befinden, danach jahrzehntelang von den monopolkapitalistischen Mächten des Westens ausgeplündert worden war. Es hat mich daher mit großer Genugtuung erfüllt, den Schah, diese feige Marionette ausländischer Profitgeier, mit seiner verbrecherischen Clique fliehen zu sehen, und ich habe nur bedauert, daß ihm hier nicht jener Prozeß gemacht worden ist, den er sich als volksfremdes Werkzeug des Imperialismus redlich verdient hatte! In der Folgezeit, hohes Gericht, habe ich die politischen Entwicklungen in Ihrer Republik mit kritischer Sympathie beobachtet. Mir scheint, daß Sie heute mit großem Stolz auf eine mehr als vierzigjährige Erfolgsgeschichte zurückblicken können, auch wenn ich nicht behaupten möchte, daß ich mit jeder einzelnen Entscheidung Ihrer Regierung einverstanden gewesen wäre. Den Iran-Irak-Krieg der Jahre 1980 bis 1988 hätte sie zum Beispiel besser nicht vom Zaun brechen sollen. Auch die Knebelung der freien Presse findet in mir keinen entschiedenen Fürsprecher, und wenn Sie mich fragen, wie ich das iranische Atomprogramm bewerte, so muß ich Ihnen ehrlicherweise antworten, daß ich ihm weitgehend ablehnend gegenüberstehe. Solche Meinungsverschiedenheiten ändern jedoch nichts an meinem unverbrüchlichen Bekenntnis der Liebe zu Ihrem tapferen Volk. In den viel zu kurzen Tagen meines Aufenthalts im Iran habe ich so viele anständige und gottesfürchtige Menschen getroffen, daß ich voller Ungeduld die Stunde erwarte, in der ich meinen Mitbürgern in Deutschland davon erzählen kann. Das setzt natürlich voraus, daß Sie mich freisprechen und ungehindert ausreisen lassen. Wenn Sie die Faktenlage prüfen, werden Sie einsehen, daß Ihnen auch gar keine andere Wahl bleibt, denn mein Gewissen ist rein. Ich habe nicht gewußt, daß die Tendenz des Filmschaffens von Alois Brummer den hierzulande geltenden Gesetzen zuwiderläuft, und außerdem habe ich auf die Programmauswahl nicht den geringsten Einfluß ausgeübt. Ich habe nur Popcorn verkauft, und wenn Sie darin eine strafwürdige Handlung erkennen, so befinden Sie sich, wie ich glaube, auf dem Holzweg. Die Maispflanze ist zwar zuerst im präkolumbianischen Mexiko kultiviert worden, aber nach der Entdeckung Amerikas hat dieses Getreide aus der Familie der Süßgräser sich in Windeseile über die ganze Welt verbreitet, und bei den strenggläubigen osmanischen Kalifen ist aus Maiskörnern hergestelltes Popcorn damals meines Wissens binnen kurzer Zeit in den Rang einer stark nachgefragten Grabbeigabe aufgestiegen. Sollten Sie nun trotzdem auf der Ansicht beharren, daß ich gegen den Geist und/oder den Buchstaben eines Gesetzes verstoßen habe, das Ihnen heilig ist, dann möchte ich Sie auf ein berühmtes Dichterwort verweisen, demzufolge unsere Welt doch wirklich groß genug ist, daß wir alle darin unrecht haben können!«

All das wollte Gsella aus den Schleusen seiner Beredsamkeit entlassen, doch es blieb ihm versagt, in eigener Sache zu sprechen. Er kam überhaupt nicht zu Wort. Die drei Richter, die bei einem Ali-Chamenei-Ähnlichkeits-Wettbewerb gute Chancen auf die vorderen Plätze besessen hätten, ließen es bei einem dreiminütigen Schnellverfahren bewenden, verurteilten alle Angeklagten zum Tod durch den Strang und zogen sich zu einer Teestunde zurück, in der sie sich das Beweismaterial noch einmal genauer ansehen wollten.

»Aber Euer Ehren!« rief Gsella. »Selbst nach dem babylonischen Gesetzeskodex Hammurabi habe ich das Recht auf eine Verteidigungsrede! Fragen Sie mal die tonangebenden Assyriologen!«

Ein Gerichtssaalordner hakte ihm den Unterkiefer aus, und danach war von Gsella nicht mehr viel zu hören. Man warf ihn in eine Einzelzelle mit freier Sicht auf den Gefängnishof, in dem fleißige Zimmerleute das Galgengerüst errichteten. Sie hämmerten und sägten eifrig, und aus der Nachbarzelle zur Rechten tönte der Schwanengesang von El-Auf, der noch einmal das altpersische Wiegenlied zum besten gab, mit dem er Gsella wenige Nächte zuvor in den Heilschlaf gesungen hatte.

Es war Gsellas Glück, daß er den Text nicht verstand. Besonders die dritte Strophe hätte ihm in der deutschen Übersetzung das Herz nur noch schwerer gemacht: »Laß die Hoffnung fahren, auf einem Dromedar nach Ägypten reiten zu können, wo dein Oheim und deine Muhme an der Pest erkrankt sind, und besinne dich auf die Verheißung des Feuerstrahls, der dich am Tag des Weltgerichts durchbohren wird, auf daß du wie der Pharao, der sich der Hurerei ergeben hat, die Qual des Brandes kosten magst ...«

Theofanis Michelakis, der observierte ehemalige Leiter der SoKo Fußballfieber, fand in seinem Exil in Palm Beach keinen Frieden. Am Vortag waren schon wieder drei Funktionäre der Fifa unter ungeklärten Umständen ums Leben gekommen, in Montreal, in Lagos und in Myanmar, und Michelakis wollte sich nützlich machen. Nur wie?

Er rief den Commissioner Rupert Wimmerforce an und erreichte ihn im Restaurant Golden Dragon im Taj Mahal Palace in Mumbai, wo er ein ansehnliches Quantum kurzgebratener Jakobsmuscheln und einige Kristallgarnelenknödel mit Wolkenohrenpilzen vernascht hatte und nun auf eine Peking-Ente wartete, die an seinem Tisch tranchiert werden sollte. Für den Verdruß über die lächerliche Handtaschendiebstahlserie, die er aufklären sollte, entschädigte er sich, indem er allabendlich in der asiatischen Spitzenküche schwelgte. Infolgedessen war sein Bauchfettgewebe stetig weiter angeschwollen. Sein Body-Shape-Index sorgte bereits für Diskussionsstoff in der lokalen Sargschreinerzunft.

Michelakis und Wimmerforce klagten einander ihr Leid und ergingen sich in Tiraden über die Inkompetenz ihrer Vorgesetzten im allgemeinen und das schmähliche Ende der SoKo Fußballfieber im besonderen. Um Wimmerforce aufzurichten, erinnerte Michelakis ihn daran, daß Kommissarin Fischer ja noch immer im Einsatz sei.

»Yeah, our inside woman!« rief Wimmerforce. Diese patente und mit allen Wassern gewaschene Frau werde hoffentlich jedes schmutzige Geheimnis der Ganoven im Vorstand der Fifa aufdecken ...

Ein Mann, der am Nebentisch saß, spitzte die Ohren. Es war der Staatssekretär Jens-Jasper Flipsen, für den die Arbeit in der Visastelle des deutschen Generalkonsulats in Mumbai die brutalste Demütigung darstellte, seit sich seine Ambition auf die Führung der Passauer Hochschulgruppe des Rings Christlich-Demokratischer Studenten am dritten Wahlgang zerschlagen hatte. Dank der Dating-App Truly Madly tafelte Flipsen im Golden Dragon mit einer knackigen Maus, die in Indiens öffentlich-rechtlichem Fernsehsender Doordarshan das Wetter ansagte, und obwohl er eigentlich keine Ablenkung gebrauchen konnte, witterte er hier eine einmalige Gelegenheit. Die Information, daß die Polizei ganz oben in der Fifa einen weiblichen Spitzel positioniert hatte, war Gold wert.

Wimmerforce sprach jetzt von seinen Enkelkindern, aber Flipsen hatte schon genug gehört. Er entschuldigte sich bei seiner Tischdame, lief hinaus, klingelte einen Intimus in der Berliner Zentralredaktion der Deutschen Presse-Agentur an und ließ sich von ihm die private Handynummer des höchsten ihm bekannten Tiers in der Fifa geben.

Neunzig Sekunden später erhielt Roderich Bärlapp eine SMS: *RED ALERT!!! Es gibt einen MAULWURF in Ihrer Organisation. HIGH ON TOP!!! Wenn Sie mehr darüber wissen wollen, können wir ins Geschäft kommen. Sie melden sich? LG, ein Fußballfreund*

He treckt een Snuut, as of em een Katt rinschieten hett, dachte die Fischerin, die im Manila International Airport neben Bärlapp auf einer Rolltreppe stand. »Schlechte Nachrichten, Chef?«

Bärlapp blickte leicht verstört von seinem Smartphone auf und sagte, daß es für Führungskräfte wie ihn niemals schlechte Nachrichten gebe, sondern nur Impulse.

Kurz zuvor hatte Ute den bibbernden Bärlapp durch ihr Verhandlungsgeschick aus den Klauen der philippinischen Kriminalpolizei befreit und den Verdacht zerstreut, daß Alonso Nabiula eines gewaltsamen Todes gestorben sei. Und jetzt kam dieser Schwächling ihr hier mit seiner Führungsstärke?

Von Babak Ossouli war Michael Ringel in der Zwischenzeit fälschlich darüber informiert worden, daß die National Iranian South Oil Company Thomas Gsella als Schreibkraft an die gemeinnützige Bruderschaft der grünen Mondsichel in Islam Qala in Afghanistan verkauft habe. In Wahrheit hatte Ossouli absolut nichts über Gsellas Standort herausbekommen, sondern einfach darauf gesetzt, daß Ringels Spur sich in Islam Qala verlieren werde, denn aus dieser übelbeleumundeten Wüstenstadt war noch nie ein westlicher Tourist zurückgekehrt.

Doch wie auch immer: Im Tausch gegen ein Autogramm des Popsängers Cat Stevens alias Yusuf Islam hatte der gutgläubige, von Ossouli gebriefte Ringel in Ahvaz einen gebrauchten Skoda und zweihundert Liter Benzin erhandelt und sich schnurstracks auf die Reise begeben. Nach zweiundzwanzig Stunden auf streckenweise gemeingefährlichen Rumpelpisten bestach er die Polizisten diesseits und jenseits der iranisch-afghanischen Landesgrenze mit Autogrammen der Les Humphries Singers und lenkte sein Vehikel frohen Mutes in die Innenstadt von Islam Qala.

Er wollte sich im Fremdenverkehrsamt die Adresse der Geschäftsstelle der Bruderschaft der grünen Mondsichel geben lassen, doch er hatte Pech: In Islam Qala existierte kein Fremdenverkehrsamt. Ein Fußgänger, den er auf die »Brotherhood of the Green Crescent Moon« ansprach, tippte sich an die Stirn, eine Gemüsefrau beschimpfte ihn in einem unverständlichen Dialekt als Sohn einer blutpissenden Hündin, und eine Bande jugendlicher Mofafahrer bewarf sein Auto mit Wassernußschalen, Weißblechschrott und leeren Linsenkonservendosen.

Traurig fuhr Ringel aus Islam Qala wieder hinaus. Bin ich von Ossouli gefoppt worden? fragte er sich. Wie soll ich nun Thomas Gsella finden? Und weshalb benehmen die Menschen sich hier so garstig? Täten sie nicht besser daran, Leute wie mich zu hofieren? Um Devisen einzuheimsen?

Zwei Kilometer hinter der Stadtgrenze stellte er den Wagen am Straßenrand ab, ging zu dem breit dahinströmenden Fluß Harirud hinunter, setzte sich sinnend an dessen Gestade und sang ein wehmütiges Lied, das er von einer Frank-Sinatra-Single kannte:

Ol' man river, that ol' man river
He don't say nuthin', but he must know sumpin'
He just keeps rollin', he keeps on rollin' along ...

»Je kunt prachtig zingen«, sagte eine aus dem Uferschilf hervortretende Blondine. »Ik ben Reintje, hoi!«

Ringel hatte nicht erwartet, in dieser Wildnis auf eine liebenswürdige Menschenseele zu treffen. Sein Stimmungsbarometer stieg, zumal Reintje äußerlich den Playmates glich, die er in seinen Reifejahren verehrt hatte, und er sorgte dafür, daß sie ihn so wahrnahm, wie er war, wenn ihm der Himmel voller Geigen hing: jovial, humorvoll, warmherzig, entgegenkommend, huldreich und galant.

Sie erzählte, daß sie in Maastricht Jura studiere und beschlossen habe, in diesen Semesterferien einen Abenteuerurlaub in Afghanistan zu verbringen, ganz allein, was aber nicht bedeute, daß sie kontaktscheu sei. Um sich alle Optionen offenzuhalten, habe sie sich mit einem Sechsmannzelt ausgerüstet und es gestern hier an einer verschwiegenen Stelle zwischen den Schilfgräsern aufgebaut. Es sei ein ausgesprochen hübsches, aus atmungsaktiven Naturfasern fabriziertes Zelt mit bruchsicheren Fiberglasstangen, Dauerventilation und verdunkelbaren Schlafkabinen. »Wil je een kijkje nemen?«

Ob er sich das Zelt mal ansehen wolle? Ja, wieso eigentlich nicht?

Er folgte Reintje tief ins Röhricht zu ihrem heimlichen Lager. Um sich von der Atmungsaktivität der Naturfasern zu überzeugen, nahm er das Zelt auch von innen in Augenschein. So kam eins zum anderen, und als Reintje an Ringels Taille den blauen Fleck entdeckte, den er sich bei seinem Zusammenstoß mit der Minibar zugezogen hatte, gab es kein Halten mehr. Aus Gründen, die sich nur schwer erklären ließen, löste der Anblick von Blutergüssen in Reintje einen Liebesrausch aus. Sie fiel über Ringel her, als wäre er ein namenloser Seeräuberhauptmann aus Tobago oder Surinam und sie die Kriegsflotte der Vereinigten Provinzen der Niederlande.

Zu seiner Ehre muß gesagt werden, daß er dem Ansturm zwei volle Stunden lang standhielt, bevor er die Segel strich und schweratmend auf der Luftmatratze zerfloß.

Er habe sich ihr noch gar nicht vorgestellt, sagte Reintje. »Hoe heet jij?«

»Ringel«, sagte Ringel tonlos. »Michael Ringel.«

»Een mooie naam ...« Sie schmiegte sich an seine Adduktoren und bat ihn darum, ihr vor dem Einduseln auch noch sein Lebensmotto mitzuteilen.

»Solidarität ist die Zärtlichkeit der Völker«, murmelte er und fiel in einen traumlosen und ungestörten Schlaf.

In seinem geräumigen Hobbyraum in El Jadida legte El Mahi Lahlafi auf der Werkbank das Rüstzeug zurecht, das er brauchte. Seine zwei Adjutanten hatten den Gefangenen nackt ausgezogen, mit Nylonseilen gefesselt und kopfüber aufgehängt. Lahlafi wollte ihn mit einem Lötkolben zum Singen bringen. Für die Feinarbeit gab es dann noch eine Dreikantfeile, einen Wundspreizer, eine Trapezgewindespindel und ein Nasenspekulum.

Aus Actionfilmen mit Mel Gibson, Tom Cruise und Arnold Schwarzenegger wußte Kommissar Gerold, daß man sich auch aus der mißlichsten Lage befreien konnte. Er sah sich nach einem Hilfsmittel um, während ihm der Schweiß über die Wangen in die Augen rann.

»Ich kenne euch Brüder«, sagte Lahlafi und setzte sich eine

Schutzbrille auf. »Ihr glaubt immer, daß es irgendwo ein Schlupfloch gibt. Aber das ist eine Illusion, die ich schon sehr vielen meiner Besucher genommen habe. Wir sind ganz unter uns, mein Guter, und Schutzengel haben in diesen Mauern Hausverbot.« Er heizte den Lötkolben vor. »Wo waren wir stehengeblieben? Ach ja – bei der Frage, was Iglusch Boberaitis Ihnen verraten hat. Möchten Sie mir das jetzt beichten, oder soll ich mich vorher in der Kunst der Brandmalerei versuchen? An Ihren Fußsohlen vielleicht? Ich muß Sie warnen – die Lötspitze erreicht eine Temperatur von vierhundert Grad, und ich habe heute eine etwas unruhige Hand. Vielleicht rutscht mir der Kolben ab. Dann könnte ich ungewollt andere Ihrer Körperteile in Mitleidenschaft ziehen ...«

Im Kopf des Kommissars hatten sich die Gefäßmuskeln der Arterien zusammengezogen, um die Blutzufuhr zu drosseln, doch in den kleinen Hirnadern wurde es eng, sein endokrines Drüsensystem zeigte erste Ausfallerscheinungen, sein Herz wummerte, und es führte zu nichts, daß er sich in Pendelschwünge versetzte, um dem Lötkolben zu entgehen.

Lahlafi trat einen Schritt zurück und sagte: »Aber, aber! Es geht doch gerade erst los! Oder haben Sie es sich anders überlegt? Sind Sie zu einer Generalbeichte bereit? Das würde mich freuen. Ich kann Ihnen sogar zusichern, daß ich das Beichtgeheimnis wahren werde!«

Mit gepreßter Stimme rang Gerold sich die Worte ab, daß er einen Anwalt verlange.

»Ihr Wunsch ist mir Befehl«, sagte Lahlafi. »Hier steht er vor Ihnen! Ich gehöre seit dreißig Jahren der Anwaltskammer von Rabat an, der ruhmreichen Hauptstadt meines Landes, und es ist mir eine Ehre, Sie in diesem Prozeß zu vertreten, in dem ich auch der Ankläger, der Richter und der Vollstrecker des Urteils bin. Also, was hat Boberaitis Ihnen verraten? Kommen Sie, kommen Sie! Spannen Sie mich nicht länger auf die Folter!«

»Patron!« rief einer der Adjutanten, der durch die Tür hereinstürzte, die zur Waschküche führte. »Venez vite! Nous avons une rupture d'un tuyau d'eau!«

Lahlafi ließ den Lötkolben fallen und lief hinaus.

Und Gerold schöpfte Hoffnung. Ein Wasserrohrbruch? Die Ursache des Schadens war ein Leck in einem Rohr unter dem riesigen Indoor-Pool im Wellnessbereich im ersten Stock. Das Badewasser flutete in den Keller, und weil weder Lahlafi noch seine Adjutanten etwas von Elektrizitätslehre verstanden, achteten sie nicht darauf, daß das Wasser, in dem sie herumhampelten, einen brummenden Starkstromgenerator umspülte.

Gerold hörte mehrere Flüche – »Sacrebleu!«, »Putain de merde!« und »Saperlipopette!« – und dann einen sehr lauten Wumms und einen dreistimmigen Schrei, der darauf schließen ließ, daß sich die Situation in der Waschküche zuspitzte.

Die Stromschläge aus dem Generator hatten Lahlafi und die Seinen mit der höchstmöglichen Durchflußstärke erwischt. Sie nahmen noch die Muskelrisse, die Atemlähmung und die Innenohrschäden wahr, die daraus resultierten, und fielen dann einfach tot um.

Durch die offene Tür war die Flut auch in den Kellerraum geschossen, in dem Gerold hing. Elektrische Störlichtbögen zuckten über die bewegte Wasseroberfläche. Da er weder ertrinken noch an einem Stromstoß sterben wollte, mußte er sich etwas einfallen lassen. Er sammelte sich, holte tief Luft und brachte es mit einer Druckbetankung seiner Bauchmuskeln fertig, seine Arme, seinen Kopf und seinen Oberkörper nach oben zu reißen und das um seine Handgelenke geschlungene Seil über den stählernen Deckenhaken zu bugsieren, an dem seine Fußfesseln befestigt waren.

In dieser unbequemen Haltung wartete Gerold auf bessere Zeiten. Über seine linke Schulter sah er im schäumenden Wasser Lahlafis Leiche hereintreiben, und er dachte an das Ohmsche Gesetz: Wie war das noch mit dem Transportkoeffizienten, der elektrischen Feldstärke und dem Innenwiderstand der Spannungsquelle?

17

Tiefe Stille herrschte in der Residenz des Sultans von Brunei. Nur eine Fledermaus hätte hören können, wie sich in einem Zuckertopf in der Vorratsküche zwei Mehlwürmer begatteten und fünf Etagen darüber jemand aus dem Frackschrank stieg.

Zweimal hatte Dietrich zur Nedden sich nächtens bereits zur nächsten Toilette und zurück in sein Schrankversteck geschlichen, und einmal war es ihm gelungen, mit seinem Smartphone ein längeres Selbstgespräch des Sultans mitzuschneiden. Jetzt aber wollte zur Nedden fliehen, doch nicht mit leeren Händen. In fliegender Hast durchsuchte er die Schubladen im Zitronenholzschreibtisch des Sultans nach den Begnadigungsformularen. Ein einziges davon genügte, um Borromäus Görzke das Leben zu retten.

Doch wie sahen diese Formulare aus? Zur Nedden sprach kein Malaiisch, und er konnte die Schriftzeichen nicht entziffern.

Er erstarrte, als ihm der Lichtschein einer Taschenlampe ins Gesicht fiel und ein Nachtwächter »Hands up!« rief.

»I'm just looking for the ... ähm ... the pardon papers«, stammelte zur Nedden. Es war ihm klar, daß er wie ein Einbrecher wirken mußte, der auf die Schnelle keine bessere Ausrede parat hatte, doch sein Instinkt sagte ihm, daß dieser Nachtwächter ein Grünschnabel war.

In seiner Zivildienstzeit hatte zur Nedden einmal einen Volkshochschulkurs in Judo belegt. Davon profitierte er jetzt. Mit einem Hebehüftwurf, einem Springdrehwurf und einem Schaufelwurf wirbelte er den Nachtwächter dreimal um dessen eigene Achse und ließ sich anschließend von ihm ein Begnadigungsformular aus dem Schreibtisch heraussuchen.

Mit sanfter Gewalt zwang zur Nedden den Nachtwächter dazu, das Formular auf Görzkes Namen auszustellen und die Unterschrift des Sultans zu fälschen, und als das getan war, steckte zur Nedden das Formular ein, öffnete ein Fenster, stieg aufs Gesims und ließ sich vorsichtig am Regenrohr hinab. Den Nachtwächter hatte er vorher mit der Drohung eingeschüchtert, ihn zu verpetzen, wenn er es wagen sollte, Alarm zu schlagen.

Unten duckte zur Nedden sich hinter einen Muskatnußstrauch. Hier begann, wie er wohl wußte, der schwierigere Teil seiner Flucht. Das einhundertzwanzig Hektar große Palastgelände war verschwenderisch mit Kameras und Bewegungsmeldern gepiert, und es fehlte auch nicht an beherzten Wachsoldaten, die auf der Liegenschaft ihre Kreise zogen.

Einen der Soldaten sprang zur Nedden seitlich an und entsandte ihn mit einem Faustschlag auf den Vitalpunkt der Gallenblase in eine längere Ruhephase. Nur ein Froschlurch und ein freilaufender Nasenaffe sahen dann, wie zur Nedden mit dem Soldaten die Kleider tauschte, ihm seine Maschinenpistole abnahm, eine PP-2000, und sich auf den Weg zur Westgrenze des Grundstücks machte.

Die Uniform schützte ihn, und er ließ sich Zeit.

Hinter dem Polofeld, das der Sultan sich gegönnt hatte, prangte ein unüberwindbarer Sicherheitszaun. Da gab es nur eins. Zur Nedden entsicherte die Maschinenpistole, richtete sie nach vorn und gab vierzig Schüsse ab.

Hunde schlugen an und wurden losgelassen, und in seinem Schlafgemach griff der Sultan reflexartig nach dem Colt unter seinem aus Deutschland importierten Bauschi-Baffle-Edge-Kissen, aber im selben Moment hechtete zur Nedden bereits durch das Loch in den rauchenden Zaungitterstreben, rollte sich ab, lief die Böschung hinunter und verschwand wie ein Wiesel im Blätterwerk.

Ein Gefängnisaufseher, der wie Quasimodo aussah, brachte Thomas Gsella seine Henkersmahlzeit: einen geselchten Kamelsterz auf gebackenen Pastinakenscheibchen.

»Könnte ich dazu noch ein Quentchen Mayonnaise bekommen?« fragte Gsella, der sich seinen Unterkiefer mit enormer Selbstüberwindung wieder eingehakt hatte. »Und haben Sie auch Kräuter der Provence im Angebot?«

Der Quasimodo erteilte ihm darauf keine Antwort. Er warf ihm nur stumm eine bodenlange schwarze Dschellaba hin, weil es unziemlich gewesen wäre, wenn Gsella sich dem Publikum in der löchrigen Strumpfhose gezeigt hätte, die er seit seinem Dienst im Ölfeld trug.

Draußen fanden sich viele Schaulustige vor dem halbfertigen Galgengerüst ein. Sie kamen aus allen Himmelsrichtungen: aus Isfahan selbst, aus den umliegenden Dörfern und sogar aus den Partner*instädten Istanbul, Kairo und Freiburg im Breisgau. In einem Wohnblock neben dem Richtplatz hatte ein cleverer Geschäftsmann alle Zimmer mit Aussicht untervermietet, und das iranische Staatsfernsehen war mit einer Live-Schalte dabei. Die Exekution der El-Auf-Bande sollte auch in den kleinsten Hütten des Landes zu sehen sein. Nur die Spiele der iranischen Fußballnationalmanschaft kamen bei den Zuschauern noch besser an als die Hinrichtung von Gotteslästerern.

Von dem Sterz nahm Gsella bloß eine Kostprobe. Sie schmeckte ihm schlecht. Er fand alles doof – seine Todeszelle, die iranische Willkürjustiz, die betriebsamen Galgentischler und last but not least die Verpflegung.

Widerwillig zog er sich die Dschellaba an. Der Stoff war kratzig, und er hatte Spermaflecken. Welcher arme Teufel mochte dieses Kleidungsstück zuletzt getragen haben?

Zur Einstimmung auf seinen letzten Gang rief Gsella sich einen altvertrauten Gassenhauer ins Gedächtnis:

And now, the end is near
And so I face the final curtain
My friend, I'll say it clear
I'll state my case, of which I'm certain ...

Ein Todgeweihter, der ein Lied sang? Der Quasimodo fand das pietätlos. Er kam mit seinem Kerkerschlüsselbund angerannt, während Gsella zur zweiten Strophe überging:

I've lived a life that's full
I traveled each and every highway
And more, much more than this
I did it my way ...
Es stimmte nicht so ganz, was Gsella da sang. In seiner Jugendzeit hatte er als Tramper zwar oft an der Ausfahrt der Autobahnraststätten Remscheid, Hohenhorst und Rölvedermühle gestanden und im höheren Alter recht häufig die A3 zwischen Frankfurt am Main und seinem Wohnsitz in Aschaffenburg bereist, aber er war nicht über »each and every highway« gefahren, denn dazu hätten nach Auffassung der führenden Experten auf dem Gebiet der Landstreicherei auch die Route 66 und der Highway 61 gehört oder doch zumindest das Autobahnkreuz Schweinfurt/Werneck, das Autobahndreieck Bad Dürrheim und das Schkeuditzer Kreuz in der Metropolregion Mitteldeutschland. Aber hatte Gsella sich dort jemals blicken lassen?

Nein. Von »each and every highway« konnte daher, bei Licht betrachtet, keine Rede sein, was ihn jedoch nicht vom Weitersingen abhielt.

Nachdem der Quasimodo endlich den richtigen Schlüssel gefunden und die Zellentür aufgeschlossen hatte, mußte Gsella sich auf eine schwere Abreibung gefaßt machen. Doch er hatte Glück im Unglück: Der Agent Gieselhard Quirrler erschien auf der Bildfläche, zeigte seinen Diplomatenpaß vor, entwand dem Quasimodo seine Knute, nahm Gsella an die Hand, führte ihn aus dem Gefängnis heraus, geleitete ihn zu einer olivgrünen Benzinkutsche und fuhr mit ihm davon.

»Wären Sie vielleicht so freundlich, sich mir vorzustellen?« fragte Gsella und kurbelte das Beifahrerfenster hoch, um die Sandstaubwolken auszusperren.

»Für Sie bin ich der Handelsreisende Amon Tschrid«, sagte Quirrler. »Seien Sie froh, daß ich Ihnen auf die Spur gekommen bin! Meine Vorgesetzten haben keinen Pfifferling mehr auf Ihr Leben gegeben.«

»Ihre Vorgesetzten?«

»Hohe Herren in Berlin. Ich will es nicht beschreien, aber Sie dürfen mir glauben, daß Sie sich zu einem vielgefragten Mann gemausert haben.«

»Vielgefragt? Von wem?«

»Von Ihren Supportern.«

Gsella lachte rauh auf und sagte, daß er selbst sein einziger Supporter sei.

»Da irren Sie sich«, sagte Quirrler. »Ganz Deutschland betet Sie an, und der Herr Bundesaußenminister möchte Sie in seinen Amtsräumen empfangen. Wir werden heute noch von Isfahan über Doha nach Berlin-Brandenburg fliegen. Ich muß nur vorher kurz noch was erledigen.«

»Und was?«

»Ein kleines Tauschgeschäft.«

»Und wo?«

»In Belutschistan.«

»Können Sie mich nicht vorher am Flughafen in Isfahan absetzen?«

»Nein.«

»Und wieso nicht?«

Quirrlers Miene verfinsterte sich. »Einer meiner teuersten Kriegskameraden«, sagte er, »ist während der Ardennenoffensive an der Frageritis gestorben. Er hat im Rang eines SS-Standartenführers im Führerbegleitkommando gedient und immerzu Fragen gestellt, anstatt zu gehorchen. Vom Chef des Generalstabs der Heeresgruppe B ist er deshalb degradiert und einem Himmelfahrtskommando unter dem Befehl des SS-Obersturmbannführers Otto Skorzeny zugewiesen worden.«

»Und?«

»Können Sie sich das nicht denken?«

»Nein. Was ist mit Ihrem Freund passiert?«

»Sein gesamter Stoßtrupp ist auf einem Höhenrücken an der Südflanke unseres Bataillons vom Franzmann abgeknipst worden.«

»Oh«, sagte Gsella. »Das tut mir leid.«

»Mir auch! Und nun halten Sie endlich die Gosche!«

Gsella parierte. Er suchte keinen Streit und wollte seinen Lebensretter nicht verprellen. Deshalb saß er nun viele Stunden lang still und sah die eintönige Landschaft an sich vorüberziehen. Die Bauteile, aus denen die Natur sie geformt hatte, waren Sand, Fossilien, Kreidekalk, Karbonschichten und nackte Felsen. In den Wüsteneien konnte Gsella auch Menschensiedlungen erkennen, aber sie sahen nicht einladend aus. Wenn ihr so wohnen wollt, dann Gott befohlen, dachte er und gab sich seinen Träumen hin: ein Täßchen Frauenmanteltee, ein lavendelgetränktes Fußpflaster, eine Naturtreu-Blütenrein-Kapsel mit Extrakten aus Mariendisteln, Artischockenblättern und Löwenwurzeln, eine Nackenmassage, ein Heimsieg von Viktoria Aschaffenburg...

»Und wieso betet man mich in ganz Deutschland an?« fragte er schließlich.

»Maulhalten«, sagte Quirrler und ließ das Auto vor einer verwitterten Tankstelle im Niemandsland ausrollen. »Sie bleiben sitzen. Ich bin gleich wieder da.«

Was Quirrler hier abwickeln wollte, war ein privates Nebengeschäft mit Dschihadisten, die bei ihm Sturmgewehre aus den Restbeständen der Wehrmacht bestellt hatten. Die Gewehre sollten an einen Zwischenhändler im Golf von Oman geliefert werden, gegen Vorauskasse, und Quirrler war gekommen, um sich ausbezahlen zu lassen.

Drei struppige Männer traten ins Licht. Auf Gsella, der sie durchs Beifahrerfenster beobachtete, wirkten sie nicht sonderlich vertrauenerweckend. Er hegte zwar keine unumstößlichen Vorurteile gegenüber Bürgern aus anderen Kulturkreisen, aber diese bis an die Zähne bewaffneten Muschkoten flößten ihm Angst ein.

Der Meinungsaustausch, den sie mit ihrem Gläubiger führten, nahm keinen guten Verlauf. Es kam zu einer Kabbelei, die darin gipfelte, daß Gieselhard Quirrler, der letzte noch lebende Träger des Kriegsverdienstwimpels und des Sonderabzeichens für das Niederkämpfen von Panzerwagen durch Einzelkämpfer, mit einem Schwertstreich enthauptet wurde.

Quirrlers Kopf kugelte durch den Staub, machte einen kleinen Hopser und prallte von der Stoßstange des Autos ab, in dem Gsella saß.

Die Dschihadisten blickten auf. Sie merkten erst jetzt, daß es einen Zaungast gab, und gingen tatendurstig auf ihn zu.

Deeskalieren, sagte er sich und rekapitulierte in Sekundenschnelle alles, was er jemals über das Handlungskonzept der Gewaltfreien Kommunikation nach Marshall B. Rosenberg gelesen hatte. Zeig diesen Männern deine Wertschätzung! Mach ihnen begreiflich, daß du ihre Frustration verstehst!

»I understand your frustration pretty well!« rief er, als sie ihn vom Beifahrersitz in den Kofferraum verlegten. »But can I interrupt you for a moment? There's something going on in me!«

Im Lehrbuch der Nonviolent Communication war das einer der Top Key Sentences, an die er sich erinnern konnte. Auch ein anderer fiel ihm noch ein: »Do you have space to listen to me for like ten minutes?«

Doch die Dschihadisten waren schlechte Zuhörer. Sie ballerten die Kofferraumklappe zu und kriegten gar nicht mehr mit, daß Gsella ihnen vorschlug, einen gemeinsamen Nenner zu finden: »I would really love to find a way to get both our needs met!«

Eine gute Stunde später setzte sich das Auto in Bewegung.

Ich will einfach bloß noch, daß das alles aufhört, dachte Gsella. How can the same shit happen to the same guy twice?

Nach der Landung in Zürich hatte Kommissarin Fischer nur kurz duschen und danach mit ein paar Anrufen dafür sorgen wollen, daß Roderich Bärlapp festgenommen wurde. Sie hatte inzwischen genug gegen ihn in der Hand, um ihn zur vollen Kooperation zwingen zu können, falls er es nicht vorzog, für viele Jahre ins Kittchen zu wandern.

Auf Bärlapps Bitte hin war Kommissarin Fischer ihrem Chef jedoch erst noch in die Fifa-Zentrale gefolgt. Es gehe um »ein dringendes Briefdiktat«, hatte er behauptet. »Und ich muß vorher meine Handakten konsultieren ...«

In der Zentrale war Ute dann von der Security in einen schalltoten Raum in einem der Kellergeschosse verbracht und an einen Lügendetektor angeschlossen worden.

»Ich bedaure, daß wir diese Maßnahme durchführen müssen, Fräulein Süß«, sagte Bärlapp, der mitgekommen war. »Es gibt Hinweise darauf, daß sich eine Ratte bei uns eingeschlichen hat. Wir müssen deshalb fünftausend unserer Mitarbeiter polygraphisch verhören. Meiner Ansicht nach sind Sie selbstredend über jeden Verdacht erhaben, aber Sie kennen ja das berühmte Zitat von Abraham Lincoln: Vertrauen ist gut, Kontrolle ist besser!«

»Das stammt von Lenin und nicht von Lincoln«, sagte die Fischerin.

»Oho! Na, wenn Sie so hochgebildet sind, dann wird es Ihnen sicherlich nicht schwerfallen, diesen kleinen Wissenstest zu bestehen. Ich halte mich währenddessen hier im Hintergrund auf ...«

Ein ziegenbärtiger Hiwi las die Fragen ab, die Ute beantworten sollte, während der Detektor ihre Hautleitfähigkeit, ihren Herzschlag, ihre Atemfrequenz, ihren Blutdruck und ihren Puls maß.

»Ist Ihr Nachname Süß?«

»Ja.«

»Haben Sie die Absicht, alle Fragen wahrheitsgemäß zu beantworten?«

»Das kommt drauf an. Ich bin Ihnen nicht auf jede Frage eine wahre Antwort schuldig.«

»Antworten Sie bitte nur mit Ja oder Nein. Haben Sie die Absicht, alle Fragen wahrheitsgemäß zu beantworten?«

»Jein.«

»Aber so kommen wir doch nicht weiter, Fräulein Süß«, sagte Bärlapp. »Unterlassen Sie bitte Ihre sarkastischen Äußerungen!«

»Ist Ihr Vorname Verena?« fragte der Ziegenbart.

»Ja«, sagte Ute.

»Kann man Rotwein auch als Rebensaft bezeichnen?«

»Ja. Aber es klingt blöd.«
»Haben Sie schon einmal etwas gestohlen?«
»Ja. Einen Lippenstift. Als ich dreizehn war.«
»Sind Sie die Ratte, die die Fifa ausspionieren will?«
»Nein.«
»Wissen Sie, wer diese Ratte ist?«
»Nein.«
»Finden Sie, daß diese Ratte den Tod verdient hat?«
»Na, hören Sie mal! In der Schweiz ist die Todesstrafe schon vor Ewigkeiten abgeschafft und später selbst aus dem Militärstrafrecht gestrichen worden!«
»Antworten Sie bitte nur mit Ja oder Nein. Finden Sie, daß diese Ratte den Tod verdient hat?«
»Nein.«
»Ist das Zimmer, in dem wir uns aufhalten, tapeziert?«
»Ja.«
»Würden Sie der Ratte einen Unterschlupf gewähren?«
»Nein.«
»War das dritte Tor in Wembley drin?«
»Nein.«
»Ist die Erde eine Scheibe?«
»Nein. Der Ball ist rund.«
»Bekennen Sie sich noch immer dazu, daß Sie Verena Süß heißen?«
»Ja.«
»Sind oder waren Sie jemals Mitglied der Kommunistischen Partei der Schweiz?«
»Nein.«
»Ist ein Spieler im Abseits, wenn er sich in seiner eigenen Spielfeldhälfte oder auf gleicher Höhe mit dem vorletzten Gegenspieler oder auf gleicher Höhe mit den beiden letzten Gegenspielern befindet?«
»Nein.«
»Sind Sie immer ehrlich zu Ihrem Chef?«

»Ja.«

»Keine weiteren Fragen mehr«, sagte der Ziegenbart zu Bärlapp. »Ihre Zeugin!«

»Nun gut, Fräulein Süß«, sagte Bärlapp. »Haben Sie vielen Dank für Ihre Hilfsbereitschaft. Wir warten jetzt die Testergebnisse ab, und ich möchte Sie bitten, solange in dem Zimmer Platz zu nehmen, das wir Ihnen zuweisen. Bis später!«

Während Lukas Mampe sich sogar bei einem Arbeitsessen mit dem rumänischen Außenminister in Bukarest wieder einer Heerschar von Gsella-Masken-Trägern gegenübersah und Kommissar Gerold in Marokko noch immer am Haken hing, suhlte Michael Ringel sich in Reintjes Zelt. Er war von ihr mit frischgeangelten und kroß gebratenen Karpfen aus dem Harirud sowie mit Honigbrot gefüttert worden und hatte jedes Zeitgefühl verloren.

Mit Wohlbehagen sah er ihr zu, wie sie ein mit schwarzem Afghan gefülltes Shillum anrauchte und ihm herüberreichte. Er nahm einen tiefen Zug, streckte alle viere von sich und ging inwendig in sechs bis sieben Meter Breite. Das shmoovt, dachte er. Dröpje voor Dröpje Kwaliteit!

»Een dubbeltje voor je gedachten«, sagte Reintje, als er ihr das Shillum wieder aushändigte. »Je moet me alles over jezelf vertellen!«

Alles über sich selbst erzählen? Warum nicht? Obwohl Ringel keinen klaren Gedanken fassen konnte, sprudelte ein Redeschwall aus ihm heraus: »Also, manchmal, da steh ich schon irgendwie neben mir, und das sind dann so die Momente, wo ich mich frage: Hoppla, ist es das wirklich wert? Ich bin eben ein Mensch, der auch Ecken und Kanten hat, und die werde ich mir nicht nehmen lassen. Um keinen Preis. Ich bin ich! Aber das soll natürlich nicht heißen, daß ich keine Gegenargumente anerkenne. Immer schön den Ball laufen lassen, das ist meine Devise. Und die hohe Chancenauswertung nutzen! Ich meine, klar, wenn's dann mal Pfiffe von den Rängen gibt, dann muß man sich auch fragen, ob der Druck der Flügelzangen ausgereicht hat oder nicht. Das ist für mich so ein Kristallisationspunkt, wo ich mir sage: Stop mal, halt, jetzt muß ich mich erstmal irgendwo rückversichern, ob der Ball noch heiß ist ...«

Aus Ringel echoten nur Satzfetzen, die er irgendwann einmal als Fernsehzuschauer aufgeschnappt hatte. Reintje verstand kein Wort von seinem Geplapper, aber das machte nichts. Sie fand es niedlich, und als ihn die Testosterone wieder übermannten, rief sie: »Hop galop, mijn hengst! Druk op de buis!«

Bei dem, was folgte, nahmen nicht allein die Luftmatratzenstöpsel Schaden, sondern auch die angeblich bruchsicheren Fiberglasstangen. Ringel wuchs hoch über sich selbst hinaus. Er halluzinierte Doppelregenbögen und schrie seine Lebensfreude in die stille Nacht, die über Reintjes Lustkoje heraufgezogen war. Vorübergehend stand ihm sogar die Silhouette des eintausendfünfhundert Lichtjahre entfernten Pferdekopfnebels über den rotleuchtenden Teilchengemischen im Sternbild Orion vor den herausquellenden Augen. Wann hatte er zuletzt eine solche Ekstase erlebt?

»Hartelijk bedankt«, sagte Reintje, als ihr Gast zur Seite sank. »Dat was geweldig!«

»Danke gleichfalls«, wollte Ringel sagen, doch es hatte ihm die Sprache verschlagen. Er driftete ins Land der Träume und dachte dabei an seine Lieblingsverse von Friedrich Hölderlin:

Noch kehrt in mich der süße Frühling wieder,
Noch altert nicht mein kindischfröhlich Herz,
Noch rinnt vom Auge mir der Tau der Liebe nieder,
Noch lebt in mir der Hoffnung Lust und Schmerz.

Zur selben Stunde fielen auch Thomas Gsella vier Zeilen von Hölderlin ein:

Tot ist nun, die mich erzog und stillte,
Tot ist nun die jugendliche Welt,
Diese Brust, die einst ein Himmel füllte,
Tot und dürftig, wie ein Stoppelfeld ...

Hinten in dem Wagen, den die Dschihadisten geraubt hatten, war Gsella auf einer mehr als eintausend Kilometer langen Strecke durchgerüttelt worden wie ein Elektron in einem supraleitenden Teilchenbeschleuniger. Der Reservereifen, das Warndreieck und der Wagenheber hatten ihn unentwegt umschwirrt und ihm zwei Schneidezähne ausgeschlagen, und er machte sich nicht mehr sehr viel aus seinem Leben, als er in Kabul mit groben Griffen aus dem Kofferraum gerissen wurde.

Die drei Entführer pferchten Gsella in einen Eisenkäfig im Tiefparterre einer Ideenschmiede im Stadtteil Dascht-e Bartschi. Dann beratschlagten sie darüber, was sie mit dem Gefangenen anstellen sollten. Eignete er sich als Drogenkurier? Konnte man zwei Pfund Heroin unter seinen Schulterblättern einnähen? Oder würde vielleicht sogar jemand Lösegeld für ihn zahlen?

Gsella selbst konnte dazu nichts sagen. Er war noch nicht wieder ansprechbar.

Einer der Entführer, Dschamal Azazil, äußerte sich dahingehend, daß der Geisel Peitsche, Stachel und Gerte zum Schicksal bestimmt seien, während sein Stiefbruder Rahman al-Urian dafür eintrat, diesen Ungläubigen öffentlich zu kreuzigen. Zalambur Iblis, der ranghöchste Freischärler des Trios, wandte dagegen ein, daß dieser Delinquent wie ein Teufelssohn aussehe. Die Satansjünger im freien Westen würden daher womöglich große Reichtümer für ihn eintauschen.

Hier verlor sich das Gespräch in Streitfragen der Infernologie. Das Dreiergremium war sich zwar darin einig, daß Allah der Erhabene sieben Höllen übereinander erschaffen habe und daß zwischen jeder eine Strecke von eintausend Jahren liege, aber nur al-Urian glaubte, daß die Gottesleugner in die fünfte Hölle gehörten und die Anhänger Satans in die siebente. Azazil bestand darauf, daß die dritte Hölle für die Heuchler eingerichtet worden sei und die siebente ausschließlich für die Völker Jadjudsch und Madjudsch, wohingegen die fünfte Hölle auf jene Sünder warte, die das Gebet vernachlässigten.

Nachdem er sich das Gezänk seiner Kombattanten zwanzig Minuten lang angehört hatte, sprach Iblis ein Machtwort: Von hoher Wichtigkeit sei nur, daß die oberste und erste Hölle die minder peinlichste von allen sei. Sie enthalte eintausend Feuerberge und bei jedem Berg siebzigtausend Täler, in jedem Tal siebzigtausend Feuerstädte, in jedem Haus siebzigtausend feurige Stühle und auf jedem Stuhl siebzigtausend unterschiedliche Qualen. Und doch sei diese Hölle die allerleidlichste von allen. Die Anzahl der Feuerstädte in den übrigen Höllen kenne allein der allwissende Richter. »Inschallah!«

Von diesen Erörterungen bekam Gsella nichts mit. Er winselte, und seine Mimik legte die Vermutung nahe, daß er an schwerem Zahnweh litt.

Iblis schwante Übles. Wenn der Gefangene an Zahnfäule verstarb, war er keinen Heller mehr wert. Zum Glück aber hatte Mussad Azraq, ein Vetter von Iblis, in einem Ausbildungslager in Süd-Waziristan einmal bei einer Wurzelspitzenresektion zugesehen, und da er in Kabul nur zwei Querstraßen entfernt wohnte und seit zwanzig Jahren arbeitslos war, konnte er sofort herkommen und zur Zahnbehandlung schreiten.

Der Instrumentenkoffer, den er mitbrachte, barg einen Spaltkeil, eine storchenschnabelförmige Bleizange, eine mit Rostpartikeln übersäte Zickzackschere, einen Furnierhammer und einen Aushaumeißel aus der Epoche der Safawiden. Weil Azraq bereits beim ersten flüchtigen Blick erkannte, daß es von der Krone des linken Unterkiefereckzahns, der den Patienten zu peinigen schien, keinen Zugang zum Wurzelkanal gab, durchtrennte er zunächst an der betreffenden Stelle das Zahnfleisch und die Knochenhaut mit seiner Schere, wogegen Gsella sich jedoch vehement sträubte. Nicht einmal al-Urian und Iblis konnten ihn bändigen. Er schlug und trat um sich, und er brüllte wie ein Löwe, obwohl er sich schon fast jenseits von Gut und Böse befand.

Den rettenden Einfall hatte Azazil: Von einer Urlaubsreise nach Peru war er einen Monat zuvor mit einer Probe des Pfeilgifts Curare heimgekehrt, von dem er wußte, das es Menschen zwar nicht betäubte, aber lähmte. Und kaum hatte Azraq dem strampelnden Gsella eine Injektion davon verabfolgt, herrschte Frieden.

Mit Hilfe des Keils und der Zange klappte Azraq nunmehr das Weichgewebe zur Seite, bis die Eckzahnknochenregion vollständig freilag. Um die Zahnwurzelspitze zu kürzen, setzte er den Aushaumeißel an und trieb ihn mit dem Hammer in die angepeilte Pulpenhöhle hinein, wobei sich der Meißel leider in einem vereiterten Fistelgang des Wurzelkanals verkantete. Bei dem Versuch, den Meißel wieder herauszuzerren, brach Azraq den Zahn, den er zu heilen versuchte, in der Mitte entzwei, und als wäre dadurch noch nicht genug Schaden angerichtet worden, löste sich bei dieser Aktion der Hammerkopf vom Stiel und blieb in Gsellas Kehle stecken.

Mit vereinten Kräften leisteten die Männer Erste Hilfe: Sie hoben Gsella an den Füßen hoch und schüttelten ihn, bis der Hammerkopf aus ihm herausfiel. Dann schlossen sie den Gefangenen wieder im Käfig ein und gingen erst einmal etwas essen.

Es ist schwer zu beschreiben, wie Gsella sich fühlte. Er lag unbeweglich da, aber in seiner Großhirnrinde zerbarsten Bomben, in den Zellkörpern seines Unterkiefers tobte ein Zyklon, und seine Nervenbahnen gebaren ein ganzes Sonnensystem der Martern. In der Mitte rotierte ein Zentralgestirn aus nuklearem Feuer, das Zillionen kleinerer Schmerzplaneten erhellte. Dazwischen schossen Asteroiden und Kometen umher, und sie alle streiften und beschmirgelten den wunden Zahnstumpf.

Kurz gesagt: Es ging Gsella nicht gut. Die Tortur, die er erdulden mußte, ohne ihr irgendeinen Ausdruck verleihen zu können, war State of the Art. Ein exquisites Spitzenprodukt, made in Afghanistan. Dort hatte das Handwerk noch goldenen Boden.

Logan McMason war sprachlos. In seinem Büro im Hauptgebäude der United States Soccer Federation in Chicago hatte er als stellvertretender Kassenwart schon viele schräge Vögel empfangen, aber noch nie zwei Fußballweltmeister, die gekommen waren, um ihm einen schönen Gruß des Sultans von Brunei zu bestellen. Es machte McMason auch stutzig, daß sie ihm ein Eau de Toilette als Geschenk überbrachten.

»Damit will der Sultan Ihnen seine Hochachtung zollen«, sagte Hoeneß. »I mean, he wants to show his respect for you by this.«

»Ea bewundert nämlich Ihrne Zivilgurohsch«, ergänzte Beckenbauer.

Hoeneß übersetzte das: »Der Franz meint, daß der Sultan ... I mean, that Sultan Bolkiah is admiring your ... äh ... your standing.«

Das belustigte McMason. Er war ein Gemütsmensch aus den Südstaaten – stiernackig, breit gebaut und jederzeit dazu bereit, über einen guten Witz zu lachen. Doch wo war hier die Pointe? Nachdem ihm zu Ohren gekommen war, daß Hassanal Bolkiah die WM in sein Land holen wolle, hatte McMason getweetet, daß Brunei nicht viel größer sei als der Inselstaat Tuvalu, und den Vorschlag gemacht, die Anzahl der Teilnehmer an der Endrunde der WM 2034 deswegen auf zwei Mannschaften zu beschränken. Und nun schickte der Sultan zwei deutsche Laufburschen los? Mit einem Aftershave als Prämie für Zivilcourage?

Uli Hoeneß legte McMason dar, daß der Sultan ein sehr weitsichtiger Mann sei, ein Weltökonom von hohen Graden und letztendlich auch ein Global Player und ein Galgenstrick, mit dem man Pferde stehlen könne.

»Jo freili!« rief Beckenbauer. »Des is a Blitzdonnaweddabua, dera Sultan!«

»He is what?« fragte McMason.

»Eine Schlüsselfigur«, sagte Hoeneß. »A mastermind!« Und dann führte er aus, inwiefern diese WM-Bewerbung auch für McMason persönlich ersprießlich sei: Im Vorfeld könne die U.S. Soccer Federation eine Steuerungsgruppe nach Brunei entsenden, um eine Fiskalpartnerschaft mit dem Sultan zu bilden. Für die Rückkopplung an diese Gruppe wäre im Idealfall ein Orga-Team zuständig, das in Chicago den Geldfluß aus dem Sultanat verwalte. Dazu bedürfe es allerdings einiger Vorbereitungen. Unabdingbar seien Aktualisierungstage zur Basis- und Vertiefungsqualifizierung der einzelnen Mitarbeiter, und wenn er, McMason, die Verantwortung dafür übernehme, sei der Sultan fraglos zu einer großzügigen Kompensationsregelung bereit.

»Und dann wärn do no de Big-Dada-Sysdäme«, sagte Beckenbauer und gluckste, um seine Weltläufigkeit zu unterstreichen.

McMason wollte diese merkwürdigen Besucher schnell wieder loswerden. Er stand auf, um sie hinauszukomplimentieren. Vorher tat er ihnen nur noch den kleinen Gefallen, den Flakon aufzuschrauben und sich mit dem Eau de Toilette zu bestäuben, doch das war ein Fehler. Der Sultan hatte das Wässerchen mit Botox, Eisenhut, Sarin, Tabun, Rizin und Enzymen aus Mutterkornpilzen anreichern lassen, und die Wirkung trat unverzüglich ein: McMasons Gesicht verfärbte sich ins Bräunliche, er brach ins Knie, seine Wangen fielen ein, und als er leblos vornüberfiel, stieg ein unfeiner Geruch von ihm auf.

Er wasche seine Hände in Unschuld, sagte Beckenbauer, worauf Hoeneß erwiderte, daß für ihn das gleiche gelte. Es verdutzte sie beide, wie schlecht McMason das Eau de Toilette vertragen hatte. Sie besaßen aber genug Geistesgegenwart, um den Flakon wieder zuzuschrauben und einzustecken, einen Eckschrank zu öffnen, alle darin befindlichen Aktenordner aus dem Fenster zu werfen, McMason um seine Brieftasche zu erleichtern und ihn in dem Eckschrank zu verstauen, den Schrank zu verschließen und zuletzt auch den Schrankschlüssel aus dem Fenster zu werfen.

»Servus«, sagte Beckenbauer zu McMasons Vorzimmerdame, als Hoeneß und er das Weite suchten. »Und vo Mista McMason soi i Eahna ausrichdn, dass ea heid ned mehr gstört wern mog!«

Sie liefen davon, nahmen ein Taxi zum Flughafen und brachen zu neuen Abenteuern auf. Jetzt wollten sie in London Daten schürfen.

18

In Marokko hing Kommissar Gerold noch immer am Haken. Die Wasser waren abgeflossen und versickert, doch er hatte es noch nicht geschafft, die um seine Hand- und Fußgelenke geschlungenen Nylonfesseln durchzunagen. Unsägliche Kreuzschmerzen quälten ihn, er fieberte, und es kostete ihn große Mühe, sein Gebiß so weit emporzurecken, daß er die Fesseln mit den Zähnen erreichte. Unzählbare Stunden hatte er im Halbschlaf zugebracht und von einer Rückenschule geträumt ...

Die Versuchung, einfach aufzugeben, war groß, aber die Kreuzbeschwerden waren größer. Und als Gerold zum zweihundertsten Male mit den Zähnen nach den Fesseln schnappte, geschah das Wunder: Der Deckenhakendübel lockerte sich – erst um einen und dann um zwei Zentimeter. In wilder Freude schwang Gerold sich hin und her, bis der Dübel endlich nachgab und mit einem Knacklaut das Bohrloch verließ.

Der Sturz war kurz und hart. Doch er hatte auch etwas Gutes, denn die neuen Schmerzen, die Gerold dabei empfand, versetzten ihn in Wut, und diese Wut verlieh ihm die Energie, die er brauchte, um all das zu tun, was jetzt nötig war: Er mußte sich aus den Fesseln befreien, seinen Durst und seinen ärgsten Hunger stillen, sich waschen, seine Wunden versorgen, sich in Lahlafis Garderobe neu einkleiden, einen USB-Stick finden, Lahlafis Festplatte kopieren, Lahlafis Wagen stehlen, von El Jadida nach Casablanca fahren, sein Hotelzimmer leerräumen und bezahlen und dann nach Istanbul fliegen, um dort den Geheimnisträger Onur Lütfi Kasapoğlu zu treffen.

Eine halbe Stunde vor dem Abflug rief Gerold seinen Vorgesetzten Dietlof Münzenich in Uelzen an.

»Das ist ja sehr freundlich von Ihnen, daß Sie sich mal wieder melden«, sagte Münzenich. »Wissen Sie überhaupt, was ich wegen Ihnen auszustehen habe?«

»Nein«, sagte Gerold.

»Nein? Dann will ich hier mal gleich in medias res gehen! Ihr Fahrraddiebstahl – horribile dictu! – oder expressis verbis gesagt: Ihr Kinderfahrraddiebstahl! – schlägt immer höhere Wogen! Dieser Hasko Czagaja turnt durch sämtliche Talkshows und verlangt coram publico Ihre Festnahme! Und jetzt stehe ich selbst im Kreuzfeuer der Kritik, weil ich Sie nicht sofort unter Arrest gestellt habe! Wahrscheinlich hätte ich das wirklich tun sollen. Ich kann Ihnen versichern, daß das auch im Landesinnenministerium die Opinio communis ist! Wo stecken Sie jetzt überhaupt?«

»Im Aéroport Mohammed Cinque de Casablanca.«

»Soso! Dann hören Sie mir mal gut zu, wenn ich Ihnen sage, wie für Sie der Modus operandi aussieht. Sie schaufeln stante pede Ihren Allerwertesten hierher und stehen morgen früh pünktlich zum Dienstbeginn ante portas. Und dann werden Sie eine Presseerklärung aufsetzen, in der Sie sowohl das bestohlene und traumatisierte Kind als auch die Öffentlichkeit untertänigst um Verzeihung bitten. Das ist meine Conditio sine qua non! Haben Sie das begriffen? Ich erwarte, daß Sie spuren! Sonst wird hier Tabula rasa gemacht!«

»Is' schon recht«, sagte Gerold. »Ich kann allerdings frühestens übermorgen kommen, weil ich vorher noch einen Informanten in Istanbul treffen muß.«

Münzenich glaubte nicht richtig gehört zu haben. »Was faseln Sie da?«

»Ich muß einen Informanten in Istanbul treffen. Danach können Sie wieder frei über mich verfügen. Vielleicht schon übermorgen. Das hängt davon ab, wie die Dinge in Istanbul sich entwickeln werden ...«

»Die Dinge in Istanbul?« schrie Münzenich. »Haben Sie gerade ›die Dinge in Istanbul‹ gesagt?«

»Ja.«

»Sie wollen sich also jetzt um irgendwelche Dinge in Istanbul kümmern?«

»Ja.«

»Und was hat ein Kommissärchen aus Uelzen Ihrer Meinung nach in Istanbul verloren?«

»Wieso fragen Sie das? Sie wissen doch, daß ich in einer Mordserie ermittle.«

»Sie und Ihre Mordserie! Und Ihre Arbeit hier? Wollen Sie die noch länger schleifen lassen? Nolens volens? In Hankensbüttel ist gestern ein Rübenroder gestohlen worden, zwischen Rätzlingen und Rosche müssen zwei Radarfallen repariert werden, und im Kurpark von Bad Bevensen nimmt das Unwesen der Haschischdealer überhand, aber der feine Herr Kommissar Gerold ist leider unabkömmlich, weil er in Istanbul Detektiv spielen will! Ich fasse es nicht! Hallo? Hallo? Hören Sie mir überhaupt noch zu?«

Die Verbindung sei leider sehr schlecht, behauptete Gerold. »Ich melde mich dann aus Istanbul. Und grüßen Sie mir die Kollegen!«

»Hallo?« sagte Münzenich noch einmal. »Hallo? Hallo? Hallo?«

Eine Stubenfliege irrte durch ein Kippfenster herein und konnte von Glück sagen, daß sie wieder hinausfand.

Difficile est satiram non scribere! dachte Münzenich und legte das Telefon aus der Hand. Sein Blick blieb an einer Pinnwand mit Urlaubspostkarten seiner Untergebenen hängen. Schöne Grüße aus Cuxhaven, Amalfi, Dubrovnik, Salzgitter, Fuerteventura und Bad Kissingen ...

Wenn dieser hochmütige Hauptkommissar Gerold glaubte, daß er ungestraft davonkäme, dann befand er sich ganz gewaltig im Irrtum. Der Erste Polizeihauptkommissar Dietlof Münzenich war kein Mann, dem man auf der Nase herumtanzen konnte. E contrario!

Auf verschlungenen Pfaden war Dietrich zur Nedden in der bruneiischen Hauptstadt Bandar Seri Begawan zu dem Gefängnis vorgedrungen, in dem Borromäus Görzke einsaß. Der Pförtner, der in einer schußsicheren Glaskabine thronte, wollte die Langnase hohnlachend abweisen, aber als er das anscheinend vom Sultan persönlich unterzeichnete Begnadigungsschreiben sah, bekam er die Flatter. Er öffnete zur Nedden Tür und Tor, und auch alle anderen Justizvollzugsbeamten zeigten sich höchst ehrerbietig und beflissen. Sie dienerten vor zur Nedden herum und lieferten ihm den Sträfling Görzke im Eiltempo aus. Der Gefängnisdirektor machte sich sogar erbötig, den beiden Herren einen Drink zu servieren, aber davon wollte zur Nedden nichts wissen. Er hatte es eilig.

»Ein riesen-, riesen-, riesengroßet Dankeschön!« rief Görzke, als er mit zur Nedden in einem Taxi zum Brunei International Airport fuhr. »Puha! Ich dacht schon, ich würd varecken in diesem Kabüffken! Ready for Insider-Infos? Ja? Wie die mich da bespastet haben, ey, dat war echt unter meiner Würde. Dritte Liga pur! Als wärn die Real Madrid und ich die linke Achse Kefkir-Grund von Rot-Weiß Essen! Wenn auch nich alle, muß ich sagen. Zwei oder drei von die Schließer waren mehr so easy-peasy. Weißte? Vorne dünn und hinten wackeln, diese Schiene. Als hätten die noch nie eingenetzt. Abba die Oberpisser, ich sach's dir – alle voll on fire. Von oben bis unten eingelasert, logisch, unt allzeit bereit, dich wie 'ne leere Ballongasflasche zu behandeln: Restdruck entfernen, Befüllventil öffnen unt die Düse runterdrücken, bis das Zischen verklungen ist. Okay? Unt für U-Häftlinge wie mich hamm die einen mega-detailreichen Skilltree. Der gesamte Content ist mir ja nicht aufgespielt wor'n, abba ich kann dunkel ahnen, wie die Vollversion aussieht. Unt der Fraß, den die eim da vorsetzen! Sauer eingelegter Greis, hätt unser Omma gesacht. Weiß die Eule, wat die Köche da reinkneten in ihr Müllkippenrisotto. Kadavermehl oder wat. Ich war ja auf 'ne Sechserzelle, zusammen mit fünf schweren Jungs ausse Drogerie-Abteilung, Crystal Meth oder wat, und die hamm von dem Silofutter jede Nacht Blähungen gehabt und abgedönert wie die Perserkatzen. Echt doh. Widerliche Ranzfritten! Ich denk bloß: ›Aus dieset Loch holt dich kein normaler Rechtsverdreher mehr raus. Der kann nur Nadelstiche setzen. Wat du brauchs, mein Borri, is kein Forechecking-Strohfeuer und keine kontrollierte Defensive. Wat du brauchs, is ein Wunder! Jawoll, ein Wunder!‹ Ja, und dann standst du auffe Matte, Didi! Wie du das hingekriegt hast, weiß ich nicht, abba ich bin dir zu ewigem Dank verpflichtet. Für mich is dat die magischste, epischste und erfüllendste Experience meines Lebens. Einen vonne größte Highlights ever!«

»Nichts zu danken«, sagte zur Nedden.

»Tja, unt gezz bin ich wohl 'n voll-originalen Ex-Knacki. Paßt irgendwie ganz gut zu meiner Personality. Da stehn die Mädels doch drauf. Kaum fährt einer in den Kahn ein, und wär's auch der größte Pestfetzen, wird er mit Liebesbriefen überschüttet. Is doch so! Nimm nur ma den, wie heißt er, na, den Bollo, der John Lennon umgenietet hat ...«

»Mark David Chapman.«

»Jau! Dem rennen die Weiber seit über vieazich Jahren die Zelle ein. Hab ich jeenfallz ma gelesen. Nich dat ich mit dem Heini tauschen wollte – no, thanks! –, abba so der Nimbus, den der hat, da müssen andere Männer echt lange Wege für gehn. Und schaffen's dann trotzdem nich. Da hilft auch kein Flirtkurs. Nur, wat hat er davon gehabt, dieser Chapman? Sitzt seit 'ner Zeit, in der's noch nich ma Aids gegeben hat, im Loch. Da is die Chose für mich doch echt besser gelaufen. Rein inne Kartoffeln, raus ausse Kartoffeln! Unt schwupps – schon bin ich 'n alten Knastbruder mit 'ner Gloriole um die Birne und shooting-star-mäßig steigenden Aktien beim schönen Geschlecht. Abba eben einen, der nich inne Gefängniszelle vergammelt, sondern frei mit seine Wumme auffe Pirsch gehen darf. Halali, kann ich da nur sagen! Leck-o-mio, wenn ich dat meine Bochumer Buddys erzähle, haben die doch sofort Unterzucker. Unt für die Ladys bin ich ab heute der King!«

Zur Nedden fragte sich nun doch, ob es nicht ein Fauxpas gewesen war, den Schürzenjäger Görzke aus der Strafanstalt herauszuhauen und ihn den Völkern der Erde zurückzuerstatten. Aber war nicht sowieso alles menschliche Streben nur ein eitles Haschen nach Wind?

Sobald ihr mich hier wieder rauslaßt, kriege ich euch wegen Freiheitsberaubung dran, dachte Kommissarin Fischer. Seit Tagen wurde sie nun schon gefangengehalten. Wann würde Gerold die Kavallerie alarmieren?

Was die Auswertung ihres Lügendetektortests betraf, schwebte Ute im Ungewissen. Man brachte ihr, was sie zum Leben brauchte, und es gab in ihrem Kellerverlies einen Heizkörper, ein Bett und ein Bad, aber sonst auch nichts.

Wie zum Teufel mochte sie sich bei dem Test geschlagen haben? Diese Frage ließ sie nicht los, während sie von einer Wand zur anderen lief und sich abzulenken versuchte, indem sie innerlich Gedichte aufsagte.

Der weiche Gang geschmeidig starker Schritte,
der sich im allerkleinsten Kreise dreht,
ist wie ein Tanz von Kraft um eine Mitte,
in der betäubt ein großer Wille steht...

Nein, diese Verse von Rilke brachten Ute keinen Trost. Sie verlegte sich auf die Erinnerung an Gedichte von F. W. Bernstein.

Langsam ist der Gang der Dinge,
wenn es nach den Dingen ginge,
dauerte es elend lang.
Sind die Dinge mal im Gang...

Wie ging es weiter? Ute konzentrierte sich, und dann fiel es ihr ein:

... muß man halt vor allen Dingen
sehr sehr viel Geduld aufbringen.
Hat es aber angefangen
mit den langen Dingendangen...

Ute hielt inne. War da was?

Nein. Nur ein Knacken im Heizungsrohr.

Sie memorierte die nächste Strophe:

... sind sie endlich angesprungen,
ist es tatsächlich gelungen
und sie kommen in die Gänge,
Mann! Das zieht sich in die Länge...

Zwei Zeilen fehlten noch. Das wußte Ute, doch sie hatte einen Hänger. Die Erleuchtung kam ihr erst, als es an die Tür klopfte:
Und das geht so lang es geht,
bis das Ding dann steht.
»Herein«, sagte Ute.

Der Mann, der ihrer Aufforderung folgte, glich einem Oktopus. Einem in edles Garn gewandeten Oktopus, um genau zu sein, aber nichtsdestoweniger einem Oktopus mit Saugnäpfen, Linsenaugen, gallertartiger Haut und Tintensack.

Er teile ihr jetzt das Testergebnis mit, sagte dieser humanoide Tiefseebewohner zu Ute. »Wir haben keine Veränderungen Ihres Pulsschlags im kardiovaskulären System festgestellt, keinen Anstieg der Grundlinie Ihres relativen Blutdrucks und auch keine Abnahme des peripheren Blutvolumens und der Pulsvolumenamplitude ...«

Holl man lever dien Beck, du olle Blubbersnuut, bevör dat du bloot Schiet snacken deist, dachte Ute.

»Auch die stimulusspezifischen und respiratorischen Reaktionsmuster liegen im Normbereich«, fuhr der Oktopus fort. »Mit anderen Worten: Sie haben diesen Test mit Bravour bestanden, Frau Süß. Sie haben ihn sogar mit besseren Werten bestanden als alle anderen getesteten Angestellten, und das hat uns fast schon wieder ein klein wenig mißtrauisch gemacht. Doch wie sagt man so schön? Die Leute gehen ins Stadion, weil sie nicht wissen, wie's ausgeht! Ich darf Ihnen daher meine Glückwünsche aussprechen. Wir verdächtigen Sie nicht mehr.«

Mit dem, was er als Gesicht besaß, strahlte der Oktopus die Kommissarin an, doch dann trübte seine Miene sich ein. »Das ist leider noch nicht alles, was ich Ihnen auszurichten habe«, sagte er. »Ihr Chef, Herr Roderich Bärlapp, der neben seiner rastlosen Tätigkeit als Schatzmeister der Fifa, wie Sie wissen, auch viele Ehrenämter innehat, ist plötzlich und unerwartet verschwunden. Wir stehen alle vor einem Rätsel. Die Polizei sucht fieberhaft nach dem Vermißten ...«

»Dann wird sie ihn niemals finden.«

Der Oktopus fuhr eines seiner Linsenaugen aus. »Was wollen Sie damit sagen?«

»Ich will damit sagen, daß die Polizei Herrn Bärlapp niemals finden wird, wenn sie ihn fieberhaft sucht. Sie sollte ihn stattdessen systematisch suchen. Kennen Sie nicht die klassischen Bemerkungen des Schriftstellers Max Goldt über das Adjektiv ›fieberhaft‹? Bei Erdbeben oder ähnlichen Unglücken, hat er geschrieben, wolle man doch stark hoffen, daß Fachleute und besonnene Helfer nach den Überlebenden suchten, also Leute, die das einigermaßen kühlen Kopfes und in Kenntnis der bergungslogistischen Notwendigkeiten täten, und daß nicht irgendwelche emotional aufgeweichten Gestalten wie im Fieberwahn in den Trümmern herumwühlten.«

»Drehen Sie mir nicht das Wort im Mund herum«, sagte der Oktopus. »Sie wissen genau, was ich meine! Es wird mit Hochdruck nach Herrn Bärlapp gesucht, falls Ihnen diese Wortwahl passender erscheint. Gleichwohl besteht nur wenig Anlaß zu der Hoffnung, daß die Polizei ihn in absehbarer Zeit aufspüren wird, denn er hat alle seine Konten aufgelöst und sein Eigenheim in der Gemeinde Rüschlikon niedergebrannt ...«

Das erinnerte Kommissarin Fischer an den Fall des Krimiautors und Versicherungsbetrügers Waldemar König, der ein böses Ende genommen hatte. »Und wie geht's jetzt weiter?« fragte sie.

Auf diesen Punkt habe er gerade eingehen wollen, sagte der Oktopus und klaubte ein Papier aus seinem Aktenköfferchen. »Wenn Sie die Freundlichkeit hätten, uns durch Ihre Unterschrift zu bestätigen, daß wir durch die im Zusammenhang mit dem Lügendetektortest entstandene Einschränkung Ihrer Bewegungsfreiheit keines Ihrer Grundrechte verletzt haben, kann ich Ihnen eine Offerte unterbreiten, von der ich glaube, daß sie Ihnen das Gefühl geben wird, als fielen für Sie in diesem Jahr Weihnachten, Ostern und Pfingsten auf einen einzigen Tag, und zwar auf den heutigen.«

Ute sah, wie er nun die Gesamtheit seiner Linsenaugen auf sie richtete.

»Allen uns vorliegenden Informationen zufolge haben Sie erstklassige Arbeit für Herrn Bärlapp geleistet«, sagte der Oktopus, »und da Sie auch unseren kleinen Test auf Anhieb bestanden haben, ist der Herr Präsident Gianni Infantino dazu bereit, Sie als seine persönliche Putzfrau einzustellen.«

Ein Schauer überrieselte Utes Rücken.

»Ihr Aufgabengebiet umfaßt die penible Reinigung seines Büros, das Anspitzen der Bleistifte, die Entsorgung des Mülls aus dem Papierkorb und dem Aktenschredder sowie die tägliche Überprüfung der Tresorkombinationszahlen. Und Sie werden in die nächsthöhere Gehaltsstufe aufrücken. Nehmen Sie dieses Angebot an?«

Wie hätte sie das ablehnen können?

Der Tintenfisch streckte ihr einen seiner Tentakel entgegen, und als sie einschlug, dachte die Fischerin: So'n labbrigen Keerl sien Hand schüddeln, dat is as wenn du in een Waskelapp grippst!

In Reintjes verrauchtem Zelt wollte Michael Ringel gerade wieder wegdämmern, als sein Handy klingelte und der ARD-Korrespondent und frühere *taz*-Kolumnist Björn Blaschke sich aus Kairo mit der Nachricht meldete, daß Thomas Gsella in Kabul gesichtet worden sei.

»Und wo genau da?« fragte Ringel.

»Irgendwo im Stadtteil Dascht-e Bartschi, hab ich mir sagen lassen. Ich weiß das aber nur aus vierter Hand, von einem Journalisten der BBC, dem jemand von Al Jazeera anvertraut haben soll, daß er jemanden kennt, der jemanden kennt, der gesehen haben will, wie Gsella aus einem Autokofferraum in ein Haus getragen worden ist.«

»Und wann war das?«

»Angeblich erst vor kurzer Zeit. Aber nagel mich nicht darauf fest! Es ist nur ein Gerücht ...«

Was es auch sein mochte: Für Ringel stand unverrückbar fest, daß er dieser Spur ohne jeden zeitlichen Aufschub folgen sollte. Er hatte seine Prinzipien, und das Gesetz, nach dem er angetreten war, mußte er erfüllen – koste es, was es wolle.

Bevor er aufbrach, war er Reintje freilich noch ein letztes Mal zu Willen und überließ ihr eine Stunde lang die Schokolade seines Leibes. Dann riß er sich los und ging mit federnden und teilweise auch leicht eiernden Schritten zur Straße.

»Vaarwel, mijn liefste!« rief Reintje ihm nach. »Je zal altijd in mijn dromen blijven!«

Doch das hörte Ringel schon nicht mehr. Er setzte sich in seinen Skoda und bretterte nach Kabul. Dort wollte er sich in einer Jugendherberge etablieren und dann nach Gsella forschen. Rein rechnerisch war Ringel dem Jugendherbergsalter zwar schon vor geraumer Weile entwachsen, aber durch die Nächte mit Reintje fühlte er sich um Jahre verjüngt. Und er mußte sparsam sein.

Jetzt stand er irgendwo im Ballungsraum der Stadt und brauchte Hilfe. Sein Plan war, die Auskunft nach dem Weg zur nächsten Jugendherberge mit einem Autogramm des ehemaligen Staatsministers Hans-Jürgen Wischnewski zu erkaufen. Zu seinen Lebzeiten hatte Wischnewski im Nahen und im Mittleren Osten eine hohe Reputation genossen. Er war in vielen Sondermissionen unterwegs gewesen und nicht umsonst mit dem ehrenvollen Spitznamen »Ben Wisch« versehen worden. Ringel hoffte, daß von diesem Namen in Kabul auch rund anderthalb Jahrzehnte nach Wischnewskis Tod noch der alte Zauber ausging.

Und siehe da: Bereits der erste Herr, den Ringel ansprach, rief beim Anblick der Autogrammkarte freudestrahlend »Ben Wisch!« aus und sank auf die Knie. Es fiel Ringel schwer, ihn zu verstehen, doch das war auch gar nicht erforderlich, denn dieser Mann, der sich als Nangjalai Ufoq vorstellte, überzeugte durch Taten. Er pfiff seinen Chauffeur herbei, entführte Ringel in das Nobelviertel Karte Parwan im Nordwesten Kabuls und hieß ihn dort in einer Luxusimmobilie willkommen.

Vor lauter Springbrunnen, Kristalleuchtern und Säulengängen wußte Ringel bald nicht mehr, wo ihm der Kopf stand.

»Ben Wisch!« rief Ufoq immer wieder übermütig aus. »Ben Wisch!«

Er wies Ringel ein fürstlich möbliertes Gästezimmer zu, mit einem Private Spa, in dem er sich frischmachen konnte, und bewirtete ihn alsdann nach allen Regeln der Kunst. Im Speisesaal trugen die Servierdamen einen Blattsalat mit Hirtenkäse, Hähnchenbruststreifen und eingelegten Peperoni auf, ein Nußpüree mit Thymian und gemahlener Paprika, mit Pinienkernen gefüllte Rinderhackfleischbällchen und geschmorte Ochsenfetzen nach syrischer Art auf Reis sowie eine Grillvariation aus Forelle und Lamm mit gerösteten Fadennudeln.

Ringel haute tüchtig rein, während Ufoq in gebrochenem Englisch von seinen Begegnungen mit Wischnewski in Abu Dhabi, Masar-e Scharif, Khartum und Tripolis schwärmte. Welche Rolle Ufoq dabei gespielt hatte und womit er seine Brötchen verdiente, ging daraus nicht klar hervor, aber das war Ringel auch herzlich gleichgültig. Er aß alles auf, ließ Ufoq reden, zog sich um ein Uhr nachts in sein Zimmer zurück und legte sich zu Bett. Nach Gsella konnte er ja anderntags noch suchen. Der lief ihm schon nicht weg.

Hatte es nicht seitens der Institute Gallup und Sipri immer geheißen, daß das Leben in Kabul von Hoffnungslosigkeit geprägt sei? Und sah die Wirklichkeit nicht völlig anders aus?

Diesen Fragen sann Ringel noch etwas nach. Er räkelte sich wohlig unter der Daunendecke und glitt alsbald in einen tiefen Verdauungsschlaf, aus dem er jedoch bereits nach einer halben Stunde geweckt wurde, als Ufoqs Töchter Shabnam und Rosila ihn mit ihrem Besuch beehrten. Sie entzündeten eine Deep-Focus-Aromatherapie-Duftkerze, die Zitrus-, Basilikum- und Pfefferminznoten abgab, umrankten den exotischen Hausgast wie langstielige Passionsblumen und lispelten Koseworte aus einem südostiranischen Zweig der indogermanischen Sprachfamilie.

Ringel schlug ein Auge auf. Was ging hier vor?

Seine Hände ertasteten Bordüren, Rüschen, Tüll und Taft sowie Batist und Musselin und Kaschmirstoff ... und warme Hautpartien, Sehnen und Gelenke ...

Er schlug nun auch das andere Auge auf und sah, wie Shabnam

und Rosila sich vor ihm auftürmten. Seine begehrlichen Blicke flogen über sie hin, und bis zum ersten Hahnenschrei lieferte er die lebhaftesten Beweise seiner Mannbarkeit. Er bedeckte alles in seinem Gesichtsfeld mit Küssen, schweifte von einer Stelle zur anderen und bedauerte nur, daß seine Lippen nicht ganz so flink waren wie sein Augenpaar. Dabei entlockte er Ufoqs biegsamen Töchtern eine ungeahnte Vielfalt an Seufzern und Verzückungen und schenkte ihnen mehr, als sie zu fordern gewagt hätten. Ja, er entführte sie in einen Zustand der Besessenheit und belehrte sie ohne Worte darüber, daß die geringste Scheu die größten Wonnen schmälern müßte.

Auf den letzten Metern vor dem Scheitelpunkt der Lustbarkeiten kam ihm leider wieder Hans-Jürgen Wischnewski in den Sinn, aber glücklicherweise auch ein beflügelndes Liebeslied der Doors:
No we can't turn back, yeah
Yeah, we're on our way
And we can't turn back, yeah
'Cause it's too late, too late, too late, too late, too late ...
Nachdem Shabnam und Rosila den Schauplatz geräumt hatten, rang Ringel sich zu dem Entschluß durch, vor der Wiederaufnahme der Suche nach Gsella mindestens noch achtundvierzig Stunden vergehen zu lassen und in diesem Zeitraum neue Kräfte zu sammeln.

Kommissar Gerold war heilfroh darüber, daß er im Flughafen von Casablanca einen Wärmegürtel gekauft und ihn sich auch gleich umgeschnallt hatte. Das oxidierende Eisenpulver in den Wärmezellen wirkte sich schmerzlindernd und muskellockernd auf den Lendenwirbelbereich aus. Allzu lange hatte Gerold in El Jadida gekrümmt von der Decke gehangen. Als junger Hüpfer hätte er nach einer solchen Strapaze sofort in den Ring steigen können und noch dreißig Sekunden lang gegen Evander Holyfield durchgehalten. Für einen Mann, der bei Google schon einmal den Suchbegriff Faltenbehandlung eingegeben hatte, stellte sich die Sachlage jedoch anders dar.

Hoch über dem Tyrrhenischen Meer brachte Gerold es schließlich fertig, die Rückenschmerzen zu ignorieren, seinen Laptop hochzufahren und sich die Kopie von Lahlafis Festplatte anzusehen. Ein glasklarer Einblick in suspekte Kontobewegungen und gemalte Mordbefehle war zwar nicht zu erwarten, aber vielleicht ergab sich ja aus irgendeiner unscheinbaren Notiz die nächste heiße Spur …

In seinem gesamten Leben als Kriminalist war Gerold nie zuvor so tief enttäuscht worden wie in jener Minute, in der er feststellen mußte, daß Lahlafi auf seiner Festplatte nichts anderes als Katzenvideos gespeichert hatte. Putzige, possierliche und absolut nichtswürdige Videos von Katzen, die nach Wollfäden haschten, an Kratzbäumen kratzten, maunzten, niesten oder mit tierischen Nebenerzeugnissen durchmengtes Naßfutter fraßen.

»Ich hab zu Hause auch so einen Süßen«, sagte das Mütterchen, das rechts neben Gerold saß. »Pepino heißt meiner. Und Ihrer?«

»Mussolini«, sagte Gerold. »Und ich hätte ihn ertränken sollen!«

Er ließ die Festplatte Festplatte sein und lieh sich von seinem Nachbarn zur Linken den *Spiegel*, in dem ein interessantes Interview mit Lukas Mampe abgedruckt war.

SPIEGEL: Herr Minister, Sie werden seit Wochen von Gsella-Masken-Trägern verfolgt. Auch jetzt, während wir in Ihrem Amtssitz mit Ihnen sprechen, demonstrieren wieder Hunderttausende auf dem Werderschen Markt und rufen Sie dazu auf, endlich aktiv zu werden und den Schriftsteller Thomas Gsella heimzubringen. Wie fühlen Sie sich dabei?

Mampe: Meine persönlichen Empfindungen tun hierbei nichts zur Sache. Ich kann nur wiederholen, was ich auch schon vor dem Deutschen Bundestag gesagt habe: Wir unternehmen alles Menschenmögliche, um Herrn Gsella zu finden und ihn zurück nach Deutschland zu bringen.

SPIEGEL: Das »Gsella-Movement« umspannt aber inzwischen den ganzen Globus. In der vorvergangenen Woche wurde Ihr Blitzbesuch bei Ihrem kanadischen Amtskollegen von Protesten überschattet, selbst in Japan stürmen Übersetzungen von Gsellas Gedichten die Bestsellerlisten, und in Bukarest ist Ihnen jüngst sogar ein Mitglied der Delegation des Außenministers Bogdan Aurescu mit einer Gsella-Maske gegenübergetreten ...

Mampe: Das hat mich nicht überrascht. Und mehr habe ich dazu auch nicht zu sagen.

SPIEGEL: *Worin bestehen denn Ihre nächsten Schritte in der Causa Gsella?*

Mampe: Wir arbeiten eng mit den Polizeibehörden im Jemen zusammen und haben die Suche auch auf Saudi-Arabien, den Nahen Osten, den gesamten Mittelmeerraum und weite Teile Ostafrikas ausgedehnt. Glauben Sie mir: Wir lassen nichts unversucht!

SPIEGEL: *Steht das Verschwinden des legendenumwobenen Top-Agenten Gieselhard Quirrler damit in Zusammenhang? In Geheimdienstkreisen kursiert das Gerücht, Sie hätten Quirrler mit der Suche nach dem vermißten Pegasusritter Gsella beauftragt.*

Mampe: Da kennen Sie diese Geheimdienstkreise anscheinend besser als ich. Wenn ich korrekt unterrichtet bin, hat Herr Quirrler sich aus dem aktiven Dienst zurückgezogen und eine Weichtierzuchtanlage eröffnet.

SPIEGEL: *Sein Schneckengulasch soll vorzüglich sein.*

Mampe: Auch da wissen Sie mehr als ich.

SPIEGEL: *Und wie kommen Sie dieser Tage mit den Saudis klar?*

Mampe: Wieso fragen Sie das?

SPIEGEL: *Seit dem Anschlag in Mekka, dessen Urheber noch immer unbekannt ist, wird Saudi-Arabien von Massenunruhen erschüttert. Das Königshaus wackelt, und der absolutistische Herrscher Salman ibn Abd al-Aziz Al Saud scheint sich in einer schweren Nervenkrise zu befinden. Sie wissen ja, dass er vorgestern während seiner Rede im Konferenzsaal der Uno in Genf vor Wut in die Decke geschossen hat ...*

Mampe: Ja, das ist mir bekannt. Diese Decke ist übrigens in dreieckige Teilflächen gegliedert, die unregelmäßig abknicken, sodass sich der Eindruck einer abstrahierten Wellenform ergibt, die an Sanddünen erinnern soll. Technisch ist der Sitzungssaal überhaupt hochmodern ausgestattet. Elemente der Raumlufttechnik, Kameras

und Projektoren sowie Sensoren und das Beleuchtungskonzept sind akkurat in die Verkleidung eingebettet worden.
SPIEGEL: Sie weichen aus.
Mampe: Wovor?
SPIEGEL: Vor dem Thema der deutsch-saudischen Beziehungen. Ist es wahr, daß die Bundesrepublik den Saudis einen milliardenschweren neuen Rüstungsdeal in Aussicht gestellt hat, um König Saud milde zu stimmen?
Mampe: Hier haben Sie offenbar schon wieder die Flöhe husten hören. Ich erkenne ausdrücklich an, dass Saudi-Arabien auf dem Weg zu einer Modernisierung ist, die unseren Ländern das beiderseitige Einvernehmen erleichtern wird, aber wir als Bundesregierung werden uns an die Exportrichtlinien halten, die das Kabinett beschlossen hat.
SPIEGEL: Wir haben etwas anderes gehört. Doch wie dem auch sei – lassen Sie uns zum Schluß noch einmal auf den Musensohn Gsella zurückkommen. Können Sie eines seiner Gedichte aufsagen?
Mampe: Ich muß gestehen, dass ich dazu außerstande bin, aber ich werde diese Bildungslücke baldigst schließen.
SPIEGEL: Welche witzigen Verseschmiede stehen Ihrem Herzen denn näher?
Mampe: Der große Heinz Erhardt hat mir immer imponiert. Und natürlich Wilhelm Busch, von dem zwei Zeilen stammen, über die auch Journalisten einmal nachdenken sollten: »Die schärfsten Kritiker der Elche / waren früher selber welche.«
SPIEGEL: Da müssen wir Sie korrigieren, Herr Minister. Diese Zeilen stammen von Robert Gernhardt.

Nein, ihr Tünsel! dachte Gerold. Die stammen von F. W. Bernstein!

Aus der Tiefe, in die sie in Marokko geraten war, hob sich die Laune des Kommissars dann um mehrere Kilometer, als er nach der Landung in Istanbul endlich wieder einen Anruf der Fischerin erhielt und von ihr erfuhr, daß sie seit neuestem Gianni Infantinos Büroputze sei.

»Ist der denn nicht dauernd auf Reisen?« fragte Gerold.

»Ja«, sagte Ute. »Aber ich gefalle ihm so gut, daß er mich ab jetzt als seine persönliche Putzfee überallhin mitnehmen will. Morgen fliegen wir nach Hongkong. Da hat er ein Stelldichein mit dem Präsidenten der Hong Kong Football Association, der nebenbei als Vizepräsident im Olympic Council of Asia firmiert und fünfzig Meilen gegen den Wind nach Schmiergeld stinkt. Infantinos Krawattennadel aus Sterlingsilber hab ich schon verwanzt. Rein vorsorglich. Und was hast du inzwischen so erlebt?«

Bei dieser Frage durchzuckte ein akuter Schmerz den Faserknorpelring im Rücken des Kommissars. Doch er brachte es über sich, die Wehlaute zu ersticken, die ihm auf der Zunge lagen. »Och«, sagte er, »nichts von Belang. Ich gehe jetzt einer Spur in der Türkei nach ...«

»Gut. Aber erst mußt du mir noch was vorsingen. Wärst du so lieb?«

Das war zwar etwas viel verlangt von einem Mann mit Kreuzproblemen, der in einem Flughafen nach der Gepäckausgabe suchte, aber Gerold ließ sich nicht lumpen. Er sang »Homeward Bound« und traf die Fischerin damit genau ins Herz.

Home, where my thought's escaping
Home, where my music's playing
Home, where my love lies waiting
Silently for me ...

Sein schönster Lohn bestand darin, daß sie anschließend sagte: »Dieser Tag wird kommen, Gerold!«

19

In Swinging London mieteten Beckenbauer und Hoeneß sich im Shangri-La Hotel in der hochgelegenen Westminster Suite ein, wo für städtebaulich interessierte Gäste ein Teleskop bereitstand. Beckenbauer richtete es auf das zehn Meilen entfernte neue Wembley-

Stadion, das man 2007 an der Stelle des alten erbaut hatte. Bittersüße Erinnerungen durchfluteten den Kaiser. Dort, in Wembley, hätte er bereits 1966 Weltmeister werden können, wenn das verflixte dritte Tor nicht gewesen wäre. Der Engländer Geoffrey Hurst hatte die Latte angeschossen, der Ball war auf der Torlinie aufgeprallt – es war sogar die Kreide aufgestaubt! – und zurück ins Spielfeld geflogen, und dann hatte Wolfgang Weber ihn ins Toraus geköpft ... Danach war der Schiedsrichter Gottfried Dienst aus der Schweiz zum aserbaidschanischen Linienrichter Tofik Bachramow gelaufen, und der hatte ihm geraten, auf Tor zu entscheiden ...

»Denkst du wieder mal an Wembley?« fragte Hoeneß, als er Beckenbauer seufzen hörte.

»Mach di grod lustig! Des war a nationale Katastrophe! Und a menschliche dazua!«

Um den deutschen Kickern sein Mitgefühl zu erweisen, hatte der Bundespräsident Heinrich Lübke ihnen damals das Silberne Lorbeerblatt verliehen. Aber welcher Spieler wollte sich schon ein Silbernes Lorbeerblatt anheften lassen, wenn er gerade ein Weltmeisterschaftsfinale verloren hatte?

Hoeneß fand, daß Beckenbauer sich nicht so anstellen solle. »Du hast doch nach dem vergeigten Endspiel mehr Reklameverträge gekriegt als alle Helden von Bern in ihrem ganzen Leben zusammengenommen!«

Das war auch wieder wahr. Für Fußballschuhe und für Eintopfsuppen hatte er geworben, für Benzin, für Tee, für Süßigkeiten und für wer weiß was noch. Sogar als Schlagersänger hatte er sich in seinen jungen Jahren mißbrauchen lassen, um nicht zu verarmen, und wenn er das alles so überdachte, mußte er zugeben, daß er als Lichtgestalt nicht schlecht dabei gefahren war. Abgesehen allerdings von den leidigen Steuergeschichten in den Siebzigern, der Hexenjagd anläßlich seiner Verdienste um das Sommermärchen von 2006, den Geschäften mit dem umtriebigen Lobbyisten Fedor Radmann, dem Geschiß um dieses eine Firmenkonto in Gibraltar und den angeblichen Verstößen gegen das sogenannte Fifa-Ethikreglement ...

»Auffi jetzt«, sagte Hoeneß. »Wir müssen zu unserem Meeting. Und laß diesmal die Big-Data-Systeme aus dem Spiel. Du brauchst einfach nur stumm dazusitzen und so weltmännisch zu wirken wie in deinem Werbespot für Mitsubishi. Host mi?«

Er hatte einen Tisch im Hakkasan Hanway Place gebucht und den in Bristol und Heidelberg zweisprachig aufgewachsenen Finanzanalysten Cecil Rigobald Fürchtegott Spinster von Emerdata Limited hinzugebeten, der Nachfolgefirma des berühmten Unternehmens Cambridge Analytica. In seiner Branche ging Spinster der Ruf voraus, selbst aus Hasenkötteln geldwerte Datensätze filtern zu können. Seine Außenseite verriet jedoch nichts von seinem Genie. Er sah aus wie eine rostige Bohnenstange mit einem Haarteil aus dem Kehricht eines Hundesalons.

Bei Langustinen, Königskrabben und Yamswurzeln setzte Hoeneß dieser bizarren Person im Hakkasan auseinander, welche Pläne Beckenbauer und er für die Weltmeisterschaft in Brunei in der Schublade hätten. Mit Feuereifer sprach er von Commodity Futures, Hebelprodukten, Kryptogeld, High Water Marks, Knockout-Zertifikaten und Risikostreuung. »Der Franz und ich, wir machen da ein ganz, ganz großes Faß auf. Inklusive Streaming-on-Demand und E-Commerce und Social-Commerce. Nicht zu vergessen die personalisierten Unterhaltungsangebote für die Zuschauer von morgen. Wir wollen schon Jahre vor dem Anpfiff des allerersten Qualifikationsspiels echte Glücksmomente schaffen. Unser Leitgedanke lautet: Wer den Leuten maximalen Spaß und maximale Freude bietet, hat die Nase vorn! Und eben deshalb müssen wir rund um den Fußball spannungsgeladene, packende und aufwühlende Themenwelten kreieren. Das ist unser Versprechen an die Fans. Das wollen wir natürlich auch nach außen kommunizieren, um die Marke WM '34 erlebbar zu machen. Und wir definieren dabei selbst, mit welcher Tonalität wir diese Marke illustrieren ...«

Der Ober brachte eine neue Flasche Prickelwasser und gab sich den Anschein, daß er nichts gegen Deutsche habe.

Hoeneß nahm den Faden wieder auf: »Was wir noch suchen, ist

ein im Wettbewerbsumfeld differenzierendes Logo, das ebenso aufmerksamkeitsstark wie wertig ist, mit einem ganzheitlichen ›Look and Feel‹ im visuellen Auftritt, um den besten Customer Touchpoint anzuvisieren. In short: Wir wollen berauschen. Mitreißen. Überrumpeln. Immer abwechslungsreich. Immer selbstbewußt. Immer offen. Aber nie verletzend oder untergürtellinig. This is our claim to fame!«

»Und was hab ich damit zu tun?« fragte Spinster.

Hier war der Punkt erreicht, auf den Hoeneß hinausgewollt hatte. »Good question«, erwiderte er und beugte sich weit vor, damit er dem Analysten dichter mit dem Zeigefinger vor der Nase herumwedeln konnte. »Sie stellen die richtigen Fragen – und der Franz und ich geben Ihnen die richtigen Antworten. Gell, Franzl?«

Beckenbauer, der nicht durchweg mit voller Kraft zugehört, sondern wieder einmal an das vermaledeite dritte Tor gedacht hatte, riß sich zusammen und schlug vor, im Jahr 2034 eine Bockwurstlieferantenkette aufzuziehen und mit dem Slogan zu werben: »Entdecke diese und viele andere Leckerbissen in den Stadien in Brunei!«

Ein schlichtes Kopfnicken wäre Hoeneß lieber gewesen. »Gut, da reden wir später noch mal drüber, Franz«, sagte er. »Aber um auf Ihre Frage zurückzukommen, Mister Spinster: Uns geht es hier nicht um die WM '34. Ich hatte Ihnen bloß mal aufzeigen wollen, wie viel geballte Power wir aufbieten können und was wir so im Portfolio haben. Eine Sache, die wir uns von Ihnen wünschen und für die wir auch gut zahlen würden, wäre das Recht, ein kleines bißchen in Ihren Datenbanken schürfen zu dürfen.«

»Und wonach?«

»Sagt Ihnen das Wort Elferwette was?«

»Natürlich. Ich bin kein Idiot.«

»Dann verstehen Sie doch auch sicher, daß man da was drehen kann, im Toto, wenn man irgendwie an den Pufferpool im Datenbanksystem der Anbieter von Sportwetten rankäme. Ein Vetter von mir hat das mal im Fürstentum Liechtenstein versucht, aber das war noch in den Neunzigern, und heuer gibt's da ja ganz andere Möglichkeiten. Wenn Sie möchten, kann ich Ihnen haarklein darlegen, wie ich mir das vorstelle ...«

Aber diese Mühe konnte Hoeneß sich sparen, denn Spinster verzichtete darauf, ihm noch länger zuzuhören. Er dankte den beiden Herren für ihre Geduld, übernahm die Kosten für das Abendessen, versah den Ober mit einem opulenten Scherflein und begab sich zurück in die Gesellschaft intelligenterer Gesetzesbrecher.

»Auf Wiederschaung!« rief Beckenbauer ihm nach. »Grüßn S' ma den Herrn Bobby Charlton, den wo i damois deckt hob! Und song S' eahm, daß des dritte Toa ned drin war!«

Dietrich zur Nedden konnte stolz auf sich sein. Er hatte Borromäus Görzke nicht nur aus der Gefangenschaft erlöst, sondern ihm als guter Samariter auch noch den Rückflug nach Deutschland spendiert. Und schon kurze Zeit später legte Görzke auf der Website von *Bravo Sport* seinen Rechenschaftsbericht ab:

Fette Schlitten, dicke Häuser, Mega-Kohle – so kennt man Hassanal Bolkiah, den Sultan von Brunei. Doch er will noch viel mehr, und zwar die WM 2034. Deshalb lädt er haufenweise Journalisten ein, die sein Land hochjubeln sollen. Wenn er sich da mal nicht verschätzt! Sein Sultanat ist so klimperklein, dass es wegen Überfüllung geschlossen werden müsste, sobald der erste Mannschaftsbus anrollt.

Ganz schön forsch, der junge Mann, dachte zur Nedden. Macht sich einen Lenz auf Kosten des Sultans, gewinnt einen Lamborghini, fährt ihn zu Schrott, entkommt um Haaresbreite einem Lebensabend im Knast und haut anschließend den Preisstifter in die Pfanne ...

Und so tickt der Oberkracher Bolkiah privat: Wenn er nicht gerade in Kamelstutenmilch badet, bläst er den Staub von seiner Geldscheinsammlung. Weitere Hobbys: Bötchenfahren, Todesstrafen verhängen und heißen Bräuten auflauern. Die lieben natürlich mehr seinen Bimbes als ihn selbst. Kein Wunder, denn er hat ein Gesicht

wie ein Schienbeinschoner. Und trotzdem träumt er von einem Panini-Bildchen mit seiner persönlichen Flappe.
Klar: Von den Sultanen dieser Welt ist er der bestverdienendste ...
Nein! dachte zur Nedden. Das Adjektiv »bestverdienend« ist nicht steigerbar! Bringen sie euch das auf der Henri-Nannen-Schule nicht mehr bei?
Doch wer wußte schon, wo Görzke das Schreiben gelernt hatte. Vielleicht ja auch bei Antenne Unna oder Radio Emscher Lippe.
Weiter im Text, sagte zur Nedden sich.
... ist er der bestverdienendste, und er trägt definitiv zu Recht den Ehrentitel Opa Extrawurst. Aber sein Ländle ist nicht WM-kompatibel. Da hilft auch kein Tuning. Und wenn er sich einen Kullerkeks freut, weil er glaubt, daß die größten Fußballstars des blauen Planeten im Jahr 2034 ihre Socken scharfmachen, um nach Brunei zu pilgern, dann können wir Fans ihm nur sagen: Uns sind deine Träume rille, Alterchen. Back dir ein Eis!
Das Ganze unter der Überschrift:
WM '34 in Brunei? Selten so gelacht!
Zur Nedden fragte sich, ob der Sultan nachprüfen ließ, was seine Gäste über ihn und seine WM-Bewerbung schrieben, und ob er sich Racheakte vorbehielt. War Görzke dieser Eventualität in Gedanken wohl gründlich genug nachgegangen, bevor er sein Mütchen an Hassanal Bolkiah gekühlt hatte?

Viele Male waren Azazil, al-Urian, Iblis und ihr Bundesgenosse Azraq schon zum Essen ausgegangen, aber Thomas Gsella hatten sie in der ganzen Zeit bloß einmal eine Dose Mungobohnen zugeworfen. Selbstverständlich ohne Dosenöffner. Gsella hatte das Papier von der Dose genagt, und auch an der Dose selbst hatte er herumzukauen versucht, aber dabei waren ihm seine Zahnschmerzen in die Quere gekommen. Seither wüteten sie wieder mit unverminderter Durchschlagskraft. Bisweilen flammten sie sogar höher auf als je zuvor und fraßen sich bis unters Schädeldach. Er hatte jedenfalls akzeptieren müssen, daß es einem frischoperierten Patienten des Dentisten Mussad Azraq schlechterdings unmöglich war, eine Blechdose zu essen.

Doch ein Zufall kam Gsella zu Hilfe, denn von ihrer jüngsten Freßtour kehrten seine Quälgeister mit starkem Bauchweh zurück. Sie hatten sich in einem Nepplokal eine Kugelfischvergiftung geholt. Der erste, der starb, war al-Urian. Er taumelte herum, mit Schaum vor dem Mund, brach zusammen und rollte so nah vor dem Käfig aus, daß es Gsella glückte, dem Toten den Schlüsselbund aus der Tasche zu ziehen.

Auch Azazil, Azraq und Iblis konnten nicht länger aufrecht stehen. Sie kippten um und mußten zu ihrem größten Bedauern mit ansehen, wie Gsella die Käfigtür von innen aufschloß und herauskam.

»Beim Barte des Propheten«, sagte er. »Jetzt gibt's Backensalat!«

Es war jedoch nicht zu verkennen, daß diese Männer bereits in den letzten Zuckungen lagen.

Gsella stieg über das Gelichter hinweg. Er suchte nach etwas Eßbarem, entdeckte in einer Kumme eine weiche alte Zwiebel und aß sie mitsamt der Schale auf. Dann trank er, weil er nicht wählerisch war, ungefähr vier Liter Leitungswasser aus einer rostfleckigen und wenig vertrauenswürdigen Mischdüse.

Als er damit fertig war, suchte er nach Aspirin. Er öffnete alles, was sich öffnen ließ: Schränke, Kisten, Truhen, Schachteln, Ofenluken, Pfefferstreuer, Salzfässer und Einmachgläser. Selbst die Büchse der Pandora hätte er geöffnet, um ein Mittel gegen seine Zahnschmerzen zu finden.

Aber er fand keins. Weder Aspirin noch Ibuprofen oder Paracetamol und nicht einmal Globuli.

In seiner Not gurgelte er in der Küche schließlich mit Branntweinessig, um die schlimmsten Schmerzen abzutöten, putzte seine Nikkelbrille, warf einen letzten Blick auf die japsende Bande, die sich mit tödlichen Darmkoliken auf dem Zementfußboden kringelte, und rief ihr im Fortgehen zu: »Yippee-ki-yay, ihr Motherfucker!«

Dann trat er aus dem Haus. Was er am dringendsten brauchte,

waren eine Zahnarztpraxis, eine Apotheke und eine Imbißbude oder ein Lebensmittelgeschäft. Doch zum einen hatte er kein Geld, und zum anderen sah er nur schadhafte, heruntergewohnte Baulichkeiten, korrodierte Automobile in Öllachen, staubige Müllsäcke und einen Straßenköter, der ihn feindselig musterte.

Gsella zog los. Er hoffte auf Almosen aus der Hand des einfachen Volkes. Hieß es nicht immer, daß die Orientalen unerhört freigebig seien?

Nach zweihundert Metern fiel ihm eine lärmende Menschenansammlung auf. Mit flehend ausgestreckten Zitterpfoten ging er auf sie zu, aber niemand beachtete ihn. Die Menge schaute sich einen Hahnenkampf an und wollte sich von diesem Bettler nicht für dessen eigensüchtige Zwecke instrumentalisieren lassen.

Gsella irrlichterte daher weiter durch die Gassen und stieg irgendwann, tollkühn geworden, in das Gewölk einer Opiumhöhle hinunter, über die jemand auf Tripadvisor vermerkt hatte:

Lasst, die ihr hier eingeht, alle Hoffnung fahren!

Immerhin war es Gsella jetzt beschieden, echte Patriarchenluft zu kosten. Mamelucken, Derwische und reiche Kaufmannssöhne weilten dort mit ihren Komparsen bei Blutwurst, Chicken Wings und Wasserpfeifen Tisch an Tisch mit paschtunischen Terrorpaten, denen die Raublust ins Gesicht geschrieben stand.

Gsellas Auge ging forschend zwischen ihnen her und hin, und sein Langzeitgedächtnis förderte drei Zeilen aus der »Odyssee« zutage:

Weh mir! Zu welchem Volke bin ich nun wieder gekommen?
Sind's unmenschliche Räuber und sittenlose Barbaren
Oder Diener der Götter und Freunde des heiligen Gastrechts?

Der Hunger, der ihn zwackte, war indessen mächtiger als die Furcht, bei diesen Leuten durchs Ranking-Raster zu fallen.

»Good evening, Mesch'schurs!« rief Gsella und setzte zu einer wohlüberlegten Rede an, die er auf Deutsch halten mußte, weil sein Englisch dafür nicht ausgereicht hätte: »Ich bitte Sie tausendmal um Entschuldigung für die Störung. Da ich unverschuldet in eine Versorgungskrise geraten bin, wäre es, wie man auf Neudeutsch sagt, glamtastic, wenn Sie mich durch eine kleine Spende oder eine warme Mahlzeit unterstützen könnten. Auf Anfrage würde ich dafür auch einige meiner eigenen Verse rezitieren. Um Ihnen einen Vorgeschmack darauf zu ermöglichen, sage ich mal eben kurz mein Gedicht ›Zwei Fragen an die Hopi‹ aus dem Sammelband ›Materialien zur Kritik Leonardo DiCaprios‹ auf: ›Erst wenn der allerletzte Fluß / gemeinsam mit dem letzten Baum / in unserm Portemonnaie erstickt / und also darin sterben muß: / dann kommt es zur Revolte? / Und wird dem weißen Mann dann klar, / daß er im Grunde auch mit Geld / bezahlen kann, ja sollte?‹ Ich danke Ihnen fürs Zuhören und wünsche Ihnen noch einen wunderwunderschönen guten Abend!«

Die Entgeisterung im Gesichtsmanagement seiner Stammgäste veranlaßte den Höhlenwirt Ramallah Ibrahim dazu, den fremdstämmigen Besucher in eine stille Ecke zu lotsen und ihm eine Tasse Tee vorzusetzen, damit er die Klappe hielt, und diese milde Gabe machte Gsella so glücklich, wie man es nur sein konnte, wenn man auf der Welt nichts anderes mehr besaß als Zahnweh, Hunger und ein Grundgefühl der Heimatlosigkeit.

Nachdem er die Tasse ausgeschlürft hatte, kam ein hutzlicht Männlein herbei und äußerte in gebrochenem Englisch seine Bereitschaft, aus den Teeblätterresten auf dem Tassenboden Gsellas Zukunft zu lesen. Es fielen dann aber nur lauter Begriffe wie »disaster« (»Unheil«), »doom« (»Verderben«), »misery« (»Elend«) und »perdition« (»Verdammnis«), und dafür hatte Gsella kein Ohr. Wenn du bloß Content wie den da produzieren kannst, dachte er, dann gib Hackengas, du Affenpfirsich!

Im gleichen Moment hub anderswo in der Höhle ein wildes Ringen an, und der Streit währte lange. Es ging um Wettschulden und um die historische Aufarbeitung der ersten Petersberger Afghanistankonferenz, und da die Parteien einander ebenbürtig waren, wogte die mit Stuhlbeinen, Macheten und Flinten ausgetragene Saalschlacht unentschieden hin und her.

Wo solche Saat gedeiht, will ich nicht mittun, sagte sich Gsella und entfloh durch ein Toilettenfenster.

Inzwischen war über Kabul die Nacht herabgesunken, und er hatte immer noch dieselben Probleme. Einem Turbanträger, der aus einer Schießscharte in seinem Wohnblock lugte, stellte er die Frage, wo es zur diplomatischen Vertretung der Bundesrepublik Deutschland gehe, aber das englische Wort für »Botschaft«, »embassy«, wollte ihm nicht einfallen. Er sagte stattdessen immer wieder »message«, und weil der Befragte glaubte, daß dieser Kauz ihn nach dem Weg in die fünfundzwanzig Kilometer südlich von Kabul gelegene Ortschaft Mosahi gefragt habe, schickte er ihn stadtauswärts.

Auf seiner Nachtwanderung lernte Gsella dann auch die unschöneren Außenbezirke der Hauptstadt Afghanistans kennen. Dabei kam es zu postoperativen Komplikationen infolge der Bakterienvermehrung in seiner Zahnruine, und der Kohldampf wullackte in ihm wie ein Preßlufthammer.

Kein Raum in Ewigkeit, den nicht der Jammer füllte!

Michael Ringel konnte kaum noch »Papp« sagen. Sein Herbergsvater Nangjalai Ufoq hatte zum Lunch wieder alles aufgefahren, was die Küche hergab: Kumamoto-Austern mit einer raffinierten Schalottenvinaigrette, Gruyère-Käse-Kroketten, Lachstatar mit französischem Zuchtkaviar, Mascarpone-Crostini, pochierte Hummerschwänze, Rübchen und Ziegenkäse mit gerösteten Haselnüssen, Filets Mignon im Senf-Speck-Mantel und als Dessert einen Maxi-Eisbecher »Kandahar« mit den Sorten Delfino, Spekulatius und Mango-Kokosmilch sowie einem Schuß Latte Macchiato und einem Topping aus bunten Zuckerstreuseln.

Am liebsten hätte Ringel sich ja noch einmal aufs Ohr gelegt, doch mit unerbittlicher Stimme rief ihn die Pflicht. Er wußte nur zu gut, daß jetzt jede Sekunde zählte. Mit eiserner Willenskraft widerstand er folglich auch den neuen Avancen der Töchter des Hauses, deren Augen sich mit Tränen füllten, als er sich zum Gehen wandte. Seinesgleichen würden sie nie wieder sehen; das spürten sie.

Ufoq gab ihm ein Empfehlungsschreiben an Ghulam Ghanuni

mit, einen hohen Regierungsbeamten, der bei der Suche nach Gsella vielleicht helfen konnte, und genau mit diesem Mann traf Ringel noch am selben Nachmittag im Oberhaus des afghanischen Plenums zusammen. Mit Erfolg: Er schenkte Ghanuni ein Autogramm von Erich Beer, der 1979 von Hertha BSC zu dem saudi-arabischen Fußballverein Ittihad FC gewechselt war, und erhielt von dem entzückten Empfänger dafür das Versprechen, daß er sich melden werde, wenn er etwas über Gsella hören sollte.

Nachdem die zwei Herren ihre Mobilnummern ausgetauscht hatten, spazierte Ringel in Richtung Dascht-e Bartschi. An einem Straßenübergang kam er mit einer US-amerikanischen Soldatin namens Sharona ins Gespräch, die gerade Feierabend gemacht hatte und unternehmungslustig war. Ihre schönwallenden Locken gefielen Ringel ebenso wie ihre Stupsnase und ihr Mutterwitz, und er ließ es sich nicht zweimal sagen, als sie ihn zu einer Spritztour einlud.

Ein gutes Stück nordöstlich von Kabul parkte Sharona ihren Jeep zwischen zwei Schlafmohnfeldern, stellte den Motor aus und setzte sich rittlings auf ihren Beifahrer.

Aus Höflichkeit wollte Ringel sie fragen, ob dieser Fahrgastraum für das, was sie vorhabe, nicht zu knapp bemessen sei, aber er wußte nicht, was »Fahrgastraum« auf Englisch hieß, und außerdem zweifelte er daran, daß dieser Begriff sich auch für nichtöffentliche Verkehrsmittel ziemte. Wobei es natürlich noch der Klärung bedurft hätte, ob ein Fahrzeug der US-Army ein öffentliches oder ein nichtöffentliches Verkehrsmittel war. Zumal dann, wenn keine Dienstfahrt vorlag. Hatte Sharona überhaupt das Recht, mit diesem Jeep durch den Großraum Kabul zu cruisen und Zivilisten aufzugabeln?

Aber Ringel war auch nur ein Mensch. Er geriet in Glut, als die elastische Sharona die Glockenblumen ihrer Arme um seinen Nakken schlang und mit der Doldenblüte ihrer Zungenspitze seine Ohrläppchen erkundete.

Unwillkürlich dachte er dabei an einen Song von The Mamas and the Papas:

Say »nighty-night« and kiss me
Just hold me tight and tell me you'll miss me
While I'm alone and blue as can be
Dream a little dream of me ...

Sharona biß seine oberen sechs Hemdknöpfe ab, einen nach dem anderen, spuckte sie aus und legte Ringels muskulösen Torso frei. »Your heart is beating fast«, stellte sie fest, und tatsächlich: Sein Herz führte sich wie ein Mustang auf.

Nachdem die letzten Hüllen gefallen waren, arbeiteten Ringel und Sharona umgehend auf das große gemeinsame Ziel hin, auf dem Gipfelgrat der Sinnesfreuden ein grandioses Bergfest zu begehen.

Die Ausführung dieses Plans gelang ihnen perfekt. Die anspruchsvolle Sharona hielt es jedenfalls nicht für nötig, im Anschluß an das Ereignis Manöverkritik zu üben, und auch Ringel entdeckte kein einziges Haar in der Suppe. Er schwamm im Glück und hoffte, daß auch Thomas Gsella einigermaßen wohlauf sein möge.

In Gianni Infantinos Privatjet knallten die Schampuskorken. Aus gutem Grund, denn soeben hatte der Sultan von Brunei in einer Zoom-Konferenz durchblicken lassen, daß er bereit sei, der Fifa als Gegenleistung für die WM '34 ein neues Headquarter zu schenken: einen hochherrschaftlichen Feudalsitz mit einem anderthalb Kilometer hohen Doppelturm, zwei Millionen Quadratmetern Bürofläche, dreihundert Hubschrauberlandeplätzen, tripelgeschossigen Hochgeschwindigkeitsaufzügen, Skybridge, Opernhaus, Golfplatz, Lustoase, Spitzenrestaurants, Spielbanken, Multiplex-Kino, zoologischen Gärten, Unterwasserlabyrinthen und einem eigenen Schlachthof für japanische Kobe-Rinder, die teuersten der Welt. Andeutungsweise hatte er sogar davon gesprochen, daß er den Keller des Gebäudes mit einer Falschgelddruckerei veredeln könne.

Während Infantino und sein Team randalierten, blieb Kommissarin Fischer alias Verena Süß auf ihrem Platz sitzen und stellte sich schlafend. Sie dachte an ihre Balkonpflanzen. Konnte sie Gerold bitten, die zu gießen, wenn er den Job in Istanbul erledigt hatte? Oder war das zuviel verlangt von einem geschiedenen Mann, der sie liebte, aber nicht auf die Idee kam, ihr einen Heiratsantrag zu machen?

Der Flug endete in Hongkong. Er hatte in Übereinstimmung mit den Grundregeln und Idealen der Fifa stattgefunden und war steuerlich absetzbar. Daran gab es nichts zu deuteln. Es standen Verhandlungen mit Großinvestoren aus dem asiatisch-pazifischen Wirtschaftsraum und hochrangigen Vertretern der Chinese Football Association auf der Tagesordnung.

Infantino stieg mit seinem ganzen Troß im Ritz-Carlton ab, das sich auf einer Landzunge im Stadtteil Kowloon höher als jedes andere irdische Hotel in den Himmel aufschwang. Für Ute war das billigste Einzelzimmer reserviert worden, das frei war, aber das kränkte sie nicht. Sie duschte, erlaubte sich einen Fünfkorn-Trank aus der Minibar, packte die technischen Gerätschaften aus, mit denen sie angereist war, und ging auf Empfang.

Lange warten mußte sie nicht. Mit seinen engsten Vertrauten hatte Infantino sich bereits an den geheimen Ort begeben, an dem das abendliche Treffen stieg. Über die Wanzen in Infantinos Manschettenknöpfen konnte sie in Stereo hören, was es da zu bekochlöffeln gab, und für die Akten fertigte sie auch gleich die deutsche Übersetzung an.

Das zentrale Thema war die Entwicklung einer funkelnagelneuen Generation intelligenter Fußbälle mit erweiterten App-Features aus einem Labor in Peking. Infantino hielt den Preis der Bälle für grotesk überhöht und regte an, ihre Serienherstellung aus den normalen Industriegebieten in die Arbeitslager zu verlegen, die von den Uiguren bewirtschaftet wurden. Chen Xuyuan, der Präsident der Chinese Football Association, stritt ab, daß es in China solche Arbeitslager gebe, sah sich brausendem Gelächter ausgesetzt und räumte kleinlaut ein, daß er diese Frage dem Ständigen Ausschuß des Politbüros der Kommunistischen Partei Chinas vorlegen werde.

Am bemerkenswertesten fand Ute etwas, das Infantino in einer

Verhandlungspause zu drei Mittelsmännern einer neuseeländischen Körperschaft sagte: »Wir müssen damit aufhören, Fehlerdiskussionen zu führen. Die Chinesen haben damit schon nach dem Schlamassel auf dem Tian'anmen-Platz aufgehört. Wir sehen's doch überall – in Osteuropa, in Brasilien, in Afrika sowieso, und ich erzähle Ihnen nichts Neues, wenn ich Ihnen sage, daß auch der russische Bär aus seiner Hypnose erwacht ist. Gut so! Denn für diese Hypnose gibt es einen Namen: Konsenspolitik. Wie weit sind wir denn gekommen mit diesem Modell? Sehen Sie sich dagegen mal das Vermächtnis von Robert Mugabe an. Ich weiß, er hat seine Schwächen gehabt, aber in seinem Heimatland wird er heute noch verehrt. Und warum? Weil er den Cup of Zimbabwe erfunden hat! Das ist ein starkes Signal gewesen. An das Volk. Und das Volk ist millionenfach in die Stadien geströmt. Aber glauben Sie, er hätte das mit Fehlerdiskussionen bewerkstelligt? Und mit Konsenspolitik? So im Stil unserer Parteiendemokratie mit ihrem Bürokratenfilz und den Einspruchsrechten, mit denen jeder Hanswurst den Neubau eines Stadions stoppen kann, nur weil da irgendwo ein Zwergseeschwalbenpärchen nistet? Oder sowas in der Art? Apropos: Haben Sie damals die Schwalbe von Bernd Hölzenbein gesehen? Im Endspiel Deutschland gegen Holland? Meines Erachtens war der Elfer eine klare Fehlentscheidung. Die mich allerdings nicht traurig macht. Man male sich nur mal aus, der marxistische Bondscoach Rinus Michels und der Wirrkopf Johan Cruyff hätten anno '74 die WM gewonnen und die Fußballwelt nach ihren absurden Vorstellungen umgekrempelt! Nein, da war's doch besser, daß der Franz die Oberhand behalten hat. Was mich zu der Frage bringt: Wo ist er geblieben, der Franz? Hat einer von Ihnen irgendwas von ihm gehört?«

Die Neuseeländer mußten passen, und auch sonst wußte niemand Bescheid.

Danach wurden in größerer Runde konkrete Absprachen hinsichtlich der Produktion von Fußbällen durch uigurische Sklaven getroffen. Infantino ließ einfließen, daß er einen Super-8-Film sein eigen nenne, der den siebenjährigen Xi Jinping bei einem Eigentor zeige, und konnte den Preis der Bälle dadurch um acht Prozent drücken. Die chinesischen Delegierten schienen so etwas schon geahnt zu haben und beschwerten sich nicht groß.

Zu späterer Stunde bekam Ute noch mit, wie Infantino telefonisch mit jemandem vom Wiener Institut für Verkaufsförderung über das Merchandising mit Infantino-Avataren sprach, und da klinkte sie sich aus. Man kann wall allens eten, mutt avers nich allens weten, dachte sie und holte ihre Schlafmaske hervor.

Kommissar Gerold war nicht religiös erzogen worden, aber die Hagia Sophia nötigte ihm Demut ab. Was für eine Hütte! sagte er sich, als er zur Hauptkuppel der Basilika aufblickte. Wievielmal würde die Uelzener Erlöserkirche hier wohl reinpassen?

Er schlenderte auf das byzantinische Taufbecken zu, wo Onur Lütfi Kasapoğlu zu ihm stoßen wollte. Es war etwas tricky gewesen, ihn in Istanbul ausfindig zu machen, aber auch in diesem Fall hatte Henning Riesenbuschs Draht zur NSA wieder geholfen und eine Rufnummer ausgeworfen. Am Telefon war Kasapoğlu dann sehr einsilbig gewesen, bis Gerold den Namen Iglusch Boberaitis ins Spiel gebracht hatte. Daraufhin war die Verabredung für sechs Uhr abends am Taufbecken in der Hagia Sophia zustande gekommen.

Vermutlich hat er mich an einen derart öffentlichen Ort bestellt, um mich erst einmal in aller Ruhe beobachten zu können, dachte Gerold. Und vielleicht auch, um mir die Arbeit zu erschweren, falls ich ein Meuchelmörder sein sollte, der es auf ihn abgesehen hat. Aber wieso um Gottes willen hat er von mir verlangt, als Erkennungszeichen einen aufgeblasenen grünen Luftballon mitzubringen?

Um ein Haar wäre das Treffen wegen dieser Bedingung geplatzt, wenn Gerold nicht das unverschämte Glück besessen hätte, um fünf nach halb sechs in einem Geschenkeshop im Stadtteil Esenler ein Tütchen Luftballons zu ergattern, einen grünen herauszufischen und ihn unterwegs im Taxi aufblasen zu können.

Leider war es nicht besonders erquicklich, in einem Sakralbau einen prallen Luftballon in der Hand zu halten. Sollte das eine Mutprobe sein? Mit der Kasapoğlu testen wollte, wie ernst der Anrufer es meinte, der behauptet hatte, ein deutscher Kommissar zu sein?

Ein Pulk japanischer Touristen, die gutes Geld für eine schriftliche, im Inneren der Hagia Sophia geltende Fotogenehmigung gezahlt hatten, scharte sich um den spaßigen Ballonbesitzer und bildete ihn innerhalb einer Minute öfter ab, als es seine Eltern in den gesamten ersten achtzehn Jahren seines Lebens getan hatten.

Eine Viertelstunde gebe ich dir noch, du Sauhund, dachte Gerold um sieben nach sechs. Oder war das mit dem grünen Luftballon ein Mißverständnis? Kasapoğlu hatte auf Englisch nur radebrechen können. Was, wenn er keinen »balloon« gemeint hatte, sondern einen »baloo«, also einen Bären? Hätte Gerold womöglich mit einem grünen Teddybärchen anrücken sollen?

Ein gedanklicher Kurzschluß verleitete ihn dazu, die Kirchenhalle nach Leuten zu scannen, die versuchen könnten, Kasapoğlu mit einem grünen Spielzeugbären auf die falsche Fährte zu locken. Als Gerold aufging, wie blödsinnig das war, wollte er wieder auf seine Armbanduhr schauen, aber da tippte ihn von hinten jemand an, steckte ihm einen Zettel zu, flüsterte »Dsississoll eickn giffjorr« und zog ohne ein weiteres Wort von dannen.

Knapp eins siebzig, schätzte Gerold. Neunzig Kilo, Ende vierzig, hohes Trainingsdefizit ...

Die Aussage »Dsississoll eickn giffjorr« interpretierte er als »This is all I can give you.«

Was auf dem Zettel stand, las er erst, als er fern von der Hagia Sophia allein auf einer nebelumwallten Parkbank saß:

DFB genel merkezi. Gizli arşiv numarası 38/b 644 Zaq 013.
Aradığınızı orada bulacaksınız.
Beni bir daha asla arama.

Gerold brauchte fast eine halbe Stunde, bis er diese Worte mehr schlecht als recht in sein Smartphone eingetippt hatte und über Linguatools an die deutsche Übersetzung gelangte:

DFB-Zentrale. Geheimarchivnummer 38/b 644 Zaq 013.
Dort finden Sie, was Sie suchen.
Rufen Sie mich nie wieder an.

»Jetz varat ma doch oamoi, wia des mid dera Kryptowährung funktioniad«, sagte Beckenbauer. »I vasteh davo jo ned de Bohne. Aba du hosd im Gspräch mid dem Herrn Spinster dess Kryptogejd in den Diskurs eigführt, und do isses jo wohl mei guads Recht, moi kridisch nochzufrong ...«

Hoeneß stöhnte. In einer Suite im Londoner Shangri-La auf dem Laptop die fesselnde History-Doku »Die sieben Geheimnisse des deutschen Fußballs« zu kucken war das eine, und das andere war, dabei im Doppelbett neben Beckenbauer zu liegen und seine törichten Fragen beantworten zu müssen.

Und der ließ nicht locker. »Mach hoid koa Geheimnis draus, Uli«, sagte er. »I wui jo bloß wissn, wia des mid dene Bitcoins is. Wozu de übahabt guad san und wos ma mid dene vadiena ko und so weida ...«

Hoeneß gab nach und holte zu einem privaten Kurzvortrag aus, mit dem er in jeder Soccer Academy gut und gerne fünfzigtausend Euronen verdient hätte: »Eine Kryptowährung ist wie eine elektronische Geldbörse. Du transferierst dein Kapital in dieser Börse linear und dezentral zum Beispiel an die Europäische Zentralbank, über eine Blockchain, und die Einzahlungen kannst du ganz simpel per PayPal und Kreditkarte tätigen. Die Kontoeröffnung dauert nur fünfzehn Minuten. Was den Kauf von Bitcoin Cash über einen CFD-Broker auszeichnet und welche Möglichkeiten du außerdem hast, um am Bitcoin-Cash-Kurs zu partizipieren, fragst du am besten deine Frau.«

»Scho vastandn. Und wos bedeidet Kryptowährungshandl?«

»Kryptowährungshandel bedeutet, daß du eine bestimmte Position zur Preisentwicklung einzelner Kryptowährungen gegenüber dem Dollar in Krypto-Dollar-Paaren oder gegen eine andere Krypto über Krypto-Krypto-Paare einnimmst.«

»Ah geh«, sagte Beckenbauer. »Des glaub i ned!«

»Doch, das ist so, Franz. Ich kenn mich da aus! Und mal angenommen, du möchtest erstmalig XRP von einer Exchange auf deinen Ledger Nano S senden, dann brauchst du die Twenty XRP, um die Wallet zu aktivieren …«

Um so zu tun, als wüßte er, worum es ging, warf Beckenbauer die Frage auf: »Und konn i dabei sowohl Shoat- ois aa Long-Positions einnehma?«

»Können kannst du das schon«, sagte Hoeneß. »Wenn ich du wäre, würde ich mich aber erstmal mit dem Forex Pip und mit den Spreads bei den wichtigsten Währungspaaren beschäftigen.«

Das habe er bereits getan, als Hoeneß noch für die DFB-Schülerauswahl aufgelaufen sei, erklärte Beckenbauer würdevoll.

»So? Na, dann weißt du ja auch, daß du Spreads von sechs oder mehr Pips besser meiden solltest, weil Trades ab diesem Wert einfach zu kostspielig sind, um noch realistisch profitabel zu sein …«

Der leere Ausdruck in Beckenbauers Augen erinnerte Hoeneß daran, daß er sich einen Steinbutt bestellt hatte.

Als es klopfte, war es jedoch nicht der Zimmerservice, sondern die Staatsgewalt. Ein Chief Inspector und ein Special Sergeant der City of London Police baten um Einlaß und wünschten zu wissen, wie es komme, daß Beckenbauer und Hoeneß viele ihrer Ausgaben in London mit der Kreditkarte eines gewissen Herrn McMason bestritten hätten, der kürzlich in einem Eckschrank im Hauptgebäude der United States Soccer Federation aufgefunden worden sei.

Der Franz und auch er selbst hätten sich nichts vorzuwerfen, erwiderte Hoeneß schlagfertig, und Beckenbauer rief: »Und außerdem hom mia a Alibi!«

Die Beamten brauchten eine Weile, um dahinterzusteigen, daß er ein »Alibi« meinte. Damit ließen sie sich aber nicht abspeisen. Sie wollten jedes Detail erfahren und fragten nach den abstrusesten Dingen, bis Hoeneß diese ganze künstlich aufgebauschte Problematik schließlich mit einem saftigen Obolus aus seinen Barmitteln vom Tisch wischte.

Der Special Sergeant und der Chief Inspector schwirrten hochzufrieden wieder ab. Doch kaum waren sie fort, erschien der nächste dickschädelige Besucher und drängte sich ins Entrée der Suite: Hasko Czagaja, der Society-Experte mit dem Näschen für das Besondere. Eine Freundin hatte ihm gesimst, daß sie die verschüttgegangenen Koryphäen Beckenbauer und Hoeneß in einem Londoner Luxushotel gesehen habe, und er wollte verdammt sein, wenn das keine heiße Story war. Der Uli und der Franz inkognito in einer Edel-Absteige in der Millionenstadt an der Themse? Wenn sich das bewahrheiten sollte, dachte er, dann winken mir Ruhm und Ehre – der Wächterpreis der deutschen Tagespresse, der Deutsche Sportjournalistenpreis, der Hildegard-von-Bingen-Preis für Publizistik und als Sahnehäubchen die Auszeichnung für das World Press Photo of the Year.

Aber Hoeneß kaufte dem jungen Mann seinen Schneid mit einem ungedeckten Scheck über einhunderttausend Euro ab.

Czagaja frohlockte. Welch leicht verdientes Geld! »Und das lassen Sie alles nur für mein Schweigen springen?«

»So isses. Wir brauchen halt mal einen Retreat, und dafür ist uns kein Preis zu hoch.«

»Das kann ich voll verstehen. Meine Lippen sind versiegelt! Und ich bin Ihnen zu größtem Dank verflochten!«

»Immer wieder gern«, sagte Hoeneß. »Und nehmen Sie's mir bitte nicht übel. Ich weiß ja, daß Sie auch nur Ihre Arbeit machen. Im Journalismus gibt's eben sone und solche, und bei Ihnen hab ich sofort gemerkt, daß Sie zu den Guten gehören. ›Uli‹, hab ich mir gesagt, als Sie grad reingekommen sind, ›hier ist ein Mensch mit einem ehrlichen Gesicht!‹ Und weil ich das zu schätzen weiß, leg ich noch was obendrauf ...« Er zückte sein Portemonnaie, zog Logan McMasons Kreditkarte heraus und steckte sie Czagaja mit einem verschwörerischen Augenzwinkern in die Brusttasche. »Und nun ade zur guten Nacht!«

Stumm vor lauter Daseinsfreude verneigte Czagaja sich und verduftete.

»Wer war denn des scho wieda?« fragte Beckenbauer aus dem Badezimmer, wo er sich pomadisierte.

»Ach«, sagte Hoeneß, »nur so 'ne kleine Schmutzkruke, die bald in große Schwierigkeiten geraten wird. Aber dann sind wir schon über alle Berge.«

In seinem Homeoffice in Bochum-Oberdahlhausen legte Borromäus Görzke nach. Er fand es unverzeihlich, was man ihm in Brunei angetan hatte, und er wollte den verantwortlichen Machthaber dafür noch heftiger bluten lassen als bisher.

Kaum zu glauben, aber wahr: Der Sultan von Brunei hat noch immer nicht geriffelt, dass er sich die WM 2034 in sein Glanzhaar schmieren kann! Jetzt hat er sogar einen »WM-Botschafter« engagiert, der für ihn tingeln gehen soll. Und das ist kein Geringerer als – Hallöchen, bitte die Gurte anlegen und das Atmen einstellen! – our good old Boris Becker.

Ist ja auch logisch. Wo das Bobbele doch so viel von Rasenschach versteht!

Na, da haben sich ja zwei gefunden: Sugar Daddy Boris und Gold Digger Hassanal. Der Leimener und der Schleimener. Zwei echte Klappskallis, wie man so sagt. Voll peino!

Aber uns Fans können sie nicht triggern. Ihr Bodyshaming übernehmen die zwei Rentner schon selbst. Siehe das gemeinsame Strandfoto. Wenn das nicht creepy ist, was dann?!

Der Schnappschuß, auf den Görzke anspielte, zeigte Becker und den Sultan bei einer Beachparty im Hawaiian Style mit Blumenketten in einem Reigen hüftschwingender Grazien, wobei über ihnen an einem Segelflugzeug ein Reklameband mit dem Aufdruck schwebte:

BRUNEI PROUDLY PRESENTS THE WORLD CUP '34!!!

Obwohl er nicht glaubte, daß der lange Arm des Sultans bis in den Ruhrpott reichte, trank Görzke sich mit einem Kornmädel nach der ehrwürdigen Rezeptur der Wattenscheider Brennerei Schulte-

Kemna frischen Mut an, überlegte kurz und haute wieder in die Tasten:
Sieht er nicht süß aus, unser Pleitegeier Boris? Er macht halt gute Miene zum blöden Spiel. Egal zu welchem. Früher zum Grand Slam und heute zum Aufgalopp der weiblichen Plüschrassel-Pferdchen aus dem Playgro-Store des Bademeisters Hassanal. Zu Beckers Ehre muß man allerdings einräumen, daß er schon beinahe wieder menschlich wirkt, wenn direkt neben ihm der bruneiische Spacko-in-Chief die Zahnprothesen bleckt ...

Kann man so stehenlassen, dachte Görzke und legte eine Pause ein, um sich im Royal Kebap Haus an der Hasenwinkeler Straße eine Zwiebelwurst zu besorgen. Er tat das oft und hatte immer gute Erfahrungen damit gemacht.

Auf dem Rückweg schloß er vor dem ersten Bissen die Augen, weil er ein Genießer war. Daher merkte er nicht, daß sich eine Wespe auf den Wurstzipfel gesetzt hatte, den er sich in die Kauleiste schob. Es kam, wie es kommen mußte: Die Wespe stach zu, die Wurst fiel auf den Bürgersteig, ein Schrei hallte durch Oberdahlhausen, und Görzke schnellte aufwärts.

Das war sein Glück, denn allein aus diesem Grund verfehlte ihn die Kugel, die ihn töten sollte.

Den Sultan hatte nämlich schon Görzkes erste kritische Glosse verstimmt. Um neuen Sticheleien vorzubeugen, hatte er einen seiner treffsichersten Sniper ausgesandt, Budiharto Nagata, dem man nachsagte, daß er imstande sei, dem Erzengel Gabriel von der Erde aus seine Posaune aus der Hand zu schießen. Selbst bei Windstärke zwölf.

In Bochum aber hatte Nagata versagt. Das war ihm zuvor noch nie passiert. Er wußte, wie der Sultan mit Elitesoldaten verfuhr, deren Trefferquote sank, und begann zu schwitzen.

Auch der zweite und der dritte Schuß gingen daneben.

Der Busch im Vorgarten des ambulanten Seniorenbetreuungsdienstes Ketteler an der Hasenwinkeler Straße bot dem Heckenschützen an und für sich genug Deckung, aber Görzke schien das Mündungsfeuer gesehen zu haben und zeigte eine ungewöhnliche

Reaktion: Er rannte darauf zu. Von den 247 Leuten, auf die Nagata zuvor in seinem Berufsleben geschossen hatte, war noch niemand auf solch eine schrullige Idee verfallen.

Görzke wiederum war einfach stocksauer. Erst ein Wespenstich in die Mundschleimhaut und dann noch scharfe Schüsse? Nicht mit mir, du Hacho, dachte er und schickte den ebenso wild wie vergeblich um sich schießenden Frechling mit einer kernigen Streicheleinheit in Stirnhöhe und einer Sackramme vom Platz.

»In effectu«, brüllte der Erste Polizeihauptkommissar Dietlof Münzenich den müden Gerold Gerold an, »sind Sie Ihrer Dienststelle unentschuldigt ferngeblieben, und in praxi erst recht! Der Hankensbütteler Rübenroder ist zwar wieder aufgetaucht, aber vorgestern sind in Westerweyhe zwei Zapfwellenpumpen geklaut worden, und in Klein Süstedt hat's am letzten Wochenende ein Ehedrama gegeben. Und als wäre das noch nicht genug, scheint jetzt ein Lecksteindieb durch die Lande zu ziehen. Aber solche Petitessen sind einem Überflieger wie Ihnen ja egal. Mutatis mutandis haben wir uns hier bereits daran gewöhnt, daß der große Meisterdetektiv Gerold keine Zeit für seine niederen Pflichten hat, weil er ohne Punkt und Komma in der Weltgeschichte rumreist und Phantomen hinterherjagt!«

Hatte der Chef sein Pulver damit schon verschossen? fragte sich Gerold. Oder waren weitere Verunglimpfungen in statu nascendi?

Oja, es kam noch mehr. Münzenich zog schärfstens Luft durch die Nase ein und äußerte, er hoffe, daß das gute Mittelmeerklima der Gesundheit des Herrn Gerold zuträglich gewesen sei. »Mens sana in corpore sano, wie der Lateiner sagt! Wir haben uns hier alle Sorgen um Ihr Wohlbefinden gemacht, während wir unseren kleinstädtischen Aufgaben oblegen haben ...«

»Ich bin mir nicht sicher, aber ich glaube, daß es ›obgelegen haben‹ heißen muß«, sagte Gerold. »Weil der Indikativ Perfekt von ›obliegen‹ nicht ›oblegen‹, sondern ›obgelegen‹ lautet. Vielleicht täusche ich mich da allerdings auch.«

Münzenich fixierte ihn mit dem Blick eines Großinquisitors, dem eine Gewitterhexe ins Gesicht gelacht hatte. »Sie scheinen den Ernst der Lage noch nicht vollumfänglich erfaßt zu haben«, stieß er hervor. »Wenn Sie so weitermachen, dann heißt es für Sie schon in kürzester Frist: Roma locuta – causa finita!«

Er lateinert mal wieder, daß die Heide weint, dachte Gerold und schaute zum Fenster hinaus, um einen Moment lang etwas Hübscheres vor Augen zu haben als die Hackfresse des Chefs: ein paar windbewegte Äste, etwas Blättergrün und eine schwere Regenwolke.

»Sie können sich glücklich schätzen, daß wir hier hochgradig unterbesetzt sind«, sagte Münzenich. »Sonst würde ich mit dem größten Vergnügen dafür Sorge tragen, daß man Sie Ihres Ämtchens enthebt. Aber unter den obwaltenden Umständen will ich noch einmal in dubio pro reo entscheiden. In brevi: Sie arbeiten ab sofort in Doppelschichten. Wobei mir einfällt: Was ist eigentlich aus der werten Kommissarin Fischer geworden? Muß ich damit rechnen, daß auch sie bis ultimo in Taka-Tuka-Land nach irgendwelchen Kettensägenmördern sucht?«

»Sie operiert noch als verdeckte Ermittlerin.«

»Ah, sie operiert! Und gedenkt sie hier auch mal wieder zum Dienst anzutreten?«

»Ja, natürlich. Sobald sie ihren Auftrag erledigt hat.«

»Fabelhaft!« rief Münzenich und warf die Arme in die Höhe. »Einfach fabelhaft! Da trifft es sich ja gut, daß wir in diesem Kommissariat nur bis zum Hals und nicht bis über beide Ohren mit Arbeit eingedeckt sind! Richten Sie Frau Fischer doch bitte einen freundlichen Gruß von mir aus und sagen Sie ihr, daß sie nichts übers Knie brechen soll. Gut Ding will schließlich Weile haben, nicht wahr? Und bevor ich's vergesse: Für morgen nachmittag um drei hat sich dieser Herr Czagaja hier angemeldet. Der will mit Ihnen für RTL über Ihren Fahrraddiebstahl sprechen. Ich erwarte, daß Sie dem Mann geschniegelt und gebügelt gegenübertreten und sich vor den Fernsehzuschauern in aller Form für Ihre Tat entschuldigen!«

»Geht leider nicht«, sagte Gerold. »Ich muß morgen in Frankfurt eine neue Spur verfolgen. Nach Uelzen bin ich nur gekommen, weil mein Sohn sich ausgesperrt hatte und wir das Geld für den Schlüsseldienst sparen wollten.«

Das war zuviel für Münzenich. Per defitionem. »Raus hier!« schrie er und gewährte seinem aufgepeitschten Nervensystem nach Gerolds Abgang ein wenig Entspannung in einer innerpolizeilichen Chatgruppe, die sich gegründet hatte, um Videos von Hitlerreden auszutauschen und vom nächsten Tausendjährigen Reich zu fabulieren.

20

Aus heiterem Himmel flatterte Stefan Effenberg die Kündigung ins Haus. Verzuckert mit einer Abfindung in Höhe von 120 Bahrain-Dinar, was nach dem aktuellen Stand 262 Euro und 75 Eurocent entsprach. Der Scheck lag bei. Unterschrieben von Scheich Hamad bin Isa Al Chalifa, dem König von Bahrain.

Das ist kein Scheck, sondern ein Fehdehandschuh, kombinierte Effenberg und rief seinen Anwalt in Deutschland an, der sich jedoch verleugnen ließ, weil er sich an der Stimme dieses Mandanten in den zurückliegenden fünf Jahren restlos sattgehört hatte.

Aber so schnell gab Effe nicht auf. Als Coach hatte er die bahrainische Equipe auf neue Höhen geführt, einen Tick mehr Aggro ins Team gebracht, die Three-Player-Backline-Verteidigung trainieren lassen, das Vertikalspiel gefördert, das Mittelfeldpressing verstärkt, in den Flügelzonen polyvalente Stürmer aufgestellt, die besten Dribbellinien festgelegt, die modernsten Penalty-Kick-Varianten ins Land geholt und die hochgesteckten Erwartungen auch im Showmanship mehr als übererfüllt. Was machte da schon eine Serie von Niederlagen mit 0:113 Toren? Hatte nicht auch Pep Guardiola mal klein angefangen?

»Wie du willst, Scheich Hamad!« rief Effe in den Weltraum.

»Dann überzieh ich dich mit einem Prozeß von wahrhaften epic proportions!«

Dieses Vorhaben mußte der verhinderte Asienmeistermacher jedoch vertagen, denn nun kam ein Spezialkommando der Luftwaffe des Königs hereingeschneit. Es zog ihn an den Ohren aus seinem Penthouse heraus, verpackte ihn gewissenhaft, flog ihn weit fort und warf ihn aus mittlerer Höhe über einem Außenpool des Sultans von Brunei ab.

Unter alten Freunden wie Scheich Hamad und Sultan Hassanal waren solche kleinen Scherze üblich. Ersterer hatte in seinem Posteingang auch schon mal einen vom Sultan abgeschickten Meisenring vorgefunden, als Symbol dafür, daß es beim Scheich im Oberstübchen piepe. Was sich liebt, das neckt sich, sagt man, und nach dieser Richtschnur war er auch im tiefen Fall von Stefan Effenberg verfahren.

Als die dämmernde Frühe mit Rosenfingern erwachte, drehte Michael Ringel sich auf die andere Seite und mummelte sich enger in seine Kamelhaarbettdecke ein. Er brannte darauf, Thomas Gsella zu suchen, und war grausamerweise zur Untätigkeit verurteilt, solange der Mittelsmann Ghulam Ghanuni keinen Laut von sich gab.

Die Miete für das Hotelzimmer, in dem er schlief, hatte Ringel mit einem Autogramm der Schlagersängerin Vicky Leandros bezahlt, und die nette Empfangsdame Abdulfettah hatte er darum gebeten, jemanden zu finden, der ein paar abgebissene Hemdknöpfe annähen könne.

Dies hatte zur Folge, daß Abdulfettah und die junge Schneiderin Gloriana sich morgens in Ringels Zimmer schlichen, um ihn mit der Übergabe des ausgebesserten Hemdes aus der Reserve zu locken. Abdulfettah war von ihren Kusinen Shabnam und Rosila darüber ins Bild gesetzt worden, was sie versäume, wenn sie sich diesen Traveller durch die Lappen gehen lasse, und Gloriana hatte sowieso schon seit fünf Jahren Lust auf einen anderen Mann als den Scharfrichter Kashif Khalilli, mit dem sie als Teenager zwangsverheiratet worden war.

Außer dem Hemd brachten Abdulfettah und Gloriana dem schnarchenden Ringel vier fluffige Fladenbrote, ein Schälchen Kaktusfeigenmarmelade, süßen Büffelmilchrahm, sechs Spiegeleier und eine große Kanne Sonnenblumenblütentee ans Bett. So als wollten sie dem Schönling aus Europa mitteilen: Freue dich, fremder Mann! Sei uns willkommen; und hast du dich mit Speise gestärkt, dann sage uns, was du begehrst!

Ringels Lebensgeister regten sich. Im stillen dankte er der Vorsehung für seine Autogrammsammlung, und während er spachtelte, ruhte sein Auge voller Wohlgefallen auf den beiden Beautys.

Um das Optimale aus dem Gast herauszuholen, hatten sie die Marmelade mit durchblutungsfördernden Hausmittelchen aufpoliert. Und jetzt machten sie sich weitestgehend frei, lösten auch ihre Strumpfbänder und nahmen virtuose Stellungen ein, die nicht reizvoller hätten wirken können.

Angesichts dieser Darbietung räumte Ringel das Frühstückstablett zur Seite. Dann ließ er der Natur ihren Lauf und krönte sein Werk nach annähernd neunzig Minuten mit einem Doppeltriller, der sowohl Abdulfettah als auch Gloriana ins Elysium entrückte. Unter Jauchzern hielten sie dort Einzug. Es war der vollständigste Sieg, den jemals ein Gladiator der Liebe davongetragen hatte.

Als Ringel wieder solo war, erhielt er einen Anruf von Ralf Sotscheck, der berichtete, daß am Vortag auch ein Funktionär der Football Association of Ireland ermordet worden sei: »Den haben sie gestern aus der Dublin Bay gefischt ...«

»Kann das nicht auch 'n Unfall gewesen sein?« fragte Ringel. »Oder ein Selbstmord?«

»Dann hätte der Mann sich vorher auch selbst die Hände auf den Rücken fesseln müssen.«

»Hat er's denn verdient?«

»Eben nicht! Das war einer von denen, die gegen Sepp Blatter ausgesagt haben! Und gegen Infantino! Und in seinem letzten Interview hat er sich über diesen ulkigen Sultan lustig gemacht, der die WM '34 kaufen will ... Sag mal, warum keuchst du eigentlich so?«

»Ich?«

»Ja, du! Wer sonst? Hast du gerade Hürdensprints geübt?«

»Weit gefehlt. Ich liege vollkommen friedlich im Bett.«

»Und was gibt's Neues zum Thema Gsella?«

»Da sind eminente Fortschritte zu verzeichnen. Gsellas Spur hat mich nach Kabul geführt, und bei meinen Recherchen bin ich zu einem hohen Verbindungsmann auf Regierungsebene durchgedrungen, der mir seine Hilfe zugesichert hat ...«

»Und wie isses da so, in Kabul?«

»Oh, ganz anders, als man es sich vorstellt«, sagte Ringel mit Nachdruck und schnupperte an einem lila Spitzenpanty, den seine Gespielinnen zurückgelassen hatten. »Kabul ist eine pulsierende Residenzstadt, voller Leben und verborgener Schönheiten, von denen man aus dem Fernsehen nichts erfährt! Die Menschen sind hier von einer Offenherzigkeit und Freundlichkeit, die jedes westeuropäische Maß weit übersteigt. Kabul hat eine große Zukunft!«

»Sagt mir, wer kennt heute das Grab Alexanders des Großen?« hatte im frühen fünften Jahrhundert nach Christus Johannes Chrysostomos gefragt, der Erzbischof von Konstantinopel. Doch auch anderthalb Jahrtausende später kannte niemand die Antwort. Auf einem Friedhof in Alexandria hatte man das Grab gesucht, in der Libyschen Wüste, auf dem Mittelmeeresboden, in Venedig, in Usbekistan und sogar in Australien und Japan, aber weder Archäologen noch Hobbyforscher waren fündig geworden. Die Wahrheit kam erst an den Tag, als ein SWAT-Team der afghanischen Nationalpolizei Thomas Gsella festnahm.

Bewohner des Distrikts Chahar Asyab im Süden von Kabul hatten sich bei der Obrigkeit darüber beklagt, daß ein Tippelbruder in ein Abrißgrundstück eingedrungen sei und dort auf einer Mumie schlafe. Dieser Vorwurf entsprach den Tatsachen: Gsella hatte seine Nachtruhe in einer Erdkuhle auf einem einbalsamierten Leichnam gefunden. Die Ermittlungen ergaben, daß es sich hier um das seit

Jahrhunderten gesuchte Alexandergrab handelte. In einem Eilverfahren wurde Gsella wegen Grabschändung zu lebenslänglicher Knechtschaft in einem Eisenerzbergwerk in der Provinz Bamyan verknackt und mit einem Gefangenentransporter auf dem schnellsten Wege an seine neue Arbeitsstelle versetzt.

Davon nahm er jedoch nicht viel wahr. Vor dem Schlafengehen hatte er seinen Hunger mit einem bitteren, in einer Laubenpieperkolonie gepflückten Nachtschattengewächs aus der Gattung der Bilsenkräuter zu stillen versucht und sich dadurch eine schwere Bewußtseinstrübung eingehandelt. Bei seiner Verhaftung glaubte er Ptolemäer vor sich zu sehen, Langobarden, Sadduzäer, Skythen und Burgunden neben moselfränkischen Fanfarenzügen und irakischen Schweinehirten, und als er endlich begriff, was die Stunde geschlagen hatte, hielt er eine Kreuzhacke in der Hand und mußte Eisenerz pickeln.

Von der ersten Minute an war ihm diese Arbeit zuwider. Auf dem Rücken liegend Erz aus einer Mine meißeln? Wobei einem Korpuskel aus dem Erdreich in die Augen rieselten? Trotz Brille?

Auch die Einpeitscher mit ihren Zuchtruten aus Ziegenleder mochte Gsella nicht leiden. Es waren Leute, die sicherlich niemals zu hören bekamen, wie schön es doch sei, daß sie heute ihren sozialen Tag hätten. Sie benahmen sich wie Helikoptereltern. Gewiß, es war ihnen nicht abzusprechen, daß sie die Arbeitsmoral der Kumpel hoben, aber wäre das nicht auch anders gegangen? Mit vertrauensbildenden Maßnahmen zum Beispiel?

Ein weiteres Manko bestand in der Sturheit der Stollenkollegen. Obwohl man gemeinsam schuftete, ging von den Gruppenaktivitäten kein richtiges Wir-Gefühl aus. Wie schon auf dem Frachter im Persischen Golf bedeutete dieser Mangel an Zusammenhalt eine schwere Nervenbelastung für den Sozialdemokraten Gsella, zu dessen Idolen nicht nur Karl Liebknecht und Rosa Luxemburg zählten, sondern auch die unvergessenen Gewerkschaftsführer Heinz Kluncker, Eugen Loderer und Heinz Oskar Vetter.

Und dann das Essen! Matschige und unzureichend aufgewärmte

Tiefkühlgrütze! Über die ersten drei Löffelvoll hatte Gsella sich ja noch gefreut, doch bereits beim vierten war der Feinschmecker in ihm auf den Plan getreten, um in klaren Worten kundzutun, was er von Convenience Food hielt.

Für den Rest der Mittagspause verzog sich Gsella in eine steinige Nische, wo er seinen Gedanken nachhängen konnte, ohne gesehen zu werden.

Ein kleiner Feuersalamander tapste dort herum.

»Du bist mein einziger Freund«, sagte Gsella und streckte die Hand nach ihm aus, aber die Kontaktaufnahme mißglückte, denn in derselben Sekunde kam wie aus dem Nichts eine Grubenotter angeschossen, kaschte sich den Salamander und entschwand mit ihrer Beute, um sie irgendwo in Ruhe auffressen zu können.

Dem Bergmann Gsella brach es fast das Herz. Jetzt habe ich niemanden mehr, dachte er, doch da täuschte er sich: In der Nische hatten dreißig Flöhe der Spezies Nosopsyllus afghanus einen Weg zu ihm gefunden, und in alter Treue frischte auch sein Zahnweh wieder auf.

Ein Durchsuchungsbeschluß, der ihm den Zugriff auf die Zentralverwaltung des Deutschen Fußball-Bundes gestattete: Ja, wäre nett, dachte Kommissar Gerold, aber er war kein Traumtänzer. Der Frankfurter Staatsanwaltschaft hätte er natürlich erzählen können, daß er die flüchtige Begegnung mit dem Zeugen Onur Lütfi Kasapoğlu in Istanbul einem Schmierakel auf der Innenseite einer Spindtür in Casablanca zu verdanken habe ... und daß er von Kasapoğlu auf ein verdächtiges Dokument im Geheimarchiv des DFB hingewiesen worden sei ... aber ebensogut hätte er versuchen können, sich beim Trainer der U23-Junioren um den Mittelstürmerposten zu bewerben.

Gerold ging anders vor. Er rief beim DFB an, gab sich als Stipendiat der Heidelberger Stiftung für Frauen- und Geschlechterforschung aus und behauptete, daß er an einer Doktorarbeit über die Mutter des ersten deutschen Reichstrainers Otto Nerz arbeite und gern ein paar alte Akten einsehen wolle. Damit gewann er das Herz einer Öffentlichkeitsmitarbeiterin, die ihn ans DFB-Geheimarchiv weiterverband.

Vor Begeisterung über Gerolds Anfrage ging der dort amtierende Fachidiot Balthasar Hannappel fast an die Decke, denn er war sonst immer mutterseelenallein mit seinen Schätzen und lechzte danach, sie endlich einmal jemandem vorzuführen.

Das Geheimarchiv war im zweiten Tiefgeschoß der DFB-Zentrale untergebracht. Als Gerold dort eintraf, begrüßte Hannappel ihn mit einem wohlgefüllten Bembel. Die Gläser nannte er »Schoppe«, und während er einschenkte, gab er sich als Bildungsbürger zu erkennen. »Trink 'n aus, de Trank der Labe, unn vergeß de große Schmerz!« sagte er. »Kenne Se des? Is vom Friedrisch Schiller. Unn en hessischer Dischter hot mol gereimt: Der Ebbelwoi löscht unsern Dorscht – was annern trinke, is uns worscht! Des kann isch bloß unnerschreiwe. Unn Se hoffentlisch aach, mein Herr. Greife Se zu! De losse mer uns jetz schmegge. Ei Guude!«

Zur Feier des Tages hatte Hannappel sich seine eleganteste Fischgrätschleife umgewürgt. Er war fest entschlossen, die bevorstehende Archivführung von der ersten bis zur letzten Sekunde auszukosten. Da er scharf aufs Rentenalter zuging, konnte dies die einzige noch verbleibende Chance sein, den Sesam für einen Besucher zu öffnen. Geistig war Hannappel leider schon seit einer ganzen Weile nicht mehr auf der Höhe, aber körperlich stand er noch gut im Saft, was sich auch darin zeigte, daß er vom Doppelkinn aufwärts eine frappante Ähnlichkeit mit dem fülligen christdemokratischen Politiker Peter Altmaier aufwies.

Durch den Stahltürrahmen neben Hannappels Schreibtisch konnte Gerold zwei hohe, überbordend beladene Regalreihen und einen Schaukasten mit historischen Fußballwimpeln sehen. Eigentlich wollte er ja nur das Dokument Nummer 38/b 644 Zaq 013 abfischen, aber nun wuchs seine Neugier, und weshalb sollte er dem alten Mann nicht den Gefallen tun, seine Souvenirs zu bestaunen?

Nach dem Umtrunk schritt Hannappel hurtig voran. Sein eisgraues Haarkleid bebte, als er anhub: »Do vorn stäje bloß die Ordner mid de iwwerhöhde Speseabrechnunge der leddsde väzzisch Joah. Inneressant wird's erschd im zweide Goang. Doa kenne Se die Tonbänder mid de Geheimabsprache bewunnern, die unser Herr Präsident Hermann Gösmann in de frieje Siebzischern mim DFB-Kontrollausschuß getroffe hot, um de Bundesligaskandal zu bemäntele. Se wisse schunn, die Beschdeschungsgelder, mid dene seinerzeit die Spielergebnisse manipuliert worn sinn ...«

»Und was ist das hier Schönes?« fragte Gerold.

»Ouh, des is die private Fotoalbesammlung vonn unserm Herrn Präsidente Hermann Neubäjä, der uff de Herrn Gösmann gefolscht is. Die hot er testamentarisch dem DFB vermacht, damit se nedd in falsch Händ gerät.«

»Darf ich mal reinkucken?«

»Awwer sischer doch! Fühle Se sisch wie dehaam!«

Gerold zog eines der Alben heraus und stieß darin sofort auf reiches Anschauungsmaterial. Der nachmalige DFB-Chef Hermann Neuberger als pausbäckiger Pimpf ... Neuberger in einer Hauptmannsuniform der Wehrmacht ... Neuberger als ein schon merklich besser gepolsterter Jungredakteur der Zeitschrift *Sport-Echo* in Saarbrücken ...

Aus einem anderen Album lachten Gerold viele farbenfrohe Wirtschaftswundergesichter entgegen, mit denen Neuberger sich umgeben hatte, sei's beim Wiener Opernball, bei den Bayreuther Festspielen, beim Starkbieranstich auf dem Nockherberg oder andernorts: der stramm herausgefütterte Emporkömmling Franz-Josef Strauß von der CSU, der Kriegsverbrecher Friedrich Flick, der dralle Hendl-König Friedrich Jahn, der Bankier Hermann Josef Abs, der sich mit Arisierungen eine goldene Nase verdient hatte, die aufstrebenden Großverleger Franz Burda und Axel Springer sowie ungezählte andere feine Herren. Es war nicht zu übersehen, daß Neuberger in den höchsten Kreisen verkehrt hatte.

Zwischen all den Kommerzialräten, Modezaren, Erzbischöfen, Magnifizenzen, Generaldirektoren und sonstigen Spitzenkräften erkannte Gerold auch Hans-Ulrich Rudel, einen von Adolf Hitler hochgeschätzten Kampfpiloten, der nach seinem zweitausendsten Einsatz mit der Frontflugspange in Gold mit Brillanten geehrt worden war. Den alten Nazi Rudel hatte Neuberger 1978 in Argentinien ins WM-Trainingslager der deutschen Mannschaft eingeladen und die Kritik daran mit den Worten zurückgewiesen, daß sie einer Beleidigung aller deutschen Soldaten gleichkomme.

»Komme Se mid«, sagte Hannappel. »Do gibt's noch veel mäj zu säje!«

In einem Nebengelaß hing ein Ölporträt von Felix Linnemann, der den DFB durch die großen Jahre des Dritten Reiches geführt und sich nebenher um die Deportation von Sinti und Roma verdient gemacht hatte. In dem Gemälde posierte er in der Uniform eines Standartenführers der SS. Die anderen drei Wände waren mit Hakenkreuzfahnen und einer auf Büttenpapier der Sorte Alt-Nürnberg gedruckten Urkunde dekoriert.

Hannappel winkte Gerold herbei. »Säje Se ruisch mol genauer hie. Dess Diplom doa hot de Führer persönlisch unnerschriwwe! Dorin bescheinischt er Herrn Peco Bauwens, der de DFB dann später prakdisch dorsch die ganz Adenauerzeit geleided hot, dass er vonn aner reinrassisch arische Abstammung is. Also, doa streift ein doch faschd der Mantel der Zeitgschischt, odder nedd?«

Das sei alles ungemein sehenswürdig, stellte Gerold fest, und dann hätte er gern die Frage nach dem Dokument angeschnitten, das er brauchte, doch bevor er dazu kam, klingelte das Festnetztelefon im Archivbüro.

»Bidde korz um Entschuldischung«, sagte Hannappel und enteilte. »Gugge Se sisch getrost weider um! Isch bin glei zurick ...«

Gerolds Blick blieb an einer Vitrine hängen, in der kleinere Erinnerungsstücke aufgebahrt waren: eine »Germanische Leistungsrune in Bronze«, ein »SS-Ehrenring«, eine »Sudetenland-Medaille« und ein knopfförmiges »NSDAP-Sympathieabzeichen«. Man konnte dem DFB vieles vorwerfen, aber gewiß kein gebrochenes Traditionsbewußtsein.

»Jawoll, Herr Präsident!« hörte Gerold den Archivleiter rufen. »Zu Befehl! Wärd gemacht! Kaa Problem!«

Einen Augenblick später kam Hannappel wieder angetrabt. »Isch bin untröstlisch«, sagte er mit einer wahren Leichenbittermiene, »awwer mär hot misch groad wisse losse, daß dieser Besischtigungstermin uff de Stell abgebroche werrn muß. Glaawe Se merr, mein liewer Herr, 's duud mer unendlisch laad! Sie ahne joh nedd, wie viele Preziose isch Ehne noch hädd zeische kenne! Doa täte Ehne die Ohrn schlackern. Druff gebe isch Ehne Brief unn Sieschel! Awwer jetz muß isch Sie leider nausbegleide ...«

»Könnten Sie mir nicht vorher noch eben ein letztes Dokument zeigen? Es hat die Archivnummer achtunddreißig Schrägstrich b, sechs sechs vier, groß Zett, klein a, klein q, null eins drei.«

»Lossese misch mol nochdenge ... Isch glaab, des müßt bei de jüngere Arschivsache stäje, hinne in dem Trakt, der erschd vor wenige Woche nai ohgericht worn is. Wann mer uns beeile, schaffe mer des vielleischt noch. Dafeer muß isch allerdings erschd moi Daschelamp hole, weil in dem Bereisch doa des Deckelischt nedd funkzioniert ...«

Diese Verzögerung war eine zuviel. Während Hannappel noch in einem Rollcontainer nach der Taschenlampe kramte und wertvolle Zeit verstrich, kam Florian Fußbroich ins Archiv geplatzt, ein rundlicher Vertreter der DFB GmbH. Er schrie Zeter und Mordio, als er Gerold erblickte: »Wat han Se hee zo söke? Dat es Hausfriedensbruch! Hee ston Akte met sensible Inhalte! Do kann nit Hans un Franz anspazeere kumme un erömschnüffele!« Der arme Mann, der aus Köln zu stammen schien, war puterrot im Gesicht.

»Er hot sisch doch bloß mol äwe korz umsäje wolle«, warf Hannappel mit schwacher Stimme ein. »Unn im übrische schreibt er anem Buch iwwer die Fraa Mudder vom verstorbene Herrn Präsident Nerz. Des kann doch wohl nedd so schlimm soi ...«

»Esu? Dann wäde isch Ihne sage, wat schlimm es! Här Präsident Glattschnigg hät vör drei Minutte knallfall erfahre, dat Se hee en eijener Regie en Dach dä offene Döör zelebreere! Un vör zwei Minutte hät hä mir zo kontrolleere befelle, ov Se dä Endringling erusjeschmisse han. Ävver Se ston hee jetz noch immer met im eröm! Sin Se dann vum Wahnsinn umjubelt oder wat?«

»Noa«, sagte Hannappel. »Wie gesacht ... Isch habb dem Herrn bloß e bissi bei seiner Studie iwwer die Fraa Mudder vum Herrn Präsident Nerz behilflisch soi wolle. Nix weider.«

»Un woröm bezeichne mir uns Jeheimarchiv dann als Jeheimarchiv? Falls Se et noch nit jewußt han sollten: Dä springende Punkt bei Jeheimarchive es dä, dat se jeheim sin!«

»Die Kleinodien, die Sie hier aufbewahren, wären aber auch für eine breitere Öffentlichkeit von Interesse«, sagte Gerold, um Hannappel eine kleine Freude zu machen.

»Se han he üvverhaup nix zo melde!« fuhr Fußbroich ihn an. »Schere Se sisch zem Deuvel! Un wann Se sisch hee noch eimol blecke looße, rof isch de Polizei! Dat es ming voller Äänz! Na loss! Op wat waade Se noch? Ausführung!«

Infolge dieser Entwicklung der Dinge sah Kommissar Gerold sich dann doch dazu genötigt, beim Leitenden Oberstaatsanwalt in Frankfurt vorzusprechen und ihm zu erläutern, aus welchen Gründen es unumgänglich sei, das Geheimarchiv des DFB zu durchsuchen.

Der Oberstaatsanwalt, ein gesetzter Herr von Ende fünfzig, stellte die Rückfrage, wer dieser Onur Lütfi Kasapoğlu denn sei.

»Weiß ich auch nicht«, sagte Gerold. »Aber ich hab das Gefühl, daß wir ihm vertrauen können, und dem Tip, den er mir gegeben hat, sollten wir unbedingt nachgehen.«

»Und auf Herrn Kasapoğlu sind Sie gekommen, weil sein Name an dieser Kleiderschranktür in Casablanca gestanden hat?«

»Ja. Wie ich Ihnen bereits gesagt habe.«

»Und auf diese Tür sind Sie gekommen, weil sich der Schlüssel dazu in der Hinterlassenschaft des Herrn ... wie hieß er noch?«

»Boberaitis.«

»... des Herrn Boberaitis befunden hat, der in Greetsiel bei einem Fahrradunfall explodiert ist. Habe ich die Fakten insoweit korrekt zusammengefaßt?«

So wird das nie was, dachte Gerold. Doch was sollte er tun? Er wußte selbst, wie unglaubwürdig das alles klang.

»Es wird Sie kaum verwundern, daß Ihre Ausführungen mich nicht völlig überzeugen«, sagte der Oberstaatsanwalt und zeigte ein diabolisches Lächeln. »Aber heute ist Ihr Glückstag, Herr Kommissar. Es sind neue Diskrepanzen in den Steuerunterlagen des in Rede stehenden Verbandes ans Licht gekommen. In einer halben Stunde werden fünfhundert Einsatzbeamte eine Razzia auf die DFB-Zentrale veranstalten, und Sie dürfen sich da gern anschließen.«

Borromäus Görzke hatte gut lachen: Durch seinen siegreichen Fight in Bochum-Oberdahlhausen war er so berühmt geworden, daß sich alle um ihn rissen, und von einem Tag auf den anderen war er nicht mehr irgendein Schnullifutz, der für *Bravo Sport* schrieb, sondern der European Sports Chief Correspondent der *New York Post*. Er mochte es selbst kaum glauben.

Auf den schickeren Immobilienseiten hatte er sich bereits nach einer Bleibe in der Hauptstadt umgesehen. Eine hochwertig ausgebaute Dachgeschoßwohnung mit Whirlpool im Bergmannkiez, ein Loft in Charlottenburg oder ein stilecht kernsanierter Stuckaltbauschuppen in Prenzlauer Berg sollte es sein. An den Beschreibungen konnte Görzke sich kaum sattlesen:

In dieser Prestige-Einheit garantiert die nicht einsehbare Terrasse absolute Privatheit beim Entspannen. Um sie gruppieren sich der markante Wohn-/Essbereich mit gut 90 Quadratmetern, die riesige Küche und das Arbeitszimmer. Die Eingangshalle und das Vestibül sind Vorboten dieser exklusiven Rauminszenierung mit 3 Meter hohen Decken. Auch aus dem Masterbedroom kann man auf das Wasser des Sees schauen – und durch das Oberlicht der Ankleide in den Himmel über Berlin. Zwei weitere Schlaf-, Arbeits- oder Gästezimmer, ein Duschbad sowie praktische Nutzbereiche vollenden dieses Penthouse. Der Aufzug erschließt diese edle Endetage direkt.

Yes! dachte Görzke. So will ich wohnen! Er wußte zwar nicht, was ein Vestibül war, aber er ahnte, daß seine Rauminszenierung in Oberdahlhausen so etwas vermissen ließ. Beim Blick auf die zweieinhalb verkeimten Zimmer, die er bewohnte, hatte jedenfalls noch keiner seiner Freunde von einer »Prestige-Einheit« gesprochen, und was den »Masterbedroom« anging, spürte er ebenfalls Nachholbedarf. Der einzige Faktor, für den er keinen Aufpreis bezahlen wollte, war »absolute Privatheit beim Entspannen«, denn die hatte er auch in seinem kontemporären Kabäusken, wenn die Rollos unten waren.

Zuvörderst mußte er sich jetzt aber auf das Interview vorbereiten, das er mit Boris Becker und Stefan Effenberg zu führen plante. Auch Effe war zum WM-Botschafter ernannt worden, nachdem Sultan Hassanal ihn aus dem Pool geangelt hatte, und am Abend sollte er gemeinsam mit Becker im Deutschen Fußballmuseum zu Dortmund die große Gala-Show »WM '34 – Wir fahren nach Brunei« moderieren. Der Sultan versprach sich davon den Turning Point seiner Werbekampagne. Görzke dagegen wollte die Pläne des Sultans durchkreuzen und dachte sich Fangfragen aus, mit denen er die zwei WM-Botschafter in die Bredullje bringen konnte. Wartet nur, ihr Schnubbelmäusken, dachte er. Euer Freund Borri wird euch dermaßen verkackemadullen, datt ihr danach nich mehr wißt, wo der Frosch die Locken hat!

Die Gala-Show in der Multifunktionsarena des Fußballmuseums stand unter einem schlechten Stern. Bei der Auswahl der Gäste waren Becker und Effenberg nach der altbekannten AIDA-Formel verfahren: Attention, Interest, Desire, Action. Für die »Attention« hielt der Musikant Hansi Hinterseer den Kopf hin, in puncto »Interest« liefen sich die Sportskanonen Lothar Matthäus und Mario Basler warm, den Programmteil »Desire« sollte das deutsche Busenwunder Martina Big ausfüllen, während der kleinkriminelle Bambi-Integrationspreisträger Bushido für die »Action« zu sorgen hatte. Diese Topics hörten sich natürlich äußerst vielversprechend an, doch es setzte eine Pannenserie ein: An der Theke haperte es mit dem Faßbierausschank, weil die Zapfanlage streikte, beim Intro platzte ein Scheinwerfer, Hinterseer hatte sein Playbackzubehör vergessen, und Matthäus rauschte türenknallend und schmutzige Lieder absingend davon, weil er mit seinen ochsenblutfarbenen Floritoks aus der Werkstatt des Schuhdesigners Christian Louboutin nicht neben dem Badelatschen tragenden Basler vors Publikum treten wollte.

»Big, bigger, Martina Big!« rief Effenberg aus, um den Abend zu retten, und Becker sah geschwind noch einmal auf sein Memo mit den Fragen an die Queen der Brustimplantationen:

Welche Körbchengröße hast du?
Warst du schon mal am Jadebusen?
Ziehst du heute abend blank?
Sehen wir uns beim Endspiel '34 in Brunei?

Um die Stimmung anzuheizen, hatte Becker sich eine originelle Kopfbedeckung aus bunten Klopapierhülsen aufgesetzt, die aus unbestimmten Gründen Lockenwickler symbolisieren sollten, doch es half alles nichts – als Martina Big auf die Bühne walzte, fiel der Strom aus, und dann stürzte sich der angefressene Bushido auf einen buhenden Zuschauer und löste damit einen Polizeieinsatz aus.

Nach diesem Debakel glaubte Görzke leichtes Spiel mit den Moderatoren zu haben. »Tach auch«, sagte er und nahm backstage bei ihnen Platz. »Heut ginget ja wohl umme Wuast, aber mir scheint, datt ihr den Traum vonne WM '34 und den ganze Schisselameng gezz inne Tonne kloppen könnt. Seh ich dat richtich?«

Effenberg lag wie paralysiert auf dem Linoleum unterm Tisch, und Becker hielt sich schweigend an einer Flasche Fanta fest. Es gab keine Worte für den Schicksalsschlag, der die beiden Botschafter niedergestreckt hatte. Ihre Blamage war episch. Sie wußten, daß sie nie wieder irgendwo einen Fuß in die Tür kriegen konnten, und es war ihnen auch klar, daß einer der vielen Millionen Zuschauer dieses Online-Live-Events der Sultan von Brunei gewesen war.

»Ihr könnt eim aber auch 'n Kotlett anne Backe labern«, sagte Görzke. »Dabei will ich doch nur, datt ihr mir zwei Fragen beantwortet. Eahstens: Wie findet ihr et, datt man Homosexuelle in Brunei mit der Todesstrafe bedroht? Un zweitens: Stimmt et, datt der Sultan selbst vom annern Ufer is?«

Becker und Effenberg gaben keinen Ton von sich. Für sie war dieser Abend gelaufen, und nichts vermochte sie darüber hinwegzutäuschen, daß ihnen für Comeback-Versuche bloß noch das Dschungelcamp blieb.

Da krisse ja ein anne Fanne, dachte Görzke und fuhr heim.

Weil seine Interviewpartner nichts gesagt hatten, suchte er sein Heil in freien Erfindungen:

Für das Sultänchen von Brunei sollte es der Durchbruch bei seiner Bewerbung um die WM '34 werden – doch es wurde ein Desaster. Der Tennis-Altstar Boris Becker und der in die Jahre gekommene Lederkneter Stefan Effenberg haben in dem deutschen Provinzstädtchen Dortmund bei ihrer »Gala« für den Sultan ultimativ an der Strippe gezogen und sich selbst ins Nirwana gespült.

»Ich hab Boris und Effe immer angehimmelt«, schimpft eine Hausfrau aus Dortmund-Hombruch, die vierhundert Euro für ihre Eintrittskarte bezahlt hat. »Aber danach, was ich hier gesehen hab, muss ich sagen: Nää!«

Man kann es verstehen, denn die Gala war eine einzige Peinlichkeit. Und nach der Show haben Becker und Effenberg über den Möchtegern-WM-Ausrichter in Brunei abgelästert. »Was der Sultan da vorhat, ist völliger Mumpitz«, hat Becker gehüstelt, und von Effenberg haben Pressevertreter den Ausspruch vernommen, daß der Sultan ein »Schietbüdel« sei. Dieser Begriff aus der plattdeutschen Mundart bezeichnet jemanden mit vollen Hosen.

Die WM-Plänchen des Sultans darf man nun wohl als gescheitert betrachten. Bleibt zu hoffen, dass ihm deshalb keine grauen Haare wachsen! Er hat es schon schwer genug, weil ihn niemand leiden kann. Man muß ihm allerdings zugestehen, dass er diese Woche auch einmal etwas Gutes ausgebrütet hat: Wie Amnesty International berichtet, will er in seinem mittelalterlich regierten Land jetzt immerhin die Homo-Ehe einführen.

Nachdem Görzke diesen kleinen Essay durch eine Übersetzungsmaschine gejagt und ihn der Sportredaktion der *New York Post* gemailt hatte, ging er zum gemütlichen Teil des Abends über. Er kärcherte seinen Hals mit einem Radler, paffte eine Romeo y Julieta und fragte sich, was der Sultan wohl für Knopplöcher machen würde, wenn er das las.

Henning Riesenbusch hatte sich bei einem Gläschen Chianti Classico an der Bar der Speisegaststätte Bocca di Bacco auf einen Hocker bequemt und seinen Laptop ausgepackt. Eine Serie harter Werktage lag hinter dem Polizeipräsidenten, und jetzt kam er endlich dazu, sich in der ZDF-Mediathek die jüngste Folge von *Aktenzeichen XY … ungelöst* anzusehen, über die so viel geredet wurde. Darin ging es hauptsächlich um das mysteriöse Verschwinden der Ballzauberer Beckenbauer und Hoeneß. Es wurde nachgestellt, wie sie sich an ihren Bettlaken aus einem Fenster einer Reha-Klinik in der Schweiz abgeseilt hatten. Als Stuntmen waren für diese Szene Otto Waalkes als Beckenbauer und Uwe Ochsenknecht als Hoeneß verpflichtet worden, was die Einschaltquote in stratosphärische Höhen getrieben hatte. Dann wiederholte Schwester Ophelia ihre Mahnung, daß die zwei Ausreißer »ihri Pille bruched«, und absonderlicherweise bat der Moderator Rudi Cerne anschließend die »Promi-Psychologin« Vanessa Blumhagen um ihre Stellungnahme.

Riesenbusch ließ seine bärentatzendicken Augenbrauen tanzen. Er stammte aus einem Erdzeitalter, in dem die Sendung *Aktenzeichen XY … ungelöst* noch von Eduard Zimmermann beherrscht worden war. Aus den Aufnahmestudios in Wien und Zürich hatten diesem kriminalistischen Großwesir in jenen Jahren die Gefolgsleute Teddy Podgorski, Peter Nidetzky und Werner Vetterli zugearbeitet – lauter untadelige TV-Kapazitäten, denen es nicht im Traum eingefallen wäre, irgendwelche Klatschbasen zu befragen. Was war nur aus dieser Welt geworden!

»Also, das is' schon irgendwo 'ne Ansage, da so heimlich, still und leise die Biege zu machen«, sagte die unschicklich dekolletierte Frau

Blumhagen. »Ich meine, wenn die wenigstens 'n Abschiedsbrief geschrieben hätten oder so, aber die haben sich halt offenbar gedacht: ›Nö, geht nich wegen is' nich …‹ Und das mein ich eben mit ›Ansage‹, weil, so 'ne Nummer zu fahren, das kannst du als normaler Mensch unmöglich bringen. Aber hier spielt halt die Promi-Ebene mit rein, bei der man sieht, daß Beckenbauer und Hoeneß, denk ich mal, die waren eben immer schon in so 'ner ganz speziellen Blase unterwegs von wegen ›Mein Verein, meine Pokale, meine Konten mit den entsprechenden Düddelittchen drauf‹. Also, ich glaube, daß sowas schon auch 'ne Rolle spielt, wenn einer ohne jede Vorwarnung aus seinem alten Leben aussteigt. Weil, das is' ja halt 'n zweischneidiges Schwert, wenn du so viele Flocken hast, und dann steht auf einmal die Steuerfahndung vor der Tür. Beim Uli Hoeneß haben wir das doch gesehen. Und man dachte so: ›Huups?‹ Oder auch beim Beckenbauer. Da hatte man ja auch oft das Gefühl, daß er mal kürzertreten könnte. Und insofern möcht ich mal darauf tippen, daß die beiden jetzt irgendwo durchatmen, weil sie Quality Time brauchen. So nach der Parole: ›The best teatime is quality time …‹«

Es schmerzte Riesenbusch, sich das anzuhören, und er war erfreut, als Lukas Mampe sich neben ihn setzte. Hier und da waren sie einander bereits begegnet. Riesenbusch wußte, daß der Außenminister wegen der Causa Gsella vielfach angefeindet wurde. Bei den Wirten in der Hauptstadt war er jedoch ein gerngesehener Gast, denn er hatte stets einen Kometenschweif trinkfester Gsella-Masken-Träger im Schlepptau.

Mampe bestellte sich einen Gewürztraminer, um darin Vergessen zu finden. In der *FAZ*-Rubrik »Stimmen der Anderen« hatte er am Morgen ein Zitat aus der *Wetterauer Zeitung* lesen müssen, das ihm nicht mehr aus dem Kopf gehen wollte:

Bei Rüstungsexporten in Krisenregionen drückt Mampe gern mal ein Auge zu. Umso wachsamer ist er, was die zarten Seelen seiner Ansprechpartner in jenen Staaten betrifft, in denen der verschollene Dichter Thomas Gsella sich aufhalten könnte. Viele Tage sind nun schon ins Land gegangen, seit sich die Spur dieses deutschen Staats-

bürgers im Wüstensand verloren hat. Doch das Außenministerium scheint im Tiefschlaf zu liegen. Es ist Zeit für einen Weckruf! Denn hier geht es nicht nur um einen kleinen Tintenkleckser, über dessen poetisches »Schaffen« man durchaus geteilter Meinung sein kann. Nein: Hier geht es darum, wie ernst wir unseren Auftrag als Kulturnation nehmen wollen. Und der kann nur heißen: Wir alle sind Gsella!

»Nambd, Herr Minister«, sagte Riesenbusch. »Haben Sie schon gehört, daß man das Alexandergrab entdeckt hat?«

Diese Frage tat Mampe unendlich wohl. Jeder Gesprächsstoff, der ihn von dem Gedanken an Gsella ablenkte, war ihm genehm. »Ja, hab ich«, sagte er. »Unser Botschafter in Kabul hat mir davon erzählt. Anscheinend ist das Grab bloß durch Zufall gefunden worden, weil da ein Wohnungssuchender drin geschlafen hat ...«

»Was meine alte Vermutung bestätigen würde, daß letztlich alles, was wir Menschen tun, einem guten Zweck dient«, erwiderte Riesenbusch. »Die Wege des Herrn sind unergründlich!«

»Ihr Wort in Gottes Ohr, Herr Polizeipräsident«, sagte Mampe und stieß mit ihm an. »Auf ex!«

Für sein langersehntes Telefonat mit der Fischerin hatte Gerold gut vorgesorgt. Eine eiskalte Flasche Weichselbrand stand in Reichweite, und sein ewig stänkernder Sohn Fabian konnte nicht dazwischenfunken, weil er sich vor zwanzig Minuten zu seinem Physik-Nachhilfelehrer in Bienenbüttel verfügt hatte.

»Grüß dich, Großer«, sagte Ute. »Wo bist du?«

»Wieder in Uelzen. Und du?«

»In Zürich. Wenn auch nicht mehr lange. Infantino hat vorhin sage und schreibe zwei Stunden lang mit dem Sultan von Brunei telefoniert. Ich hab nicht alles verstanden, aber die Marschrichtung ist klar. Für den Sultan ist Infantino nur so 'ne Art Kammerdiener, und morgen soll er nach Indien aufbrechen und da irgendwas regeln.«

»Und du hörst immer fein mit?«

»Natürlich. Das ist mein Beruf.«

»Benutzt dieser Döskopp denn nicht auch mal andere Manschettenknöpfe als die, die du verwanzt hast?«

»Was denkst du von mir? Der Mann hat inzwischen so viele Wanzen am Leib, daß neben ihm jeder Spickbraten wie 'ne Pinkelwurst aussieht.«

»Und wie kommt er damit durch die Flughafenkontrollen?«

»Muß er nicht. Nach jeder Landung zieh ich ihm ein neues Ballkleid an.«

»Du bist aber auch eine!«

»Find ich auch. Und was hast du so bewirkt?«

»Och«, sagte Gerold, »ich hab zusammengerechnet fünfzehn Stunden lang den DFB-Chef Glattschnigg verhört. Der tut immer noch so, als ob er beim Casting für die Titelrolle in der Verfilmung des Lebens von Mahatma Gandhi wäre, aber dank meinem Tipgeber in Istanbul hab ich im DFB-Geheimarchiv eine Abschußliste gefunden, auf der die Namen der DFB-Funktionäre stehen, die sich gegen die Vergabe der WM '34 nach Brunei ausgesprochen haben. Und die sind inzwischen alle tot. Ist das nicht komisch?«

»Müßte es nicht ›dank meines Tipgebers‹ heißen?« fragte Ute. »Und nicht ›dank meinem Tipgeber‹?«

Was hätte Gerold darauf antworten sollen? Er hatte ein hochwichtiges Ermittlungsergebnis erzielt, und die Fischerin kam ihm mit einem Grammatikproblem!

»Bist du noch da?« fragte Ute.

»Ja. Dank meines guten Durchhaltevermögens.«

»Dann sag mir doch bitte mal irgendwas Liebes. Ich hab's hier nämlich nur mit lauter Arschgesichtern zu tun und brauch ein bißchen Herzenstrost.«

»Ich könnte dir was von Tom Waits vorsingen ...«

»Gut, fang an!«

Gerold überlegte, ob er seine Stimmgabel holen solle, ließ es dann aber bleiben, um die Magie dieser Minute nicht zu torpedieren. Der Song, für den er sich entschied, hatte genau den richtigen Tiefgang:

Operator, number, please, it's been so many years
Will she remember my old voice while I fight the tears ...
Das ist mein Mann, dachte Ute, und den geb ich nicht mehr wieder her. Eine Gänsehaut überzog ihre Unterarme, während Gerold mit seinem Minnesang fortfuhr:
Hello, hello there, is this Martha, this is old Tom Frost
And I am calling long distance, don't worry about the cost ...
Weil er beim Singen zugleich an die Volksballade »Es waren zwei Königskinder« denken mußte, kam Gerold einmal kurz aus dem Takt, doch er kriegte die Kurve. Mit solchen Aussetzern wurde er fertig, denn er hatte mit seiner Band Gerold Gerold and the Middle Agers schon oft genug auf der Bühne gestanden.

In die Schlußzeile fiel Ute am anderen Ende der Leitung mit ein:
And I remember quiet evenings, trembling close to you ...
Zwischen Uelzen und Zürich hatte es nur selten zuvor einen so engen Austausch gegeben.

Der goldene Morgen erschien und weckte Michael Ringel in seinem Hotelzimmer in Kabul, wo er ausgezeichnet geschlafen hatte. Beim Rasieren pfiff er aus Spaß den Marsch des Schwäbischen Kreisregiments Durlach-Baden, und als er sich im Frühstückssalon niedersetzte, um zwölf Blätterteigtaschen mit Marzipan- und Walnußfüllung zu verputzen sowie einen Rucola-Tomaten-Mozzarella-Salat mit einem fruchtig-würzigen Dressing aus kaltgepreßtem Traubenkernöl, Haubenlerchenbrühe und Zitronenpfeffer, wandelte ihn die Vorahnung an, daß bald etwas Gewichtiges geschehen werde.

Diese Ahnung trog ihn nicht.

Dem Scharfrichter Kashif Khalilli war zugetragen worden, daß seine Frau irgendwas mit einem gewissen Michael Ringel am Laufen habe. Um seine Ehre wiederherzustellen, sprang Khalilli, als der Übeltäter das Hotel verließ, mit gezücktem Säbel aus dem Hinterhalt hervor, stolperte über die eigenen Füße, erstach sich aus Versehen selbst und verblutete hinter einem Standaschenbecher, ohne daß jemand etwas davon bemerkte.

Eigentlich wollte Ringel sich nur die Beine vertreten, aber dann rief Ghulam Ghanuni an und teilte ihm mit, daß Thomas Gsella dem Vernehmen nach irgendwo nördlich vom Hajigak-Paß in einem Bergwerk tätig sei. Es bestand also Anlaß zu einer Landpartie.

Weshalb Gsella in einer afghanischen Montangrube angeheuert hatte, konnte Ringel sich nicht erklären. Er verlor jedoch keine Zeit mit Grübeleien, sondern packte sofort seinen Rollkoffer und verpfändete in einer Leihanstalt ein Autogramm von Hans-Dietrich Genscher, um wieder liquid zu sein. Es brachte zwanzigtausend Afghani oder umgerechnet gut zweihundert Euro ein, denn der mythische Außenminister Genscher war zeit seines Lebens ein großer Freund der Himalayavölker und ihrer Nachbarn gewesen, und das hatten sie ihm nie vergessen.

Quietschvergnügt schwang Ringel sich ans Steuer seiner Rostbeule, sah sich auf Google Maps den Streckenverlauf an und startete. »Klingelingeling, klingelingeling, hier kommt der Eiermann«, trällerte er, und wenn er auch nicht den gesamten Text dieses Liedes zusammenkriegte, so konnte er sich doch noch gut an seine Lieblingszeilen erinnern: »Das sind die allerdicksten Dotter, die man jemals sah … Uns're Eier, die sind Güteklasse A!«

Kurz hinter dem Provinznest Beburjak stand ein Anhalter mittleren Alters neben einem rauchenden Bentley, der anscheinend seinen Geist aufgegeben hatte. Ringel, ritterlich wie immer, nahm den Mann mit. Er hieß Haschmatullah al-Raschid und sprach fließend Deutsch, weil es in seinem Stammbaum einen SS-Rottenführer gab, der 1946 in Mittelost untergetaucht war.

»Und wo genau wollen Sie hin?« fragte Ringel.

»Nach Shenia. Da hab ich einen Zweitwohnsitz, ein kleines Landhaus, in dem meine Familie schon auf mich wartet. Sechzig Kilometer von hier. Und was ist Ihr Reiseziel?«

Ringel erzählte ihm die ganze wechselvolle Geschichte.

»Sie sind ein Glückspilz«, sagte al-Raschid. »Ich kenne sämtliche

Zechenbarone im Umkreis von zweitausend Meilen. Als Seidenhändler pflege ich viele Kontakte. Wissen Sie was? Kommen Sie doch mit zu mir und weilen Sie unter meinem Dach, bis ich herausgefunden habe, welcher Arbeitgeber Ihren Freund eingestellt hat.«

Diese Einladung nahm Ringel gern an, und das sollte er nicht bereuen, denn al-Raschid war ein hervorragender Gastgeber. In seinem Palais in dem Gebirgsdorf Shenia kredenzte er Ringel eine mit Räuchermehl verfeinerte Samtsuppe vom Muskatkürbis, mit Ingwerpulver, Senfkörnern und geraspelten Cashewkernen aromatisierten Sadri-Reis und knusprige Wachtelbrüstchen auf Brunnenkressesalat.

Da al-Raschid sich als Freigeist verstand und das Unorthodoxe liebte, wurden die drei Gänge von einem Cuvée des Demoiselles Rosé Premier Cru begleitet, und als Nachspeise folgte eine Felsenbirnen-Amaretto-Torte mit einer Kuvertüre aus Kakaobutter und weißer Schokolade.

Ringel schlemmte und schmauste wie an der Mutterbrust. Mit wachsender Faszination schauten ihm al-Raschids achtzehn halbwüchsige Kinder beim Futtern zu, ebenso wie der Hausherr selbst, und auch dessen fünf Ehefrauen Sulaika, Shalima, Rahila, Nafissa und Scheherazade vermochten kaum den Blick von diesem feschen Weltenbummler abzuwenden, den die mildtätige Windgottheit Zephyr ihnen da in die Stube geweht hatte.

Sein Ruf war ihm vorausgeeilt. Über einen klandestinen Instant-Messaging-Dienst wußte mittlerweile jede zweite oder dritte Nymphomanin in der islamischen Welt, was es mit Ringel auf sich hatte, wie er aussah und zu welchen Leistungen er fähig war. Vor diesem Hintergrund konnte es niemanden wundernehmen, daß Sulaika, Shalima, Rahila, Nafissa und Scheherazade zur Nachtzeit das Fremdenzimmer aufsuchten, während ihr Ehemann in einem anderen Gebäudeflügel seine langwierigen telefonischen Nachforschungen in bezug auf Thomas Gsella anstellte.

Unter dem Baldachin der Heimlichkeit natterten die fünf Hausfrauen sich alle zugleich in Ringels Himmelbett und munterten ihn so sanft auf, daß er zu träumen glaubte, als ihre vagabundierenden Hände das Feuer der Liebe schürten. Nachdem er aber begriffen hatte, was los war, gab er sich reihum allen Tollheiten hin, zu denen ihn seine enthemmten Sinne verführten. Von Stunde zu Stunde beschenkte er das Quintett mit immer reicheren Gaben aus dem Born seines Wurzelchakras.

In Ringels Geist erklang dabei ohne Unterlaß Jacques Offenbachs glutvolle Barkarole über jene schöne Liebesnacht, die süßer als der Tag ist und in der man über die Trunkenheit lächeln soll:

Belle nuit, ô nuit d'amour,
Souris à nos ivresses,
Nuit plus douce que le jour,
Ô belle nuit d'amour!
Ah! Souris à nos ivresses!
Nuit d'amour, ô nuit d'amour!
Ah! ah! ah! ah! ah! ah! ah! ah! ah! ah!

21

»Drauß samma«, sagte Beckenbauer, als der Vogel von Air India vom Flugplatz Heathrow abgehoben hatte. »Scho eindrucksvoi, des London. Des is a Wäidstod! Aba sog moi, wohin fliangn mia übahabt?«

»Nach Mumbai«, sagte Hoeneß.

»Und wos woin mia do?«

»Das wird uns der Sultan schon noch sagen.«

»Soin mia do wieda Reklam fia eam macha?«

»Hat er mir noch nicht verraten.«

»Oh, 'etz keman Woikn!« rief Beckenbauer. »I finds oiwei lustig, wenn de Woikn keman. Des is jedsmoi so, ois würd ma in Wattebäusch fliangn. Findst ned aa? Gibs zua, des is doch so, ois würd ma in himmlische Wattebäusch neifliangn!«

Hoeneß kommentierte das nicht. Er las mit geweiteten Pupillen die Bilanz, die der *Kicker* aus der PR-Pleite im Deutschen Fußballmuseum und ihren bitteren Folgen gezogen hatte:

Ein Ausrutscher kann jedem mal passieren. Dann entschuldigt man sich, und für gewöhnlich heißt es danach: Schwamm drüber. Aber was sich die Veranstalter der Dortmunder »Gala« geleistet haben, läßt sich nicht so leicht bewältigen. Dieses Fiasko hat eine Dimension, die ins Katastrophale reicht. Man kann es nicht anders sagen: Es war ein rabenschwarzer Tag für den Weltfußball!

Und die Quittung folgte auf dem Fuße. Es ist selbstverständlich nicht zu billigen, dass die aufgebrachten Zuschauer eine Saalschlacht anzettelten und Feuer legten, nachdem sich herausgestellt hatte, dass man ihnen das Eintrittsgeld nicht zurückerstatten wollte. Zu verurteilen sind auch die schweren Ausschreitungen in der Dortmunder Innenstadt, die sich daran anschlossen. Doch die Hauptschuld trifft die Organisatoren. Man kann nicht 1200 Personen Eintrittskarten zu schamlos überhöhten Preisen verkaufen und dafür eine »Show« liefern, die an Idiotie und Dilettantismus wohl kaum noch zu überbieten ist.

Und wozu das alles? Um einen Despoten zu unterstützen, der das überambitionierte Projekt verfolgt, sich die WM 2034 unter den Nagel zu reißen.

Daraus wird natürlich nichts. Bei aller berechtigten Kritik, die man an der FIFA üben kann, muss man doch auch feststellen, dass in ihren Reihen meistens die Vernunft regiert.

»Sacklzement!« entfuhr es Hoeneß. Er trank einen Schluck von dem süßen indischen Bordwein, schob sich einen Schokoriegel in die Goschen und las weiter:

Der Schaden, den das Dortmunder Trauerspiel angerichtet hat, ist dennoch enorm. Halten wir fest:

Das Deutsche Fußballmuseum – bis auf den Grund niedergebrannt. Die Dortmunder Innenstadt – ein Scherbenmeer.

Das Image der »Marke WM« – mehr als angekratzt.

Getroffen hat es nicht allein die unmittelbar Geschädigten. Zu den

Leidtragenden gehören alle Fußballfreunde, denen es nicht gleichgültig ist, wie die Öffentlichkeit das »runde Leder« beurteilt. Wer vermag zu sagen, wie viele Menschen sich jetzt schaudernd abwenden, weil sie mit diesem Sport nichts mehr zu schaffen haben wollen? Es sind schwere Tage für »König Fußball«. Noch hat er nicht abgedankt, aber sein Thron wackelt, und wir, seine treuen Untertanen, tragen Trauer.

»Das ist wirklich furchtbar«, sagte Hoeneß.

Beckenbauer nahm die Nachrichten gelassener hin. So in ein, zwei Wochen, meinte er, sei »der Kaas« gegessen. Denn nach dem Spiel sei vor dem Spiel. »Und jeds Schbui is anders!«

Thomas Gsella hatte die Nase gestrichen voll. Immerzu die gleiche ungeliebte Maloche und die gleiche Mikrowellengrütze, dachte er. Und nicht die geringste Andeutung von Sozialpartnerschaft! Oder hatte ihm etwa jemand zu verstehen gegeben, daß es möglich wäre, sich vom Hauer zum Steiger und zum Obersteiger emporzuarbeiten? Oder gar bis zum Direktor des afghanischen Berg-, Hütten- und Salinenwesens? Und wenn er hier schon unter Tage rödeln mußte, wieso gab man ihm dann nicht eine zünftige Bergmannstracht mit Epauletten und Kokarden? Er trug immer noch die olle Dschellaba aus Isfahan, und mit der war nun wirklich kein Staat mehr zu machen.

Nicht einmal mit dem naheliegenden Vorschlag, einer Knappschaft beizutreten, war man auf Gsella zugekommen. Stattdessen setzte es seitens der taktlosen Aufseher die erzieherische Standardkost der Rutenstreiche.

Mit säuerlicher Miene hackte er im fahlen Schein seiner Stirnlampe auf einer Eisenerzader herum und ließ seine Gedanken zu Georg Friedrich Händels schwermütiger Arie »Lascia ch'io pianga« wandern, in der eine eingekerkerte Jungfrau sich ausbittet, ihr schweres Los beweinen und die verlorene Freiheit beseufzen zu dürfen:

*Lascia ch'io pianga
mia cruda sorte,*

e che sospiri
la libertà ...
Ihm fehlte die Zeit, sich auch an die zweite Strophe zu erinnern, denn Sekunden darauf knirschte es in den Türstöcken, und dann stürzte auf einer Länge von zweihundert Metern mit Donnergepolter der Stollenfirst ein.

Gsella hatte Dusel: Direkt über ihm und hinter ihm hielt die Decke stand. Doch wie lange noch? Bedenkliche Knarr- und Knarzlaute waren zu hören.

Er ließ die Hacke fallen und gab Fersengeld.

Vor vielen Jahren hatte er über den Einfall des Zeichners Rattelschneck gelacht, daß vor dem inneren Auge von Sterbenden im Zeitraffer noch einmal sämtliche Folgen ihrer Lieblingsfernsehserie abliefen. Gsella konnte seine Erfolgsaussichten schlecht einschätzen, während er im Schweinsgalopp durch den bebenden Stollen rannte, aber in seinem Kopfkino sah er tatsächlich Filmsequenzen: Indiana Jones in dem peruanischen Tempel auf der Flucht vor der rollenden Steinkugel in »Jäger des verlorenen Schatzes«, Ellen Ripley an Bord der Nostromo auf der Flucht vor dem Alien in »Alien«, Richard Kimble in der Kanalisation von Chicago auf der Flucht vor der Polizei in »Auf der Flucht« und Frank Schulz in den Abwasserrohren unter einem albanischen Drogenlabor auf der Flucht vor einem Kugelhagel in »SoKo Heidefieber«.

Das änderte sich, als der First auch dort einstürzte, wo Gsella hinlaufen wollte. Jetzt sah er Szenen aus dem TV-Zweiteiler »Das Wunder von Lengede« vor sich: die eingeschlossenen, Sickerwasser schleckenden Bergmänner in ihrer Luftblase ...

Aber die hatten überlebt! Nach denen war emsig gesucht worden!

Wird man auch mich einer Suche für würdig befinden? fragte sich Gsella. Wird man Sondierungsbohrungen vornehmen? Und Brot und Trinkwasser zu mir herunterlassen? Und vielleicht auch eine Kiste Bier? Und was Spannendes zu lesen, damit ich nicht vor Langeweile umkomme, bevor die Rettungskapsel einschwebt?

Leichten Herzens, so dachte er weiter, wird der afghanische Wirtschaftsminister auf meine Arbeitskraft ja wohl nicht verzichten wollen ...

Der Gedankengang fand ein abruptes Ende, als der First auch in dem verbliebenen, knapp dreißig Meter langen Stollenteilstück zu bersten begann.

Aus raumklangtechnischer Sicht waren interessante Effekte damit verbunden, aber Gsella nahm nur eine einzige große Kakophonie wahr und hielt sich die Ohren zu.

Das aufschießende Gesteinsmehl raubte ihm den Atem, seine Halsschlagader pochte wie ein Buntspecht, seine Knie gaben nach, und sein letzter Gedanke galt der Frage, ob ihm eigentlich ein Ausfallhonorar für die geplatzte Lesung im Athener Goethe-Institut zustehe.

Und schon wieder hatte Gsella Dusel: Er war unverletzt, und durch die sich auflösende Staubwolke fiel Mondschein in das Schattenreich, in dem er nach Luft rang.

Durch den Einsturz hatte sich eine Öffnung zur Erdoberfläche gebildet – ein schmaler, rund vierzig Meter langer und nahezu senkrechter Schacht, der allerdings instabil wirkte und sich jederzeit wieder schließen konnte.

Nachdem Gsella sich gründlich ausgehustet und die neue Lage erfaßt hatte, machte er sich mit Höchstgeschwindigkeit an den Aufstieg. Um alle seine Reserven zu mobilisieren, stellte er sich vor, er wäre Rot-Weiß Essen und der Schacht die Regionalliga West. Es war eine säuische Kraxelei, doch schon nach wenigen Minuten konnte Gsella die Schlußlaterne an eine alteingesessene Feuersteinschicht abgeben, dem Abstiegsstrudel entrinnen und über die mittleren Tabellenplätze zu einer Spitzenposition vorstoßen. Die Freiheit war zum Greifen nah. Zwischen ihr und dem Autor der Werke »Generation Reim« und »Nennt mich Gott« lagen nun bloß noch mehrere lebensgefährliche Relegationsspiele mit absackender Sinterschlacke, bröckelndem Rotnickelkies und porösem Kalkspat.

Unglaublicherweise meisterte Gsella auch diese Herausforderung. Er stemmte sich aus dem Loch, stand auf und ließ sich mit hocherhobenem Haupt vom Mondlicht überfließen. Das ist meine persönliche Mobilitätswende, dachte er ein wenig zusammenhanglos und richtete ein Dankgebet an Barbara von Nikomedien, die Schutzheilige der Bergleute.

Das Grubenunglück war für ihn zum Game Changer geworden.

Schweigsam, ohne Mundvorrat und des Geleites ledig verließ Gsella das Werksgelände und rief höhnisch zurück: »Adieu, mein Flöz! Adieu, ihr Loren und ihr Förderkörbe!«

Er schritt energisch aus. Bald auf-, bald abwärts führten ihn seine Wege im afghanischen Hochland. Müdigkeit spürte er keine; nur war es ihm manchmal unangenehm, daß ihm niemand begegnete, von dem er ein Brotkrümelchen hätte erbetteln können.

Erst nach einer mehrstündigen Fußreise über karstige und versteppte Bergflächen erreichte er eine Autostraße und erblickte dort einen Mann, der aus einem Mercedes-Benz ausstieg und sein Wasser abschlug.

Es handelte sich um einen frei praktizierenden Warlord mit dem Künstlernamen Feysal Armageddon. Leider war mit ihm gerade nicht gut Kirschen essen, denn zehn Minuten zuvor hatte ihm sein Urologe eine Hodenkrebsdiagnose gewhatsappt.

Aus Karl Mays Roman »Im Reiche des silbernen Löwen« glaubte Gsella zu wissen, was zu tun war, wenn man im Orient einen Fremden zum Freund gewinnen wollte. Man mußte sich vor ihm niederwerfen, ihm die Füße küssen und ausrufen: »Dakilah ia Scheik!« Das bedeutete: »Ich bin der Beschützte, o Herr!« Laut Karl May versagte kein Araber, und wenn er auch der größte Räuber und Mörder wäre, einem Feind, der ihm diese Worte zurief und ihn oder sein Gewand dabei berührte, seinen Schutz. Gsella hoffte, daß dieses Wüstengesetz auch jenseits der Grenzen Arabiens Gültigkeit besaß.

Es schien jedoch reformiert worden zu sein.

»Dakilah ia Scheik!« rief er wiederholt aus, als er auf Armageddon zulief und die dazugehörigen Gesten der Unterwürfigkeit ausführen wollte, aber der Angesprochene erwies ihm keine Ehre, sondern zerdullerte ihm das Nasenbein und warf ihn in den Kofferraum.

Gsella kannte das ja nun schon. Doch jeder Kofferraum war anders. In diesem hier flogen Reißzwecken und Linsenkopfschrauben herum, und jede einzelne von ihnen schien den neuen Fahrgast unterwegs begrüßen zu wollen.

Nach sieben Stunden machte der Warlord vor den Höhlen von Tora Bora halt und holte Gsella unsanft aus dem Kofferraum heraus.

Besonders schön war es an diesem Ort nach westlichen Maßstäben nicht. Diverse Kamuffel, die wie hauerbewaffnete Eber aussahen, hockten um ein Lagerfeuer herum. Frei nach dem Motto »Hunger ist der beste Koch« brieten sie sich Feldratten am Spieß. Die Fleischfliegen, die sich auf den Bissen niederließen, bildeten für diese Prätorianer gewissermaßen »the ice on the cake«.

Aus Gsellas Sicht war es ein Get-together der größten Spitzbuben, die er je gesehen hatte, und er war froh darüber, daß ihm das Florilegium ihrer Kraftausdrücke unverständlich blieb.

Es wurde Schwarzkümmeltee getrunken, von dem er aber nichts abbekam. Der graubärtige Majordomus Shafiq-e Zarak wies ihm in einer der Grotten den Platz zu, an dem er fortan Patronentaschen nähen und Panzerfäuste polieren sollte.

Gsella gehorchte, wenn auch auffallend lustlos. Er murrte, und als er sich einmal unbeobachtet wußte, schrieb er aus Protest mit Kerzenflammenruß ein Gedicht des schizophrenen Künstlers Alexander Herbeck an die Höhlenwand:

Ich habe nicht nur Heimweh,
sondern sogar mehr. Das Heimweh
ist eine Qual außerstande.
Man kann die Auswärtigkeit
nicht aushalten. Ich
möchte gerne heim.

Wahre Worte, dachte Gsella.

Nach reiflicher Überlegung fügte er noch die Zeilen hinzu:

HELP!
MY NAME IS THOMAS GSELLA!
I HAVE BEEN KIDNAPPED!
https://www.thomasgsella.de

»Ne feriare feri – Sei Hammer, nicht Amboß!« Das war der Wahlspruch der pflichtschlagenden Kieler Studentenverbindung Landsmannschaft Troglodytia, der Dietlof Münzenich seit dreißig Jahren angehörte, und exakt danach wollte er handeln, als Gerold Gerold, dieses aufgeplusterte kleine Streifenhörnchen, wieder einmal vor ihm saß.

Kommissar Gerold war allerdings vorerst nur stofflich anwesend. In Gedanken weilte er bei der Fischerin.

»Es ist ja fast zu gütig von Ihnen, daß Sie uns mit einer neuen Stippvisite erquicken«, giftete Münzenich und wartete darauf, daß die beißende Ironie dieser Bemerkung in sein Gegenüber einsank. Dann legte er nach: »De iure bleibt mir eigentlich nur die Ultima ratio, ein Disziplinarverfahren gegen Sie einzuleiten. Realiter muß ich jedoch konstatieren, daß man weiter oben die Hand über Sie zu halten scheint. So muß ich jedenfalls die Winke deuten, die ich erhalten habe ...«

Gerold ließ das einfach so im Raum stehen.

»Je nun«, sagte Münzenich. »Mundus vult decipi, wie schon Horaz bemerkt hat. Die Welt will betrogen sein!«

»Es ist nicht ganz sicher, aus welcher Quelle dieses Zitat herrührt«, erwiderte Gerold. Auf diesen Moment hatte er lange gewartet. »In der Überlieferungsgeschichte werden der Kirchenvater Augustinus, der römische Konsul Scaevola, der Satiriker Petronius und der Universalgelehrte Marcus Terentius Varro sowie der Bischof Gian Pietro Carafa und spätere Papst Paul IV. genannt. Wörtlich findet man es in dem 1534 erstmals verlegten Werk ›Paradoxa Ducenta Octoginta‹ aus der Feder des Theologen Sebastian Franck. Näheres finden Sie dazu in ›The Anatomy of Melancholy‹, dem Hauptwerk des englischen Schriftstellers Robert Burton aus dem Jahr 1621. Wenn ich mich recht entsinne, hat er die Erstausgabe unter dem Pseudonym Democritus Junior veröffentlicht. Von Horaz stammt das Zitat jedenfalls nicht.«

Nun konnte auch Gerold etwas einsinken sehen. Er hatte sich bereits vor Wochen mit den nötigen Detailkenntnissen munitioniert, um es Münzenich heimzuzahlen, wenn er irgendwann »Mundus vult decipi« sagen sollte. Und nun verlieh dessen falsche Zuschreibung des Zitats dem kleinen Überraschungscoup ganz unverhofft den letzten Schliff.

In Münzenichs Vorderansicht gingen in diesen unbezahlbaren Sekunden viele Dinge gleichzeitig vonstatten: Der arrogante Augenausdruck zerfiel und machte den Hauptmerkmalen reiner Blödheit Platz, die Bäckchen erschlafften, der Hals erglühte, und es setzte eine Art Maulsperre ein.

Wackelten nicht sogar die Ohren?

Mit keiner Regung ließ Gerold sich anmerken, wie gut ihm diese Performance gefiel.

»Hüten Sie Ihre Lästerzunge!« rief Münzenich, nachdem er sich gefangen hatte. »Und zwar auch im Gespräch mit Herrn Czagaja, der jeden Augenblick hier eintreffen müßte, damit Sie ihm endlich Rede und Antwort in Sachen Fahrraddiebstahl stehen können. Und verschwenden Sie mir ja keine Zeit mehr mit Ihren hirnverbrannten Detektivspielchen!«

»Ist der Mord an Jörg Herringhoff denn mittlerweile aufgeklärt?«

»Das ist ein Cold Case. Vergossene Milch! Kümmern Sie sich lieber um die Haschbrüder im Kurpark von Bad Bevensen. Und um die Fischwilderei in dem Angelteich an der Lüneburger Straße. Los, los! An die Arbeit! Sie sollen hier kein Moos ansetzen! Tempus fugit!«

Es hatte Gerold noch nie widerstrebt, Münzenichs Büro zu verlassen.

In seinem eigenen braute er Kaffee, sah die Post und die E-Mails durch, machte sich damit vertraut, wer neu zur Fahndung ausgeschrieben worden war, überflog ein paar Polizeimeldungen von da und dort, riß ein Kalenderblatt ab und empfing sodann den Medienschaffenden Hasko Czagaja und dessen Kamerateam.

Sein Erscheinungsbild ließ darauf schließen, daß Czagaja dem US-amerikanischen Babyface Tucker Carlson von Fox News nacheiferte. Um ihm noch ähnlicher zu sehen, gab er sich sogar alle Mühe, seine Nasenwurzel mit einer gekünstelten Sorgenfalte zu bestücken, als er seine erste Frage einleitete: »Herr Hauptkommissar Gerold, Sie stehen im Brennpunkt der Kritik, weil Sie einem kleinen Jungen in dem Dorf Greetsiel in der Gemeinde Krummhörn im Landkreis Aurich im Bundesland Niedersachsen sein Fahrrad gestohlen haben. Vordergründig soll es dabei um eine Ermittlung gegangen sein, die ein Todesopfer gefordert hat. Auch in diesem Punkt besteht dringender Klärungsbedarf. Aber lassen Sie uns erst einmal über den Jungen sprechen, den Sie mit Ihrer Tat in einen wahren Schockzustand versetzt haben. Es steht weder der Presse noch Ihnen zu – und Ihnen zweifelsohne noch viel weniger als der Presse –, die Leiden dieses Kindes ans Licht der Öffentlichkeit zu zerren. Doch es muß der Hinweis erlaubt sein, daß uns inzwischen Informationen über eine aufwendige psychotherapeutische Behandlung vorliegen, die Sie, Herr Hauptkommissar, durch Ihr Verhalten ursächlich ... äh ... ausgelöst haben. Diese Vorwürfe wiegen um so schwerer, als oder beziehungsweise weil sie in einer Zeit erhoben werden, in der die deutsche Polizei eine der massivsten Sinnkrisen ihrer Geschichte durchlebt. Die Frage an Sie ist nun: Wie können Sie es mit Ihrem Gewissen vereinbaren, daß ein kleines, von Ihnen beraubtes Kind durch Ihr Verschulden an einer Posttraumatischen Belastungsstörung laboriert und sich jede Nacht einnäßt, und wo sehen Sie sich selbst im großen Spinnennetz der Affären, von denen die Polizei periodisch gebeutelt wird? Können Sie unseren Zuschauern darauf eine ehrliche Antwort geben?«

»Ja«, sagte Gerold. »Sie sind vorläufig festgenommen.«

»Wie? Was?«

»Ich verhafte Sie wegen des Verdachts der Beteiligung an einer Straftat zum Nachteil des US-amerikanischen Staatsbürgers Logan McMason, mit dessen Kreditkarte Sie sich ein schönes Leben gemacht haben. So steht es in einem taufrischen Haftbefehl, der mir vor ein paar Minuten bekannt geworden ist. Erlauben Sie mir bitte, Ihnen meinen Dank dafür auszusprechen, daß Sie gleich danach in dieser Polizeidienststelle erschienen sind. Alles, was Sie sagen, kann vor Gericht gegen Sie verwendet werden. Sie haben das Recht zu schweigen und das Recht auf einen Anwalt. Sollten Sie sich keinen Anwalt leisten können, wird Ihnen ein Pflichtverteidiger beigeordnet.«

Anders als Czagaja war sein Kamerateam von dieser sensationellen Kehrtwendung regelrecht euphorisiert. Der Freudenrausch erreichte seinen Kulminationspunkt, als Czagaja in Tränen ausbrach und behauptete, daß ihm McMasons Kreditkarte von Uli Hoeneß untergejubelt worden sei. Ein gefundenes Fressen für die RTL-Nachrichtenschiene!

Czagaja wurde abgeführt, und Gerolds Büro leerte sich, aber schon kam der nächste Besucher herein: Dietrich zur Nedden, der dem Kommissar persönlich etwas überbringen wollte.

»Möchten Sie 'n Kaffee?« fragte Gerold.

»Ja, gern«, sagte zur Nedden. »Und gern schwarz.«

Gerold schenkte ein und betonte, daß dieser Kaffee etwas Besonderes sei. »Während der durchgelaufen ist, hab ich einen Klon von Tucker Carlson dingfest gemacht. Kennen Sie Tucker Carlson?«

»Ist das nicht dieser Wichtel von Fox News? Der immer so kummervoll kuckt, wenn er davon spricht, daß die Marxisten irgendwas gegen den freien Handel mit halbautomatischen Gewehren haben?«

»Genau der. Und dessen deutsche Miniaturausgabe darf sich jetzt für ein Date mit dem Haftrichter föhnen. Aber nehmen Sie doch Platz! Worum geht's?«

Zur Nedden berichtete von seinen Abenteuern in Brunei und den Aufzeichnungen, die er von dort mitgebracht hatte. »Ich glaube kaum, daß die gerichtsverwertbar sind«, sagte er. »Jedenfalls möchte ich mal vermuten, daß es nicht legal ist, sich im Regierungspalast in Brunei in 'nem Schrank zu verstecken und alles aufzunehmen, was der Sultan so von sich gibt.«

»Da könnten Sie recht haben«, sagte Gerold.

»Tja. Aber ich hab's halt getan, und inzwischen hat eine des Malaiischen kundige Freundin von mir den ganzen Salat übersetzt. Das meiste ist ödes Gequassel. An einer Stelle sagt der Sultan allerdings, daß er ein ›ganz, ganz großes Ding‹ drehen will, wenn er die WM nicht kriegt …«

»Das klingt übel.«

»Seh ich genauso. Ich hab Ihnen deshalb den Stick mit den Tonaufnahmen mitgebracht. Da sind auch die Dateien mit dem Transkript und der Übersetzung drauf.« Er schob den Stick über den Tisch. »Bei Ihnen dürfte das alles in guten Händen sein.«

»Dann will ich mal sehen, was ich tun kann«, sagte Gerold, bedankte sich herzlich, brachte zur Nedden zur Tür und nahm einen Anruf entgegen. »Hier Nervenheilanstalt Uelzen. Wer da?«

»Hauptkommissar Henselowski, Bochum, Polizeiwache Mitte. Sprech ich mit Hauptkommissar Gerold?«

»Ja.«

»Prima! Sie waren doch in diesa SoKo Fußballfieba, oda?«

»Ja.«

»Wir hamm hiea letzte Tage 'n Bruneia festgenommen, wegen versuchtem Mord, und ich werd den Verdacht nich los, datt der Mann auch in die Straftaten verwickelt is, die Sie untersucht hamm. Er will nich so richtich raus mitte Sprache. Wollen Sie sich den ma zua Brust nehmen? Budiharto Nagata heißt er. Er sitzt hiea bei uns inne JVA Krümmede in U-Haft. Direkt am Stadion.«

Ariadnefaden, ick hör dir trapsen, dachte Gerold und sagte zu.

Im Flur traf er auf Münzenich, der ihm befahl, eine Anwohnerbefragung in Klein Bünstorf durchzuführen. Dort habe Getreide die Fahrbahn verunreinigt, und ein Radfahrer sei deswegen gestürzt.

»Paßt gerade nicht«, sagte Gerold und ging weiter. »Muß sofort nach Bochum, einen Asiaten ausquetschen.«

Haschmatullah al-Raschid hatte es endlich geschafft, Thomas Gsella zu orten, aber leider in einer Erzlagerstätte, in der gerade Dutzende von Bergleuten verschüttet worden waren. »Das ist in höchstem Maße bedauerlich, Herr Ringel. Sie müssen nämlich wissen, daß man es bei uns mit den Bergungsarbeiten nicht allzu genau nimmt, wenn die Bodenschätze in der betroffenen Mine schon mehr oder minder erschöpft sind. Und das ist hier der Fall.«

Das war ein harter Schlag. Michael Ringel mußte an einen Song von David Bowie denken:
Ground Control to Major Tom
Your circuit's dead, there's something wrong ...
Dann hatte er eine Eingebung. »Ich werde ihn selber bergen! Können Sie mir eine Schaufel leihen?«

»Nichts lieber als das!« rief al-Raschid. »Sie sind ein wahrer Edelmann! Was Sie für Ihren Freund alles wagen – also, ich muß sagen, daß ich im höchsten Grade beeindruckt bin. Sie scheuen keinen Umweg und nehmen die größten Entbehrungen auf sich, um ihm beizustehen. Daran erkenne ich, daß Sie von dem gleichen kernfesten Geblüt sind wie mein Großvater Wunibald. Er hat mir oft von den Tugenden seines großen Volkes erzählt, und die größte darunter ist die, für einen Freund notfalls sogar in den Tod zu gehen. Ihre Ehre heißt Treue, Herr Ringel, und ich vergöttere Sie dafür. Sieg Heil!«

Nach diesem Gefühlsausbruch entbot al-Raschid ihm den Hitlergruß, marschierte im Stechschritt auf und ab und sang dabei Auszüge aus einer alten deutschen Volksweise: »Die Straße frei ... den braunen Bataillonen ... Die Straße frei ... dem Sturmabteilungsmann! ... Es schau'n aufs Hakenkreuz voll Hoffnung schon Millionen ... Der Tag der Frei – – – heit und für Brot bricht an!«

Als das erledigt war, fragte Ringel nochmals nach der Schaufel.

Er werde ihm eine aus dem Gartenschuppen holen, sagte al-Raschid. »Ich möchte nur hoffen, daß dieser Thomas Gsella Ihrer vielen Mühen auch wert ist. Falls Sie ihn finden, können Sie ihm von mir ausrichten, daß er tief in Ihrer Schuld steht und sich ein Beispiel an Ihrer Leidensbereitschaft und Ihrem heroischen Opfermut nehmen soll!«

Während er auf die Schaufel wartete, erhielt Ringel von Björn Blaschke aus Kairo telefonisch ein Update: Gsella halte sich im Tora-Bora-Höhlenkomplex auf.

»Wer sagt das?«

»Jemand von ABC News, der sich auf eine Quelle im Pentagon berufen hat. Es soll Drohnenluftbilder geben, die Gsella bei der

Morgenwäsche vor einem der Höhleneingänge zeigen. Heute früh aufgenommen.«

»Mich laust die Kuh! Und weiß das Pentagon auch, wie er da hingekommen ist? Und was er da will?«

»Ich kann dir nur sagen, was ich dir schon gesagt hab. Wo bist du denn jetzt?«

»Rund hundertvierzig Kilometer westlich von Kabul.«

»Dann mußt du dreihundert Kilometer ostwärts fahren und anschließend nach Süden in die Berge abbiegen. Aber ich warne dich. Das ist ein gefährliches Pflaster ...«

Es fiel Ringel immer schwerer, Gsellas irrationales Verhalten nachzuvollziehen. War er am Ende gar zu den Taliban übergelaufen? Hatte er einen Terroranschlag auf das Bergwerk verübt und ihn als Grubenunglück getarnt?

Nein, das hätte irgendwie nicht zu dem friedfertigen Lyriker Gsella gepaßt, den er von gemeinsamen Lesungen und ausschweifenden Kneipennächten kannte.

Auf die krumme Kohlenschaufel, die al-Raschid ihm brachte, war Ringel nun nicht mehr angewiesen. Er packte seinen Rollkoffer, lud ihn in den Skoda, nahm von der ganzen liebreizenden Familie Abschied, warf den weinenden Hausdamen über den Rückspiegel eine Kußhand zu, fuhr los und hielt erst nach zwei Stunden wieder an, weil das Kühlsystem und die Batterie das Zeitliche gesegnet hatten.

Grünlichgrauer Tonglimmerschiefer umgab die Pannenstelle.

Böse Falle, dachte Ringel, doch er ließ sich nicht unterkriegen, und seine Nervenstärke zahlte sich aus: Am frühen Abend schleppte ihn ein zuvorkommender Treckerfahrer bis zu einer Autowerkstatt in Dschalalabad ab. Wegen eines Todesfalls in der Familie ihres Betreibers Emal Iqbal war sie eigentlich geschlossen, doch der fand sich bereit, die Reparatur am nächsten Vormittag auszuführen.

Besser als nichts, dachte Ringel. Er beglich die Rechnung im voraus, legte noch ein Autogramm des Schlagerstars Bata Illic dazu, um den Teamgeist zu fördern, und unternahm einen Stadtbummel.

Von Dschalalabad wußte Ringel nur das, was er in Erwin Einzingers Roman »Von Dschalalabad nach Bad Schallerbach« gelesen hatte, und das war nicht viel. Gefühlsmäßig fand er aber auch vor Ort keinen echten Kontakt zu diesem freudlosen Soziotop, das vor Jahrhunderten aus irgendeiner dunklen Ursache entstanden war. Und schlimmer noch: Er fand auch kein Hotel.

Nach zwei Stunden kehrte er zu dem Autoschrauber Iqbal zurück, klopfte ihn heraus und bat um die Erlaubnis, in der Werkstatt auf dem Rücksitz seines Wagens schlafen zu dürfen.

Zuerst hieß es, daß so etwas aus feuerpolizeilichen Gründen nicht statthaft sei, aber dieses Argument konnte Ringel mit einem Autogramm der Rockröhre Suzi Quatro entkräften. Er freute sich sehr auf eine ruhige Nacht in seinem Pkw und schlief darin dann auch tatsächlich wie ein Murmeltier, bis er zu Beginn der Geisterstunde von wüster Tanzmusik geweckt wurde.

Es verhielt sich nämlich so, daß die unbehauste Club-Szene von Dschalalabad diese Werkstatt allnächtlich zweckentfremdete. Ein Vetter von Emal Iqbal besaß einen Torschlüssel, und sobald die Luft rein war, strömten die Happy Few herbei und verwandelten die Frickelhalle in einen Partykeller. Man feierte kräftig, und es wurde auch für das leibliche Wohl gesorgt.

Als Ringel sich den Schlaf aus den Augen gerieben hatte, erblickte er durch die Heckscheibe eine reichhaltig gedeckte Festtafel. Nicht lange, und man sah ihn dort vor einem Teller sitzen, auf den er alles gehäuft hatte, was seinen Augen schmeichelte: ein Carpaccio vom Schwertfisch mit Grapefruits auf Blattspinat, vier Truthahntäschchen im Kartoffelkleid auf Pilzgratin und ein großes Rindersteak mit sautierten Steinpilzen und einer herzförmigen Zartbitter-Ganache mit Hibiskusgelee.

So war es Ringel recht. Er erhob seine Hände zum leckerbereiteten Mahle, ließ es sich schmecken und peilte die Lage. Was – so fragte er sich – geht hier eigentlich ab?

Für die Vorgänge in der Werkstatt wäre der Ausdruck »Budenzauber« nicht zu weit hergeholt gewesen. Mit vollem Recht hätte man auch von einem »Remmidemmi« sprechen können, denn es wurde zu heißer Musik das Tanzbein geschwungen, und wer es etwas freizügiger mochte, machte einen Strip und mischte sich in das Menschenknäuel auf der Matratzenlandschaft neben dem Glühweinstand. Als Mann vom Fach erkannte Ringel dort unter anderem die folgenden Kamasutra-Stellungen: »Der Kreuzstich«, »Das Waffeleisen«, »Der Liegestuhl«, »Der blühende Wacholder«, »Der Wackelpeter« und »Der Propeller der Leidenschaft«.

Makbula und Halale, zwei Frauen, die an ihrem Leib nur Perlendiademe und juwelenbesetzte Hüftgürtel trugen, brachten dem Neuling aus Deutschland einen Eierpunsch. Den schäumenden Kelch umhauchten balsamische Düfte. Nach der anstrengenden Autofahrt und dem total langweiligen Spaziergang durch die Dschalalabader Altstadt war dieser Trunk eine Labsal für Ringels Gemüt, und es tat ihm wohl, daß die beiden Jungfern ihm ein Gefühl der Geborgenheit und des Angenommenwerdens vermittelten.

»Diesen Laden kann ich nur weiterempfehlen«, sagte er. »Seid ihr öfter hier?«

Das verstanden sie nicht, doch sie wollten auch gar nicht groß palavern. Sie bemächtigten sich seiner, und er ließ sich ohne Widerrede in den Abgrund ziehen.

Nachdem Ringel sich mit ihnen auf der Spielwiese ausgetobt hatte, legte er eine Zwischenrunde auf der Tanzfläche ein. Ob Calypso, Boogie-Woogie, Wiener Walzer oder Tango Argentino – Ringel schrak vor nichts zurück. Als sein Verlangen von neuem erwachte, näherte er sich wieder Makbula und Halale, um ihnen den Beweis seiner unveränderten Zärtlichkeit zu schenken, und sie willfahrten ihm gern und priesen Allah für ihr glückliches Geschick.

Auch andere Buhlerinnen überantworteten die Reize ihrer Seelenhülle den faunischen Händen des *taz*-Redakteurs, dessen Kühnheit mit jedem Glas Eierpunsch wuchs. »Kampfmittelräumdienst!« rief er gegen sechs Uhr morgens, trank die Theke trocken und ließ abermals die Wutz vom Pflock.

Der inoffiziöse Name dieser Veranstaltungsreihe in der Autowerkstatt lautete »Operation Enduring Freedom«. Man hätte lange darüber diskutieren können, wie das gemeint war. Unbezweifelbar verstanden die Teilnehmer den Titel jedoch lediglich als Freibrief für jeglichen Unfug und Schabernack, der ihnen einfiel. Ihre Rülpser, ihr Gekreisch und ihre Wollustschreie ließen keinen anderen Schluß zu.

Langer Rede kurzer Sinn: Das Ganze war eine schändliche, durch nichts zu entschuldigende und selbst den primitivsten Begriffen von Sitte und Anstand hohnsprechende Kapitulation vor dem Laster der Unzucht. Hier zeigte sich, zu welchen Niederungen die menschliche Roheit das hohe Gut der Liebe herabwürdigen konnte, wenn sich nur genügend Lümmel, Wüstlinge und liederliche Dirnen zusammenfanden, um am selben Strang zu ziehen.

Aber Ringel fühlte sich pudelwohl.

22

Ein harter Brocken, dieser Budiharto Nagata, dachte Kommissar Gerold. Eine halbe Ewigkeit lang hatte er ihn verhört, ohne eine Schwachstelle in seiner Panzerung zu entdecken. Verfangen hatte erst die Drohung, ihn nach Brunei auszuliefern. Da war er erbleicht und hatte versprochen, alles auszupacken, was er wisse, wenn er dafür politisches Asyl in Deutschland bekomme.

Diesbezüglich könne er mal in den höheren Regierungskreisen vorfühlen, hatte Gerold gesagt, und jetzt saß er zwischen Bochum und Hannover im ICE-Bordrestaurant vor einem Kaiserschmarrn und dachte wieder an die Fischerin. Er vermißte sie doch sehr …

»Ist hier noch frei?« fragte ein sportlicher älterer Herr, in dem Gerold den berühmten Komponisten Christian Bruhn erkannte. Welch schöne Abwechslung! Wann kam es schon mal vor, daß man im Speisewagen dem Schöpfer der Melodien von Schlagern wie »Liebeskummer lohnt sich nicht«, »Marmor, Stein und Eisen bricht« und »Wunder gibt es immer wieder« gegenübersitzen durfte?

Sie stellten schnell fest, daß sie einander grundsympathisch waren, und es beglückte Bruhn, daß er sich hier einmal mit einem waschechten Polizeikommissar über das Elend mit den deutschen Fernsehkrimis unterhalten konnte. »Da gibt's gefühlte eintausend Tötungsdelikte pro Woche«, sagte er. »Wenn das so wäre, müßten die Friedhöfe doch überquellen und die Leichen stehend bestattet werden!«

Aus Solidarität folgte Gerold Bruhns Beispiel und bestellte sich ein Weißbier.

»Und dann bringen sich die ermittelnden Beamten oft mutwillig selbst in Gefahr«, sagte Bruhn. »Nach der tapfer negierten Warnung ›Geh da nicht alleine rein! Warten wir, bis das SEK da ist!‹ wird beim Betreten von obskuren Räumen wie einer stockdunklen Wohnung, einem finsteren Keller oder einer aufgelassenen Fabrik grundsätzlich kein Licht angemacht, und der Kommissar tastet sich – meist ohne Taschenlampe – ungeschickt voran, bis er folgerichtig mit einem Schlag auf den Hinterkopf außer Gefecht gesetzt wird ...«

Gerold pflichtete ihm bei: In Wirklichkeit sehe die Polizeiarbeit anders aus. »Die besteht zu neunzig Prozent aus Papierkram. Aber ich kenne Kollegen, die durchaus auch mal in die Gewalt von Schwerverbrechern geraten sind.«

»Aus eigener Doofheit?«

»Würde ich so nicht sagen ...«

»Und wenn Sie einen Zeugen befragen wollen, parken Sie dann in weitem Abstand vom Ziel, damit Sie und Ihre Gehilfin mindestens noch zweihundert Meter Fußweg vor sich haben?«

»Ist mir noch nicht passiert.«

»In Fernsehkrimis kommt das alle naselang vor. Da wird auch immer ausgiebig gezeigt, wie die Beamten ins Auto ein- und wieder aussteigen. Und wenn jemand flieht, dann meidet er im Wald und im Gebirge unerklärlicherweise Weg und Steg. Aber das ist noch gar nichts im Vergleich mit den Schlampereien bei der Besetzung! Wenn der Kommissar und der Mörder beide dunkelhaarig sind und beide bärtig, dann geht mir der Unterschied manchmal bis zum

Ende nicht auf, und ich wundere mich, daß der Mörder den Platz am Schreibtisch des Kommissars übernimmt ...«

Rheda-Wiedenbrück, Gütersloh, Bielefeld, Herford und Minden flogen vorbei, und noch immer hatte der beredte und gut aufgelegte Bruhn seine Mängelrügenliste nicht komplettiert. Er tadelte auch »die endlos wiederkehrenden, wie gewürfelt und nicht wie komponiert klingenden Synthesizertöne der TV-Krimi-Illustrationsmusik« und die Eselei, eine mehrköpfige Familie so zu besetzen, daß ihre Mitglieder alle eine unterschiedliche Dialektfärbung hätten. Auf den letzten Kilometern vor dem Hauptbahnhof Hannover zählte er schließlich noch die verabscheuungswürdigsten Schablonensätze aus den Drehbuchdialogen auf: »Das Opfer muß den Täter gekannt haben«, »War die KTU schon da?«, »Ich ziehe Sie von dem Fall ab«, »Wir ermitteln in alle Richtungen«, »Sie sind vorläufig vom Dienst suspendiert. Bitte Dienstwaffe und Ausweis!«, »Für solche Spielchen haben wir jetzt keine Zeit« und »Kripo Pfunzendorf! Dürfen wir reinkommen?«

In Hannover mußte Gerold umsteigen.

»Das erlaube ich Ihnen aber nur, wenn Sie mir eine Krimiserie nennen, die ich mir ansehen kann, ohne mittendrin einzuschlafen«, sagte Bruhn.

Gerold empfahl ihm die britische Serie *Für alle Fälle Fitz*. »Aus den Neunzigern. Da verliebt sich ein depressiver Profiler unglücklich in eine Ermittlerin, die viel zu jung für ihn ist, und zwischendurch bringen sie ein paar Bösewichter zur Strecke.«

»Danke, Herr Kommissar! Und gut Holz bei der Gaunerjagd. Ich bewundere jeden Mann, der einem seriöseren Berufsstand angehört als ich!«

Dazu hätte Gerold noch so manches sagen können, doch er mußte weiter, und als er zwei Stunden später in Uelzen sein Dienstzimmer betrat, sah er dort den Ersten Polizeihauptkommissar Dietlof Münzenich hinterm Schreibtisch sitzen.

»De gustibus non est disputandum«, sagte Gerold, »aber ich glaube, daß Sie sich in der Tür geirrt haben.«

»Mitnichten«, erwiderte Münzenich und lehnte sich genießerisch in Gerolds Bürostuhl zurück. »Ich sitze hier Probe für Ihren Nachfolger. Sub specie aeternitatis mag Ihre Aufsässigkeit zwar nur eine Fußnote in der Geschichte dieser Behörde sein, aber hic et nunc ist dieserorts für Sie nun Schicht im Schacht. Aleia iacta est, Herr Gerold! Sie sind vorläufig vom Dienst suspendiert. Bitte Dienstwaffe und Ausweis!«

Es traf sich gut, daß Gerold gerade so gründlich geschult worden war. »Für solche Spielchen haben wir jetzt keine Zeit«, sagte er.

»Ach nein? Als Ihr Vorgesetzter sehe ich das aber anders. Und in dieser meiner Eigenschaft kann ich Ihnen auch mitteilen, daß es von heute an eine völlig neue Berechnungsgrundlage für Ihre Altersbezüge gibt. Sie werden da umdenken müssen. An Ihrer Stelle würde ich mir schlichtweg sagen: Non licet omnibus adire Corinthum. Zu deutsch: Nicht jedem ist es vergönnt, Korinth anzulaufen! Soll heißen: Zwischen Ihnen und dem Besoldungsamt ist das Tischtuch zerschnitten. Cum grano salis wußte das schon Quintus Horatius Flaccus, vulgo Horaz. Und wenn ich Horaz sage, dann meine ich Horaz!«

»Aber dafür brauchen Sie sich doch bei mir nicht zu entschuldigen«, sagte Gerold. »Und vom Dienst suspendieren können Sie mich ein andermal. Mein guter Herr Münzenich – Sie müssen jetzt ganz stark sein. Ich bin nur gekommen, um ein Buch zu holen, das hier noch irgendwo rumfliegen müßte. Ach, da liegt's ja, auf der Fensterbank. Würden Sie es mir freundlicherweise anreichen? Auf meiner nächsten Reise hätte ich nämlich gern was Interessantes zu lesen ...« Er schnipste mit den Fingern. »Etwas Beeilung bitte, ja? Ich muß zu einer Besprechung mit dem Außenminister, und der wartet nicht gern!«

Thomas Gsella hatte inzwischen herausbekommen, daß Feysal Armageddon sich mit illegalen Werksverkäufen über Wasser hielt. Von Zeit zu Zeit erschienen rauhbeinige Mudschaheddin und andere Endverbraucher in den Höhlen, um sich mit Fabrikaten für den Eigenbedarf einzudecken. Handliche Produkte der Unternehmen Heckler & Koch, Smith & Wesson, Krauss-Maffei und Mauser gingen weg wie warme Semmeln. Ebenso großen Anklang fanden Ersatzteile für Ausrüstungsgegenstände von Rheinmetall, Thyssen-Krupp, Almas-Antey, General Dynamics, Lockheed Martin, China Electronics und Honeywell International, und weil kleine Geschenke die Freundschaft erhielten, gab es als Treupämie für Großabnehmer auch mal eine Holzkeule, einen Faustkeil oder eine neolithische Steinbeilklinge.

Wenn keine Kunden da waren und Armageddon nicht so genau hinsah, spielten seine Kassierer gerne Fußball mit Handgranaten. Und es kam, wie es kommen mußte: Eine davon ging hoch, die Explosionsflamme erwischte ein Palettenregal mit Brandbeschleunigern, und im Nullkommanichts lief eine Kettenreaktion ab, die das gesamte Vorratslager erfaßte.

Es war ein Höllenradau.

Der Warlord und alle seine Betriebsangehörigen traten bei diesem Geschehnis ihre letzte Reise an.

Alle – bis auf einen. Teils flambiert, aber lebendig und noch immer ungebrochen kämpfte Gsella sich aus dem Schutt hervor wie Phönix aus der Asche. Voilà un homme!

Er wankte ins Freie. Aus sämtlichen Höhleneingängen stiegen Rauchsäulen auf, und er dachte daran, die Feuerwehr zu rufen, aber diesen Gedanken ließ er schleunigst wieder fallen. Wenn er jemals Sehnsucht nach einem Kontakt zu uniformierten Afghanen verspürt haben sollte, dann war sie bereits vollauf befriedigt worden. Außerdem hatte er kein Telefon. Und was gingen ihn die Brandschäden in diesen Felsenhöhlen an?

Nachdem er zwischen den Trümmerteilen ein paar verkokelte Oliven und ein Töpfchen Pferdeschmalz gefunden hatte, veranstaltete er ein Picknick. Er entdeckte auch noch einen kleinen Butterklotz, den er als Reiseproviant einsteckte, sowie ein Feuerzeug und einen Nagelknipser. Das waren seine einzigen Outdoor-Gadgets, als er die Abflatter machte und aufs Geratewohl über proterozoische Gneise und flintartige Kreidekiesel südwärts schritt.

Wo bin ich hier bloß? fragte er sich. Irgendwo im Hindukusch? Nein. Er befand sich in der Provinz Nangahar in viertausend Meter Höhe über dem Meeresspiegel auf einer alpinen Stufe des Safed-Koh-Gebirges, wo Fuchs und Hase sich Gute Nacht gesagt hätten, wenn sie besser aufeinander zu sprechen gewesen wären.

Auf seinem höckrichten Wege wich Gsella einer Gruppe khakibehoster Junggesellen aus, die einer Ziege nachstellten. Er zog, von feinen Sandschleiern umtanzt, immer weiter bergaufwärts und gedachte trauervoll der Stunden, die er einst als Leser im sicheren Hort seiner Wohnung verbracht hatte.

Einsamer nie als im August:
Erfüllungsstunde – im Gelände
die roten und die goldenen Brände,
doch wo ist deiner Gärten Lust?

Blendend stach die Sonne, und der Südwestwind wirbelte Mineralstaub auf, wovon Gsella aber nicht viel merkte. Er war mit seinen Takeaways ausgelastet: den chronischen Schmerzen in seinem Zahnstummel und in seiner gebrochenen Nase. Das Datenvolumen dieser Qualen schätzte er auf fünftausend Gigabyte. Seit der jüngsten Kofferraumfahrt tat ihm zudem seine Hüftpfanne weh, und es piesackten ihn Flohbisse in großer Zahl.

Er fühlte sich alt. Natürlich war er auch ganz objektiv betrachtet alt – so alt, daß er sich sogar noch daran erinnern konnte, wie die Jusos in der Ära Schmidt den sozialistischen »Orientierungsrahmen '85« verabschiedet hatten, und selbst der live im Fernsehen übertragene Start der ersten bemannten Mondrakete war in sein Gedächtnis eingeschreint –, aber so alt, wie er sich mittlerweile fühlte, konnte nicht einmal Methusalix geworden sein.

Mein Fleisch, sagte sich Gsella, ist um und um wurmig und kotig; meine Haut ist verschrumpft und zunichte geworden. Ich bin wie die Spreu, die von der Tenne verweht wird, und wie der Rauch vom Schornstein ...

Als er dann auch noch strauchelte und sich an einem Granitblock den linken Musikknochen anstieß, riß ihm endgültig der Geduldsfaden. In alle Schluchten hinab schrie Gsella, daß er siebenfältige Rache nehmen werde. »Die Zeit der Heimsuchung ist gekommen, die Zeit der Vergeltung! Ihr, die ihr hier wohnet weitumher, ihr werdet euch nun aufmachen und innert sieben mal sieben Stunden heraufkommen zum Tal Josaphat, denn daselbst will ich über euch Gericht halten für und für ...«

Um besser gehört zu werden, trat er an eine Felskante und rief in die Tiefe: »Disteln und Dornen sollen euch die Füße zerfetzen, und ihr sollt dorthin verbannt werden, wo der Gestank der Hölle am widerwärtigsten ist! Denn ihr pflüget Böses und erntet Übeltat und esset Lügenfrüchte! Ihr hasset das Gute und liebet das Arge!«

Seine Augen loderten vor Zorn.

»Ich will meinen Grimm ausschütten über euch«, rief er, »daß vor meinem Angesicht zittern sollen die Fische im Meer, die Vögel unter dem Himmel, die Tiere auf dem Felde und alle Menschen, so auf der Erde sind. Ihr sollt Staub lecken wie die Schlangen und wie das Gewürm! Ich will eure Feiertage in Trauern und alle eure Lieder in Wehklagen verwandeln! Denn siehe, ich werde das Schwert über euch kommen lassen und will Feuer werfen über das Land und über die, so auf den Inseln wohnen. Und so sollt ihr erfahren, daß ich Thomas Gsella bin, euer Herr!«

Er überlegte. Hatte er noch irgendwas vergessen?

»Strafen«, rief er, »will ich euch mit Blattläusen, Geschmeiß und Raupen! Einschlagen und niederwalzen werde ich die Erdenfeste! Eure Weinstöcke und Feigenbäume will ich wüst machen bis an die Grenze Mittelasiens. Und ich will die Wasserströme trocken machen und das Land bösen Leuten verkaufen. Eure Körnersaat soll nicht aufgehen und euer Gewächs kein Mehl geben, und wenn doch, dann sollen es Fremde fressen. Letzte Warnung, Leute! Vor mir her geht ein verzehrend Feuer und hinter mir eine brennende Flamme!«

So deutlich hatte sich in diesen Breitenkreisen seit den Propheten Hosea und Habakuk niemand mehr ausgedrückt.

Der Städteverwüster Gsella konnte seine Pläne jedoch nicht sofort in die Tat umsetzen, denn er sah sich plötzlich von sieben Streifenhyänen umzingelt. Da sie großen Hunger litten, waren sie von seinem Geschrei herbeigelockt worden. Hoch die Borsten gesträubt und mit funkenblitzenden Augen kamen sie näher.

»Immer mit der Ruhe«, sagte Gsella. »Ich tu euch nichts!«

Auf diesen fadenscheinigen Beschwichtigungsversuch fielen sie nicht herein. Sie machten sich zum Sprung bereit und hätten Gsella unweigerlich angefallen, wenn ihnen die Beute nicht im letzten Moment von drei Schneeleoparden streitig gemacht worden wäre, denen gleichfalls der Magen knurrte.

Vor Gsellas weit aufgerissenen Augen gingen die Leoparden und die Hyänen fauchend aufeinander los. Als Sozialdemokrat war er eigentlich ein Mann des Ausgleichs, aber in dem hier vorliegenden Fall hielt er es für klüger, an der Gewaltspirale zu drehen. Daher stachelte er beide Parteien zur härtestmöglichen Gangart an: »Nicht nachlassen, ihr Schweine! Zeigt's euch! Avanti, avanti! Freßt euch gegenseitig auf!«

Dann rannte er hakenschlagend davon.

Erst nach einhundert Metern sah er sich um. Zu seiner Erleichterung waren die Raubtiere noch immer mit sich selbst beschäftigt. Um sie weiter aufzuwiegeln, formte er mit den Händen einen Schalltrichter vor seinem Mund und rief ihnen zu: »Nicht einschlafen da hinten! Immer feste druff! Ihr macht das super!«

Dieser Schuß ging jedoch nach hinten los, denn jetzt erkannten beide Rudel, daß ihr Mittagessen türmen wollte. Sie schlossen einen Burgfrieden und stürzten Gsella hinterher.

Für ihn war es ein schwieriges Geläuf. Sein Schuhwerk taugte nichts, und wer schon einmal versucht hatte, in den höheren Lagen des Safed-Koh-Gebirges ein Wettrennen mit zehn fleischfressenden Vierbeinern zu gewinnen, der wußte ohnehin, daß es dabei selbst für durchtrainierte Bergmarathonveteranen verwegen gewesen wäre, von einem Platz auf dem Siegertreppchen zu träumen.

Während sein Vorsprung sich rasant verringerte, flog Gsella die Erinnerung an ein Gedicht von Andreas Gryphius an:

Was sind wir Menschen doch! Ein Wohnhaus grimmer Schmerzen,
Ein Ball des falschen Glücks, ein Irrlicht dieser Zeit,
Ein Schauplatz herber Angst, besetzt mit scharfem Leid,
Ein bald verschmelzter Schnee und abgebrannte Kerzen ...

Aber wieder einmal war ihm Fortuna hold: Einer der Schneeleoparden latschte auf eine Splittermine, es machte »Bumm«, und Gsellas Verfolger lösten sich samt und sonders in Luft auf.

Hechelnd blieb er stehen.

Seine Abschiedsworte fielen kurz und bündig aus: »Nett, euch kennengelernt zu haben, ihr Zeckenteppiche! Ich wünsch euch was!«

Da es sonst nichts mehr zu sagen gab, hinkte er weiter nach Süden, wo ihn ein schwarzes Verhängnis erwartete.

Gerolds Frage, wo sie sich aufhalte, beantwortete Ute in einiger Ausführlichkeit: »In einem hautfreundlichen Baumwollpyjama unter einer feuchtigkeitsregulierenden Maulbeerseidendecke im Bett eines relativ schlichten Einzelzimmers im Grand Hyatt in Mumbai im indischen Bundesstaat Maharashthra. Und du?«

»In einem billigen Ibis-Hotelzimmer in Berlin-Mitte. Ich warte seit Tagen auf einen Termin beim Außenminister ...« Er berichtete ihr von Budiharto Nagata und dessen Asylbegehren.

»Und du glaubst, daß dieser Nagata uns weiterhelfen kann?«

»Ja. Das sagt mir mein sechster Sinn.«

»Ist Dietlofus Münzenichus denn nicht traurig, wenn du dauernd weg bist?«

»Doch, ich fürchte schon. Früher wollte er mich ja gern auf den Mond schießen, aber diese Zeiten sind vorbei. Er hat zwei, drei Bemerkungen fallengelassen, aus denen ich schließe, daß er's kaum noch ohne mich aushält. Und genaugenommen sind wir ja auch wirklich unzertrennlich. Aber jedesmal, wenn ich von irgendeiner Reise zurück aufs Revier komme, sage ich mir: ›Die Pause hat uns gutgetan!‹ Er selbst scheint das leider anders zu sehen. Vielleicht sollte ich mal 'ne Paartherapie mit ihm machen. Er ist einfach ein Opfer der Gefühle, die er für mich hegt ...«

»Una salus victis nullam sperare salutem«, sagte Ute.

»Und das heißt?«

»Es gibt nur eine Hoffnung für Besiegte: auf keine Rettung zu hoffen.«

»Seit wann sprichst du Latein?«

»Seit der Mittelstufe. Mein Latinum ist zwar klein, aber oho.«

»Und Roderich Bärlapp? Immer noch abgängig?«

»Ja. Der macht sich rarer als der Yeti.«

»Und was treibt der alte Sportsfreund Infantino so?«

»Wenn er nicht in seiner Grand Executive Suite am Telefon hängt, rast er durch die Stadt und spricht mit Schiffbauingenieuren oder mit hohen Tieren vom Bombay Dockyard. Das ist eine der größten indischen Werften. Anscheinend hat er vor, irgendein Wasserfahrzeug bauen zu lassen. Was der Quatsch soll, hab ich noch nicht begriffen.«

»Im Zweifelsfall wird's wohl 'ne Luxusyacht sein.«

»Oder 'ne ganze Flotte von den Dingern ...«

»Wie benimmt er sich denn als Chef? Irgendwelche Allüren?«

Infantino sei ein »Gnatterjan«, stellte die Fischerin fest. »De olle Fuulpuup hett jümmers wat to bekritteln. He is so giftig as 'n Spinn!«

»Habt ihr Zoff?«

»Zoff? Nee. Ick fang doch neet an, mi mit de Kerl to katthalsen!«

»Was heißt das denn nun schon wieder?«

»Katthalsen« heiße »streiten«, sagte Ute und versicherte Gerold, daß sie nichts anderes tue, als Infantino abzuhören, ihm als sein privates Zimmermädchen zu dienen und ihm »Hönnig um't Muul to smeren«, damit er keinen Verdacht schöpfe. »Und noch was: Seit kurzem sind auch Franz Beckenbauer und Uli Hoeneß hier, um ihm bei seinen undurchsichtigen Geschäften zu assistieren. Ich hab allerdings nicht den Eindruck, daß er mit den beiden Herren zufrieden ist. In seinen Selbstgesprächen nennt er sie jedenfalls – Moment, ich hab's mir aufgeschrieben, warte kurz ... hier hab ich's: ›Chotzbrockä‹, ›Schnuderlumpä‹, ›Säuniggel‹ und ›Seifesüder‹. In meinen

Ohren hört sich das irgendwie nicht nach 'ner gedeihlichen Arbeitsbeziehung an.«

»Und hast du die ebenfalls verwanzt? Den Uli und den Franz, denen ganz Deutschland Krokodilstränen nachweint?«

»Na logobibobo! Aber ich schwöre dir: Wenn Beckenbauer noch ein einziges Mal ›Big-Dada-Sysdäme‹ sagt, vergeß ich mich. Dann laß ich meine Tarnung fallen und verpaß ihm ein eisenhaltiges Abführmittel!«

»Hä?«

»Nie gehört? Ein anderer Ausdruck für ›Handschellen anlegen‹.«

»Du fehlst mir, Ute.«

»Du mir auch, mein Großer. Gib gut auf dich acht. Und fang die bösen Buben ein!«

Endlich öffnete sich ein Zeitfenster für Kommissar Gerolds Gespräch mit dem Außenminister. Von den zehn dafür vorgesehenen Minuten wurden allerdings fünf verplempert, nachdem ein Tumult entstanden war, als ein Fensterputzer in seinem Arbeitskorb außen vor dem Büro von Lukas Mampe eine Gsella-Maske aufgesetzt und ein acht Meter langes Transparent entrollt hatte, das Gsella mit einer Dornenkrone zeigte. In der Zeit, die Gerold danach noch blieb, legte er so rasch wie möglich dar, weshalb Budiharto Nagata politisches Asyl gewährt werden müsse.

»Für Asylanträge ist das Bundesamt für Migration und Flüchtlinge zuständig«, sagte Mampe.

»Ja, und Pikus heißt der Waldspecht! Wenn Sie genug Druck machen, wird das Bundesamt schon spuren. Und dann wird Nagata singen. Das könnte uns der Aufklärung der vielen Morde an den Fußballfunktionären näherbringen. Es deutet alles darauf hin, daß der Sultan von Brunei der Kopf dahinter ist, aber wir haben noch nicht genug Beweise. Unsere größte Hoffnung ist jetzt die, daß Nagata aus dem Nähkästchen plaudert.«

Mampe machte ein besorgtes Gesicht und erwiderte, daß Gerold hier sehr schwere Vorwürfe gegen ein ausländisches Staatsoberhaupt erhebe.«»Darf ich Ihnen kurz die Gegenrechnung aufmachen? Die bilateralen Beziehungen zwischen Deutschland und Brunei liegen schwerpunktmäßig im Wirtschaftsbereich. Wir exportieren ein breites Spektrum von Erzeugnissen in das Sultanat. Diese Ausfuhrgüter stammen unter anderem aus den Sparten Elektronik, Elektrotechnik, Meß- und Regeltechnik, Fahrzeugzubehör und Landmaschinen ...«

»Ja, und?«

»Wenn Sie in dieser Angelegenheit die tieferen Zusammenhänge verstehen wollen, dann sollten Sie sich nicht nur immer mit Fingerabdrücken und widersprüchlichen Zeugenaussagen befassen, sondern vielleicht auch mal mit der nominalen Bruttowertschöpfung des Sultanats, mit der ASEAN Free Trade Area und mit dem deutsch-bruneiischen Investitionsschutzabkommen. Es geht da um haarfein austarierte ökonomische und politische Rahmenbedingungen, von denen viele deutsche Arbeitsplätze abhängen. Und nun kommen Sie hier an und sagen mir, daß ich das alles riskieren soll, weil es in einer JVA in Bochum ein kleines Singvögelchen gibt, das seine Haut retten will. Ist das nicht etwas unverhältnismäßig?«

»Nein, Herr Minister. Ich will diese Mordfälle aufklären, und dafür brauch ich Nagatas Geständnis. Auf die diplomatischen Beziehungen zwischen Deutschland und Brunei kann ich dabei keine Rücksicht nehmen.«

»Deswegen sind Sie ja auch ein Hauptkommissar und nicht der Bundesaußenminister.«

»Aber Sie wollen doch sicher auch, daß der Gerechtigkeit Genüge getan wird!«

»Gerecht ist, was dem Gemeinwesen frommt«, sagte Mampe. Das könne man bei Aristoteles nachlesen. Und im übrigen sei Brunei kein Schurkenstaat, sondern ein Partnerland. Im Corruption Perceptions Index stehe es unter allen Ländern der Welt zur Zeit auf Rang 35 und schneide damit viel besser ab als beispielsweise die Russische Föderation ...

»Herr Nagata wird sich freuen, wenn er das hört«, sagte Gerold und stand auf. »Ich werde es auch in der Pressemitteilung erwähnen, die morgen rausgeht. Das Zitat von Aristoteles wird darin ebenfalls vorkommen. Außerdem werde ich natürlich mit warmen Worten den aufopferungsvollen Beistand hervorheben, den Sie mir geleistet haben. Und jetzt entschuldigen Sie mich bitte. Die Arbeit ruft.«

Ein tiefer Seufzer befreite sich aus der Brust des Ministers. »Warten Sie«, sagte er. »Einigen wir uns doch darauf, daß der Herr Nagata eine überzeugende Probe seiner ermittlungsrelevanten Kenntnisse liefert. Sollte er das tun, werden wir seinen Fall hier im Hause wohlwollend prüfen.«

Das fand Gerold fair. Er machte sich noch ein paar schöne Stunden, indem er das Deutsche Spionagemuseum und die Nationalgalerie besuchte, sah in einem Programmkino James Cagney sterben und traf sich abends im Café Kreuzberg auf ein Bier mit Henning Riesenbusch, der des langen und breiten über das Banditentum im Berliner Baugewerbe lamentierte.

»In Uelzen ist aber auch nicht alles Gold, was glänzt«, sagte Gerold.

»Wohl wahr. Und wie schlägt sich mein Nachfolger Möpsenich?«

»Münzenich. Über dessen kriminalistische Fähigkeiten kann ich mir kein Urteil erlauben, weil er sie nicht zeigt.«

»Vielleicht versteckt er sie ja aus Bescheidenheit.«

»Das würde sich mit seinen anderen Charakterzügen beißen.«

»Und diese Mordserie? Kommen Sie da weiter?«

»Nur millimeterweise.«

»Ach, das wird schon. Accidit in puncto, quod non speratur in anno!«

Auch du, mein Sohn Brutus, dachte Gerold und erbat sich eine Übersetzung.

Riesenbusch erhob sein Glas. »Das heißt: ›In einem Augenblick kann geschehen, was man sich in einem ganzen Jahr nicht erhofft hätte.‹ Prösterchen!«

23

Von süßem Schlummer umduftet lag Michael Ringel in seiner Schrottmühle. Wider Erwarten waren für die Reparatur mehrere Arbeitstage nötig geworden, und das hatte ihm die Gelegenheit eröffnet, in der Werkstatt nachts mit wechselnden Partnerinnen manche Kamasutra-Stellungen zu testen, die er zuvor noch nicht ausprobiert hatte: »Die portugiesische Galeere«, »Die elektrisierende Rutsche«, »Die Liebes-Brezel«, »Das Vulkanfieber«, »Der Triumphbogen« und »Das Vorhängeschloß«. Vitalisierend und unsagbar wonnevoll war das gewesen ...

Emal Iqbal klopfte ans Fenster und signalisierte Ringel, daß der Wagen jetzt startklar sein müßte.

Und richtig: Er sprang an und schnurrte wie ein Kätzchen.

Für die zusätzlich aufgewandten Arbeitsstunden revanchierte Ringel sich mit einer Autogrammkarte des Freidemokraten Hans-Günter Hoppe, der von 1972 bis 1990 dem Deutschen Bundestag angehört und dort unter anderem im Haushaltsausschuß mitgewirkt hatte. Es blieb offen, ob Iqbal in diesem Dokument eine zukunftsträchtige Kapitalanlage erkannte, denn er kratzte sich am Kopf, und das konnte alles mögliche bedeuten.

Zwischen Ringel und den Höhlen von Tora Bora lagen weniger als fünfzig Kilometer. Es war aber eine ziemliche Krückelstraße dorthin, und auf den letzten paar hundert Metern mußte er sich als Bergsteiger betätigen. Dabei sang er ein Liedchen, das er von Antenne Bayern kannte: »Bergauf bin i ganga, bergab bin i grennt ... dje hola ri huljö, i hola ro ... Da hat mi mei Dirndl am Juchzer erkennt ... dje hola ri, di ri, di ri a ho ...« Als Zugabe schmetterte er einen selbstausgedachten Jodler in die schwindelnden Höhen der afghanischen Gebirgslandschaft: »Hul djö a ridl di ... hul dje a didl do ... hul djö a ridl du, ai hodl di!«

Er lauschte. Würde jemand antworten?

Fehlanzeige. Der Jodelgruß verhallte unerwidert.

Je näher Ringel seinem Ziel nun kam, desto stärker stank alles nach Asche, verkohltem Holz und geschmolzenem Metall, und als er das Höhlensystem betrat, erblickte er die Bescherung: Hier mußte ein Großbrand um sich gefressen haben.

Konnte es sein, daß Gsella doch ein Terrorist war? Und einen Anschlag auf die Höhlen verübt hatte?

Ringel verdrängte diesen Gedanken, knipste seine Handy-Taschenlampe an und drang in einen der Gänge ein. An der Wand standen dort die Worte:

MY NAME IS THOMAS GSELLA!

Den Rest der Inschrift hatten die Flammen vertilgt.

Ist das etwa sein Bekennerschreiben? fragte Ringel sich bänglich und tappte weiter.

Nach fünfzehn Metern führte eine Treppe abwärts in eine Art Dachsbauzentrale, von der viele weitere Tunnelgänge abzweigten.

»Thomas!« rief Ringel. »Thooomas! Thomas Gsella! Bist du hier?«

Keine Antwort.

Er versuchte es anders: »Mäuschen, mach mal piep!«

Aus einem der Tunnel schien eine menschliche Stimme zu erklingen. War es ein Stöhnen?

Ringel folgte den Lauten. Er verfiel in einen leichten Trab und achtete weder auf die Insekten, die sein Handy umhuschten, noch auf das Bauchgefühl, das ihn davor warnte, am Ende dieser unheimlichen Tunnelröhre in eine Falle zu tappen. Wenn ich jetzt umkehre, ist alles vergebens gewesen, dachte er. Und wenn meine aktuelle Lage Ängste in mir auslöst, darf ich nicht vor ihnen weglaufen. Dann muß ich mich meinen Dämonen eben stellen. Das bin ich Gsella schuldig!

Inzwischen vernahm er nicht mehr nur einen einzelnen langgezogenen Stöhnlaut, sondern ein ganzes Stimmengewirr, und als er die Tür am Ende des Tunnels aufriß, verschlug es ihm die Sprache.

Ein afghanischer Undergroundfilmer hatte spitzgekriegt, daß der Höhlenkomplex von Tora Bora seit Feysal Armageddons Tod verwaist war und daher eine gute Location abgab. In der Kaverne, die Ringel betrat, begannen gerade die Dreharbeiten, und was er dort sah, war die erste Einstellung eines Remakes der Milieustudie »Bilitis – Zärtliche Cousinen«.

Er wolle nicht stören, sagte der errötende Ringel, doch er kam wie gerufen. Den Regisseur Zia Baktash durchrieselten Glücksschauer, weil er hoffte, das Problem der männlichen Unterbesetzung mit diesem Neuzugang entschärfen zu können. Und er sollte sich darin nicht täuschen. Es war unübersehbar, welche Wirkung Ringels Reize auf die Aktricen hatte. Sie ließen es zu, daß seine Blicke sie verschlangen und seine Hände über sie hinglitten, und er gab allen seinen Künsten freie Bahn. Andantino ... adagio ... affetuoso ... con amore ... accelerando ...

Baktash gingen schier die Augen über. Wenn das kein Strohfeuer ist, sagte er sich, dann winken uns in der Erotikbranche mehrere Venus Awards!

In dem geheimen Garten der Lüste glommen fünf Heizpilze, so daß Ringel und seine Filmpartnerinnen nicht zu frieren brauchten. Allegretto, con dolcezza und sforzando setzte er dabei auch die Requisiten ein, die Baktash vor einigen Monaten in Habib El-Aufs Gemischtwarenhandlung in Schahr-e Kord erworben hatte: Fetischknebel, Federgerten, Riemenpeitschen und überdies eine Deluxe-Fantasy-Door-Swing-Liebesschaukel.

Vor der Kamera agierte Ringel ohne Scheu. So wohlfeil und so zwanglos hatte er seinen Neigungen nicht einmal in der Dschalalabader Kfz-Werkstatt frönen können. Er stieß in noch gänzlich unerforschte Territorien der Schauspielkunst vor, und als der Verdacht aufkam, daß seine Glut erloschen sei, belehrte er die Darstellerinnen forzatissimo und con bravura eines Besseren.

In einer Drehpause bat Baktash zum Souper. Von seinem letzten Gelage fühlte Ringel sich zwar noch wie genudelt, aber weil er kein Spielverderber sein wollte, stopfte er eine karamelisierte Perlhuhnbrust mit rotem Traubenschaum und Kartoffel-Sauerkrautmedaillons sowie ein Himbeersorbet in sich hinein und kitzelte seinen Gaumen mit einem goldenen Becher voll herzerfreuenden Weines.

»Borri hiea«, sagte Borromäus Görzke, als er Dietrich zur Nedden endlich erreichte. »Wie isset? Allet im Lack?«

Er könne nicht klagen, sagte zur Nedden. »Und selbst?«

»Ach weisse, hiea hat neulich eina 'n Moadvasuch an mia untanommn, aba dat hab ich ihm ruckzuck abgewöhnt. Unt sonz isset ja so, datt ich gezz als Edelfeda auffe Kacke hauen kann. Unt deswegn ruf ich auch an. Weil, ich wollt ma wissn, oppste nich auch ma wat füa de Nju Jork Pohst schreim willz. Die zahln gut, dat kannze mia glaum! Unt ich bin dia ja noch wat schuldich füa deine Befreiungsaktion ...«

Zur Nedden dankte ihm für dieses freundliche Angebot und sagte, daß er andere Pläne habe.

»Als da wärn?«

»Ich will nochmal nach Brunei und dem Sultan die Suppe versalzen.«

»Unt wie willze dat anstelln?«

»Weiß ich noch nicht. Aber ich glaube, daß er irgendwas irrsinnig Übles im Schilde führt, weil er die WM nicht kriegt, und daran will ich ihn hindern. Nach den Freiheiten, die wir uns in Brunei herausgenommen haben, kann ich da natürlich nicht mehr legal einreisen. Ich hab einen Flug in die malaysische Stadt Miri auf Borneo gebucht. Von da sind's nur dreißig Kilometer oder so bis zur bruneiischen Grenze. Da mach ich irgendwie rüber, und dann nehm ich den Sultan unter verschärfte Beobachtung.«

Görzke war wie auf Droge, als er das hörte. »Mensch, Didi, du hass Schneid! Unt weisse wat? Ich komm mit!«

»Mein Flug geht aber schon morgen vormittag um neun. Ab Hannover. Mit Zwischenstopps in München, Doha und Kuala Lumpur.«

»No problem«, sagte Görzke. »Is doch gehopst wie gehickelt! Wann kommße denn in Miri an?«

»Überübermorgen um halb fünf Uhr nachmittags.«

»Na siehße. Dann such ich mia gezz 'n Fluch raus, mit dem ich ungefeah zua gleichn Zeit in Miri bin, unt dann kloppn wia da gemeinsam auffen Mangrovenbusch. Da wiad da Sultan sich schön umkuckn. Ich sachet dia!«

Budiharto Nagata nannte einen Namen: Nebelgong-Fiete. So heiße der Mann, der in Uelzen Jörg Herringhoff vor den Zug gestoßen habe.

»Und wo finden wir diese illustre Persönlichkeit?« fragte Kommissar Gerold.

Nagata nannte das Hans-Albers-Eck am Hamburger Hans-Albers-Platz. Das sei das Stammlokal von Nebelgong-Fiete. Man könne ihn dort praktisch rund um die Uhr antreffen. Zu erkennen sei er daran, daß er nach dem dritten oder vierten Batida de Côco unfehlbar zu singen beginne. In der Regel handele es sich dabei um ein Konglomerat aus den Schlagern »Mädel, ruck ruck ruck«, »Das gibt es nur in Texas«, »Einmal noch nach Bombay« und »O Signorina-rina-rina«.

Mehr brauchte Gerold gar nicht zu wissen. Fünf Stunden später nahm er den drei Zentner schweren und von einem ruhelosen Leben gezeichneten Ex-Kickboxer Nebelgong-Fiete im Hans-Albers-Eck hoch und fragte ihn, wo er in der Nacht des Mordes an Jörg Herringhoff gewesen sei.

»Dor bün ick vun ächt bet hålv viäh hiäh än 'n Tresen west«, log Nebelgong-Fiete. »Dät Håns-Ålbers-Eck is mien tweede Tohuus.«

»Und wie erklären Sie sich dann, daß wir in Ihrer Wohnung eine an dem fraglichen Tag für die Bahnstrecke zwischen Hamburg-Altona und Uelzen gültige Rückfahrkarte gefunden haben?«

Das war ein Schuß ins Blaue, denn die Wohnungsdurchsuchung hatte noch gar nicht stattgefunden.

»Klei mi än de Feut, du Piepenschieter«, sagte Nebelgong-Fiete.

»Immer gern. Doch der Untersuchungsrichter wird was anderes

von Ihnen hören wollen. Wenn Sie den anlügen, sind Ihnen fünfzehn Jahre in Santa Fu mit anschließender Sicherheitsverwahrung garantiert. Ich hab mir Ihr Vorstrafenregister angesehen, das von Hamburg bis Haiti reicht. Und ich hab auch mit Ihrem Bewährungshelfer gesprochen, den sie gestern nacht in Planten un Blomen zusammengeschlagen haben. Der meint, daß es ihm ein inneres Erntedankfest wäre, wenn wir Sie auf Dauer wieder hinter Gitter bringen könnten. Ich frage Sie also noch einmal: Wo waren Sie in der Nacht, in der Jörg Herringhoff ermordet worden ist?«

Nebelgong-Fiete dachte angestrengt nach. »Då kummst jå vull in 'n Tüddel«, sagte er schließlich, und nachdem er mehrere Löcher in die Luft gestarrt hatte, tat er so, als fiele es ihm wieder ein: »Stimmt, in disse Nåcht bün ick in Uelzen west. Åver dåt mit den Herringhoff, dåt wör een Unfåll! So! Büsse nu tofreden? Dånn wör ick geern weer för mi ålleen. Ick heff hier 'n Verafredung mit mien Longdrink …«

Aus ermittlungstechnischen Gründen gab Gerold dem alten Tunichtgut in der folgenden Dreiviertelstunde fünf Batidas, einen Pfeffi, einen ganzen Stiefel Astra Urtyp, einen Haselnußlikör und einen Fernet Branca aus und stellte dann die hinterlistige Frage: »Wer hat Ihnen denn den Auftrag erteilt, nach Uelzen zu fahren?«

»Weet ick nich mehr«, sagte Nebelgong-Fiete und klammerte sich an die Theke, um auf dem Barhocker nicht die Balance zu verlieren. »So 'n Åsiåte … Budihårtå Någåtå wör sien Nååm …«

»Und was hat er Ihnen gezahlt, damit Sie Herringhoff vor den Zug stoßen?«

»Ouh, dor mutt ick mol överleggen … 'n Tåusi, glööv ick … Åver ås ick ål seggt heff: Dåt wör 'n Unfåll! Jåu! Un nu will ick de Puppen dånzen låten! Ouh Sinnjohrinå-rinå-rinå, ouh Sinnjooores … So vielä Hååååräää … un koin'n Kåmm! … Ouh Sinnjohrinå-rinå-rinå, ouh Sinnjooores … Bongschuur, Missjöh … droi, viäh … påddong, Mådåmm!«

Nachdem er Nebelgong-Fiete vom Tresen in eine Ausnüchterungszelle in der Davidwache verlegt hatte, schickte Gerold eine E-Mail an den Außenminister:

Ein Tip von Nagata hat heute zur Verhaftung des mutmaßlichen Mörders von Jörg Herringhoff geführt. Ich warte auf Ihren Anruf.

Die Sonne sank, und Dunkel umhüllte die Pfade in der Provinz Nangahar. Die Kühe hatten sich in den Ställen niedergelegt, die Vöglein schliefen, und auch das Wild war zur Ruhe gegangen. Nur der Dulder Thomas Gsella stapfte noch im matten Widerschein der Sterne durchs Gebirge. Kränkelnd, abgemagert und von Parasiten befallen humpelte er dahin.

Erst um Mitternacht erlaubte er sich ein Päuschen. Er seufzte herzzerreißend, schnitt eine Grimasse, weil es in seinem Zahnwurzelkanal rumorte, und sah sich um, doch er fand keinerlei Gefallen an den landschaftlichen Reizen.

Nun stehst du starr,
Schaust rückwärts, ach! wie lange schon!
Was bist du Narr
Vor Winters in die Welt entflohn?

Wo mochte er hinführen, jener lange Weg, der Gsella vom fernen Jemen bis hierher so vielen Jammer gebracht hatte?

Die Welt – ein Tor
Zu tausend Wüsten stumm und kalt!
Wer das verlor,
Was du verlorst, macht nirgends Halt ...

Um nicht völlig einzurosten, absolvierte Gsella eine Reihe von Gymnastikübungen gegen Cellulite, Blähungen, Depressionen, Haltungsfehler, Rückenschmerzen, Streß und versteckte Speckpolster. Er fing mit Oberkörper-Twirls und Sit-ups an, ging dann zu Kniebeugen, Ausfallschritten und Beingrätschen über, machte mehrmals »Brücke« und rundete das Trainingsmodul mit zwanzig Liegestützen ab. Als kleines Zusatzbonbon gönnte er sich darüber hinaus ein Anti-Falten-Workout, das er in seiner Aschaffenburger Seniorenturngruppe gelernt hatte: zehn Minuten Gesichts-Yoga, was sich auch positiv auf die Stimmungslage auswirken sollte.

Danach fühlte er sich leidlich gerüstet für die nächste kräftezehrende Etappe, und er eierte weiter, wobei Bilder besserer Zeit um seine Seele schwebten. An die Lieben daheim mußte er denken, an einen wundervollen und unvergeßlichen Sonntagnachmittag im Hallenbad Mömlingen, an seinen ersten Kuß und an den Schweinebraten mit Bayrisch Kraut und Apfelschmalz in der Gaststätte Hannebambel, den er immer so gern gegessen hatte.

Flieg, Vogel, schnarr
Dein Lied im Wüstenvogel-Ton! –
Versteck, du Narr
Dein blutend Herz in Eis und Hohn!

Dem Rauche gleich, der stets nach kälteren Himmeln sucht, zokkelte Gsella über ein steiles Schotterfeld auf eine Gratschneide zu, für deren Überquerung ihm das passende Equipment fehlte. Mit seinem Feuerzeug und seinem Nagelknipser hätte er dort keine großen Sprünge machen können, doch bevor ihm das klar wurde, blieb er wie angewurzelt stehen: Zehn Meter vor ihm saß ein Mann auf einem unförmigen Gesteinsbrocken und schien zu meditieren.

»Sie hat mir der Himmel geschickt!« rief Gsella. »Man hat mich gekidnappt, aber ich hab fliehen können, und jetzt hab ich mich hier verirrt! Wenn Sie mir aus der Klemme helfen, werd ich ein Gedicht über Sie schreiben und Sie berühmt machen! Und Sie kriegen Freikarten für alle meine Lesungen!«

Der Mann reagierte nicht, aber dafür reckte dicht vor Gsella plötzlich eine Königskobra ihr Haupt und riß das Maul auf.

Von den fünfeinhalb Metern, die sie von den Nasenlöchern bis zur Schwanzspitze maß, hatte sie die vorderen anderthalb erhoben, so daß er sich einen guten Eindruck von den Giftzähnen, den Flankenschuppen, dem gespreizten Nackenschild, dem lieblosen Blick und der gespaltenen Zunge des Untiers verschaffen konnte.

Irgendwo – entweder in Bernhard Grzimeks Sendereihe *Ein Platz für Tiere* oder in Heinz Sielmanns altem Fernseh-Dauerbrenner *Expeditionen ins Tierreich*, aber vielleicht auch erst in der ARD-Serie *Giraffe, Erdmännchen & Co.* – hatte Gsella mal gehört, daß Giftschlangen sich durch den Gestank brennender Butter vertreiben ließen. Langsam und vorsichtig, um die Kobra nicht zu reizen, holte er daher nun aus einer Tasche seiner Dschellaba das Butterklötzchen hervor, das er als Notration aus den Höhlen von Tora Bora mitgenommen hatte, legte es vor sich hin und versuchte es mit dem Feuerzeug anzuzünden.

Er verbrannte sich dabei den rechten Zeigefinger, hielt aber durch, bis von der Butter ein blaues Flämmchen aufstieg.

Die Kobra äugte angewidert, züngelte, stieß ihren Kopf vor, schnaubte das Flämmchen aus und nahm ihre vorherige Position wieder ein.

Gsella erschien es so, als schaute sie jetzt noch griesgrämiger drein. Und rückte sie nicht sogar etwas näher?

»He, Sie da!« rief er dem meditierenden Mann zu. »Kennen Sie sich mit Schlangen aus? Falls ja, dann könnte ich Ihre Hilfe brauchen!«

Der aber verharrte reglos und mit geschlossenen Augen im Lotussitz.

Was Gsella besonders nervös machte, war das permanente Zungenspiel der Kobra. Leckte sie sich etwa schon die Lippen?

Er bewegte sich rückwärts, und die Kobra folgte ihm.

»Hallo Sie!« rief Gsella noch einmal. »Ich hab hier 'n echtes Problem! Diese Schlange will irgendwas von mir! Vielleicht trachtet die mir sogar nach dem Leben! Könnten Sie nicht mal die Güte haben, mit Ihrer Scheißmeditation aufzuhören? Und mir zu helfen?«

Doch der Fremde zeigte keine Reaktion.

Gsella wich weiter zurück, stolperte über eine Granathülse aus der Zeit des Bürgerkriegs, fiel hintenüber und schlug hart mit dem Kopf auf. Das letzte Bild, das sich ihm einbrannte, bevor er ohnmächtig wurde, war das des weitgeöffneten Schlangenrachens über seinem Gesicht.

Die Kobra hatte jedoch nur ihre Späße getrieben. Als sie merkte, daß er nicht mehr mitspielte, schoß sie davon.

Statt ihrer nahm sich nun der Fremde seiner an, Qadir Qazimi, ein pakistanischer Fakir, der sich schon seit unvordenklichen Zeiten einen gefügigen Schüler wünschte. Er schulterte Gsella, trug ihn sechzehn Kilometer weit zu einer Parkbucht, bettete ihn in den Kofferraum eines Geländewagens und fuhr mit dem neuen Zögling über den Khyber-Paß nach Islamabad. Dort betrieb Qazimi eine Privathochschule für Fakire, in der sich leider noch nie jemand immatrikuliert hatte.

Auf der windungsreichen, rumpeligen und gut 360 Kilometer langen Strecke kam Gsella wieder zu sich, als ihm ein frei herumsausender Spatenstiel zwischen die Hörner knallte. Auch ein Sägeblatt, ein Akkutacker und ein Kuhfuß gondelten im Kofferraum herum und machten das Leben des Dichters dadurch nicht leichter.

Wer jetzt kein Haus hat, baut sich keines mehr, dachte er und nahm vorsichtshalber die Brille ab.

Mit seinem Geschäftsfreund Shamial Kapoor aus Bangalore verstand Cecil Spinster sich blind. Sie wollten die verkrusteten Strukturen der All India Football Federation aufbrechen, alte Zöpfe abschneiden, heilige Kühe schlachten und eine Generation von Funktionären, Spielern und Schiedsrichtern heranziehen, für die Bestechlichkeit kein Fremdwort war. Außerdem sollten viele bombastische neue Mehrzweckstadien entstehen. Um dem Immobilien-Tycoon Kapoor zu zeigen, welche Areale dafür in und um Mumbai in Frage kamen, brach Spinster mit ihm zu einem Helikopterflug auf.

Vier Kilometer weiter westlich lief Kommissarin Fischer währenddessen in der Lobby des Grand Hyatt hinter Gianni Infantino her und notierte auf einem Stenoblock, was es für sie an diesem Tag noch zu tun gebe: jedes Staubkörnchen aus den Gardinenleisten entfernen, die Steckdosen mit antiseptischen Mitteln reinigen, die Zedernholzschuhspanner mit Klarlack behandeln, fünfzehn Liter Clear Head Post Shave Lotion nachbestellen und die Einstecktüchlein bügeln.

»Vor allem das, auf dem der Kölner Geißbock zu sehen ist«, sagte

Infantino. »Damit will ich Günter Netzer necken, der hier morgen zu uns stoßen wird. Sie wissen ja sicherlich, daß Netzer früher für Borussia Mönchengladbach gespielt hat und daß dieser Verein bis heute in scharfer Konkurrenz zum 1. FC Köln steht, dessen Wappentier der Geißbock ist ...«

»Wer wüßte das nicht«, schleimte die Fischerin. »Ich bin ein Riesenfan der Kölner Geißbocktruppe. Für mich ist Köln sowieso das Größte. Deswegen hab ich mich ja auch mit 'nem Kölner verlobt. Mit so 'nem richtig typischen Urkölner. Wenn man den reden hört, dann könnte man glauben, das Kölner Original Willy Millowitsch wäre wiederauferstanden!«

Um alle weiteren Tagesbefehle aufschreiben zu können, die Infantino äußerte, rannte Kommissarin Fischer ihm bis nach draußen nach.

Auf der anderen Straßenseite machte der Passant Jens-Jasper Flipsen große Augen. Er erkannte den Fifa-Chef – und an dessen Seite diese miese, gottverdammte Polizistin, die ihn letztes Jahr auf der B4 wegen überhöhter Geschwindigkeit drangekriegt hatte! Niemals würde er den Nasenzinken im Gesicht dieser Person vergessen ... und auch nicht die Konsequenzen aus der Sache: 240 Euro Bußgeld, zwei Punkte in Flensburg und einen Monat lang der Lappen weg ...

Aber wie kam dieses weibliche Bullenschwein dazu, hier mit Gianni Infantino herumzulaufen?

Flipsen zählte eins und eins zusammen. Ja, natürlich! Diese Frau mußte der Maulwurf sein!

Vor dem Drang, sofort hinüberzurennen und Infantino zu warnen, bewahrte Flipsen der Gedanke an das viele Geld, das er mit diesem Geheimtip verdienen konnte. Er überschlug die Zahlen und kam auf eine hohe sechsstellige Summe. Oder ließ sich gar noch mehr damit scheffeln?

Infantino und die Kommissarin waren schon längst ihrer Wege gegangen, als Flipsen noch immer auf dem Trottoir der Pipeline Road vor dem Hotel stand und die Alternativen durchging, die sich boten. War es nicht auch möglich, diese Frau zu erpressen, bevor er sie verriet? Und sein Hintergrundwissen anschließend an ein zahlungskräftiges Massenmedium zu verhökern? Und außerdem eine Belohnung einzustreichen, wenn er der Polizei später Hinweise gab, die zur Ergreifung der Auftraggeber des Mordes an der braven Polizistin führten?

Und dann, dachte er, schreibe ich ihre Biographie! »Schlußpfiff – Leben und Tod einer deutschen Ermittlerin« ... Ja, das war ein guter Arbeitstitel, und er schrie geradezu nach einer Verfilmung ...

Immer mehr Glieder der Verwertungskette leuchteten vor Flipsens Augen auf, doch zu genaueren Berechnungen kam er nicht mehr. Hoch über seinem Kopf gerieten Spinster und Kapoor in Betreff der Kosten einer Fahrzeugrampe für den Stadionneubau in Mumbai in Streit, und weil Spinster ein leicht reizbarer Mensch war, beförderte er Kapoor in achthundert Meter Höhe mit geübten Griffen und Tritten an die frische Luft, was dazu führte, daß der vor Schreck stumme Baulöwe vom Himmel fiel und eine Punktlandung auf Flipsen machte.

Von den beiden Männern blieb nur Schaschlik übrig.

Kommissarin Fischer hatte ein Taxi zum Restaurant Tanatan genommen und tafelte dort mit Rupert Wimmerforce, der dank seiner Liebe zur indischen Kochkunst wieder ein paar Dezimeter weiter aus dem Leim gegangen war. Während Ute sich mit einem Wassermelonensalat begnügte, orderte Wimmerforce drei Hammelspieße, eine Portion Fischcurry mit Kokosmilch und Reisbeilage sowie eine mit Garnelen und Pilzen gefüllte Ente.

Mit der Untersuchung der Handtaschendiebstahlserie war er nur mäßig vorangekommen. Viel lieber wollte er über die Morde an den Fußballfunktionären reden.

Den Mörder von Jörg Herringhoff habe Kommissar Gerold gefunden und eingebuchtet, sagte Ute. »He told me that on the phone.«

»Ah, der Kommissar Gerold! A very good cop. Give him my best regards. How's he doing?«

Es gehe ihm gut, sagte Ute, aber sein Sohn habe gerade null Punkte für eine Klausur in Chemie erhalten.

»I'm sorry to hear this!«

»Oh, never mind ...« Ute wollte zum Ausdruck bringen, daß Gerold hart im Nehmen sei und diesen Nackenschlag verwinden werde, aber erst nach einigen Sekunden kam sie auf eine Übersetzung, die zu passen schien: »Kommissar Gerold is tough as nails. He will get over it in a matter of weeks.«

»I hope you're right«, sagte Wimmerforce und versuchte aus Ute dann etwas Näheres über den Grund ihrer Anwesenheit in Mumbai herauszukitzeln.

Darüber durfte sie natürlich kein Sterbenswort sagen, und noch wortkarger wurde sie, als Franz Beckenbauer und Uli Hoeneß hereinkamen und es sich am Nebentisch gemütlich machten, ohne von ihr Notiz zu nehmen. Sie bestellten »Birra, aber deutsches«, und packten einen Riesenstapel Briefumschläge aus.

»Die müssen wir beschriften«, sagte Hoeneß, aber Beckenbauer schaute wie gebannt auf sein Smartphone und sagte: »Hör moi, Uli, wos do in da boarischn Wikipedia üba Indien städ. Do werst narrisch. I leses dia voa: ›Fia de eiropäischn Seefohra wor ganz Ostasien Indien. In da Kolonialzeit is ma dazua ibaganga, de heitign Gebiete vo Indien, Pakistan und Bangladesch Indien z nenna. Erscht seit da Stootsgrindung vo Indien weads im heitign Sinn vawendt.‹ Hosd du des gwußt?«

»Nein«, sagte Hoeneß, »und es interessiert mich auch nicht. Komm, Franz, leg deine Taschenbimmel jetzt mal weg und hilf mir. Hier ist die Adressenliste, die der Sultan uns gemailt hat, und hier ist ein schwarzer Stabilo. Bis morgen früh müssen wir alle diese Adressen in Schönschrift auf die Umschläge übertragen haben. Sonst macht Bolkiah uns die Hölle heiß.«

»Ah, geh. Dera Sultan is do aa ned mehr da Jüngste, Uli. Wos soi dea uns scho doa?«

»Was er uns tun soll? Mensch, Franzl, manchmal frag ich mich ja echt, in welcher Welt du lebst. Wenn wir nicht gehorchen, wird der Sultan Sushi aus uns machen! Und weißt du, wo wir uns dann wiedersehen werden?«

»Naa.«

»Soll ich's dir verraten?«

»Tu dia koa Zwang o.«

»Auf dem Grund des Südchinesischen Meeres.«

»Moanst des eanst?«

»Ja, das mein ich ernst! Und jetzt zieh die Kappe von deinem Stabilo ab und fang an!«

Ute entschuldigte sich bei Wimmerforce. »Ich muß grad mal raus, ein kurzes Telefonat führen …«

Draußen vor der Tür rief sie Gerold an und fragte ihn, ob er herkommen könne. »Infantino wird jeden Tag wuschiger, und du solltest mal sehen, wie Uli Hoeneß sich aufführt. Der ist zapplig wie 'ne Aalsuppe im Sommerschlußverkauf! Hier braut sich irgendwas zusammen, mein Liebster, und ich glaube, daß du mich mit diesen Einzellern nicht länger alleinlassen solltest.«

»Bin schon unterwegs, liebe Ute«, sagte Gerold. »Unser verehrter Chef Münzenich wird allerdings nicht glücklich sein, wenn ich ihm mitteile, daß ich nach Indien fliegen muß. Er hat mich vor zwei Minuten auf einen Fall in Bad Bodenteich angesetzt. Da ist in den frühen Morgenstunden ein Kondomautomat gesprengt worden.«

»Sag ihm doch einfach, daß ich dich dringender brauche.«

»Wem? Dem Kondomautomaten?«

»Nein! Dem alten Arsch Münzenich!«

»Mit Vergnügen. Ich eise mich hier los, so schnell ich kann.«

»Und hast du schon was Neues vom Außenminister gehört?«

»Nein. Keinen Pieps.«

Das sei ja wieder mal typisch, sagte die Fischerin. »Ach, und bevor ich's vergesse – wenn du hier ankommst, wirst du dich als Kölner ausgeben müssen. Ich hab Infantino gesagt, daß ich mit jemandem aus Köln verlobt bin.«

»Und wieso in drei Teufels Namen hast du das getan?«

»Erklär ich dir später. Und ich soll dich von Rupert Wimmerforce grüßen!«

Nach diesem Gespräch trank Gerold einen Kartoffelschnaps.

Um Zia Baktash nicht zu enttäuschen, hatte Michael Ringel bei den Dreharbeiten noch tagelang ausgeholfen und Kabinettstückchen abgeliefert, von denen man bedenkenlos sagen konnte, daß sie selbst die schauspielerischen Spitzenleistungen der Altmeister Long Dong Silver, Sachsen-Paule und Max Hardcore in den Schatten stellten. Baktash dachte jedenfalls bereits an die Vergabe der Adult Video News Awards in Las Vegas und erblickte in seinem neuen Hauptdarsteller einen heißen Aspiranten auf die Auszeichnungen in den Kategorien »Hottest Newcomer« und »Male Foreign Performer of the Year«.

In einer frühmorgendlichen Verschnaufpause checkte Ringel seine E-Mails und fand eine von Ralf Sotscheck vor:

Lieber Michael,

sitzt Du gut? Thomas Gsella ist jetzt in Islamabad! Eine Bekannte von mir, die dort in der Alliance Française arbeitet, hat ihn gerade eben durch ein offenes Wohnungsfenster auf einem Nagelbrett liegen sehen. Beweisfoto hängt an!

Das Gebäude steht irgendwo an der Aga Khan Road. Eine Hausnummer hat meine Bekannte leider nicht entdecken können.

Good luck!

Ralf

Das Foto zeigte zweifelsfrei den alten Fahrensmann Gsella. Aber was, bei allen guten Göttern, mochte ihn dazu veranlaßt haben, in der Hauptstadt Pakistans ein Nickerchen auf einem Nagelbrett zu machen?

Ringel sah genauer hin und dachte: Ach du liebes Lieschen! Ragt da nicht sogar ein Bratenspieß aus Gsellas Wange? Und wenn ja – wieso, weshalb, warum?

Eins war sicher: Hier bestand Handlungsbedarf. Weder rasten

noch ruhen wollte Ringel, bevor er den Schleier dieses Geheimnisses gelüftet hatte.

Vorher stand allerdings ein letzter Take auf dem Strukturplan. Dabei mußte Ringel noch einmal alles geben, denn gemäß der genretypischen Dramaturgie verlangte das Drehbuch einen Showdown, der alle vorherigen Handlungshöhepunkte um Längen toppte. Die sieben Miminnen erbauten daher aus sich selbst eine Pyramide, deren Stufen Ringel zu besteigen hatte. Weil er jeder Partnerin gerecht werden wollte, ließ er sich jede Menge Zeit, und als er auf dem Gipfel ankam, erreichte auch seine eigene Kunstfertigkeit ihre Klimax.

Nach dieser Paradenummer war des Schulterklopfens und des fröhlichen Händeschüttelns fast kein Ende. Baktash versicherte dem schweißtriefenden Protagonisten, daß er ein Vermögen verdienen werde, wenn er von der Amateurliga in die der Profis wechsele, und das gesamte Filmteam sah ihn dann mit einer Träne im Knopfloch von hinnen ziehen.

Frohgestimmt durch das angenehme Gefühl, nun erst einmal von keinen niederen Trieben mehr abgelenkt zu werden, knatterte Ringel in Richtung Islamabad. Von den umständlichen Zollformalitäten am afghanisch-pakistanischen Grenzkontrollpunkt im Hochgebirge kaufte er sich mit einem 1975 ausgestellten Autogramm des bayrischen Ministerpräsidenten Alfons Goppel frei und rollte munter weiter um die Kurven. Aus vollem Hals sang er dabei die gesamte Oper »La Bohème« von Giacomo Puccini nach und legte einen besonderen Schmelz in die Worte, mit denen der Dichter Rodolfo der süßen Mimi mitteilt, daß sie ein liebliches Mädchen mit einem zarten, vom Mondlicht umflossenen Antlitz sei: »O soave fanciulla ... o dolce viso ... di mite circonfuso alba lunar ...«

Es war einige Stunden vor Mittag, als Ringel seinem Smartphone eine prickelnde Meldung des englischsprachigen Senders Radio Pakistan entnahm: In einem Festzelt vor der Mahabat-Khan-Moschee in der Stadt Peschawar werde an diesem Tag eine Blindverkostung von Pralinen stattfinden. Jedermann könne daran teilnehmen, und es würden Preise winken ...

Da konnte Ringel nicht widerstehen. Yummy yummy for my tummy, dachte er. Liegt Peschawar nicht direkt auf der Strecke?

Ja, so war es, und nicht allzu lange danach erklomm er die Kandidatenbühne, legte sich eine Augenbinde um und ließ sich ein Konfektstück nach dem anderen auf der Zunge zergehen. Im Unterschied zu seinen zwölf Gegenkandidaten konnte er jedes einzelne beim Namen nennen: »Lauensteiner Zartbitter«, »Krugette Noir«, »Bahibe Lactée«, »Hachez Noisette«, »Palet Argent von Valrhona«, »Pierre Marcolini Coeur Séduction mit frischem Himbeermark …«

Den krönenden Abschluß bildeten dreizehn von Chocolatiers vor den Augen des Publikums in feinstem Kakaopulver gewälzte Périgord-Trüffeln mit einer Umhüllung aus edler Tafelschokolade und frischer Sahne, in der Vanilleschoten und italienisches Trüffelöl mazeriert worden waren.

»La Madeline au Truffe!« rief Ringel wie aus der Pistole geschossen.

Ein ohrenbetäubender Beifallssturm brach los, als dem Überraschungssieger aus Berlin der Jackpot zugesprochen wurde: eine zweistündige Stadtrundfahrt mit der amtierenden Peschawarer Pralinenkönigin Anushey und ihren Zofen Leila und Kashmala.

Auch diese drei Schönheiten wußten über Ringel Bescheid, und sie machten ihm ihre Aufwartung, als er und sie in einer Kutsche mit geschlossener Karosserie kreuz und quer durch das traditionsreiche Handelszentrum auf dem indischen Subkontinent gekarrt wurden. Anushey wagte den ersten Schritt, indem sie sich bis auf das Untergewand entkleidete. Leila und Kashmala folgten diesem Beispiel und legten sogar noch eine Schippe drauf, wodurch Anushey sich dazu angeregt fühlte, auch ihrerseits jedes Schamgefühl fallenzulassen, und zum guten Schluß saßen die Pralinenkönigin und ihre Zofen unversehens so da, wie Gott sie geschaffen hatte.

Ringel erkannte darin einen schlüssigen Fingerzeig. Er löste seine Senkel, schleuderte seine Schuhe von sich, schälte sich aus allem heraus, was ihn fesselte, und fand die sanfteste Bereitwilligkeit, als er auf die gegenüberliegende Kutschbank lurchte. Dies ist ein west-östlicher Diwan der etwas anderen Art, dachte er. Hier versteht man zu leben!

Die Damen bedienten sich seiner ohne Zimperlichkeit. Sie nahmen sich Freiheiten heraus, die mit dem Anstandsgefühl von Töchtern aus gutem Hause eigentlich unvereinbar waren, aber ihre erhitzten Sinne verstellten ihnen jede Zuflucht auf den Pfad der Tugend, und aus Ringels Blutbahn sprach gebieterisch die Stimme der Natur.

»Dum fueris Romae, Romano vivito more«, sagte Dietlof Münzenich zu Kommissar Gerold.
»Heißt?«
»Solange man in Rom lebt, soll man auf römische Art leben. Und das gilt auch für Uelzen!«
»Tut mir leid, aber ich kann Ihnen nicht folgen.«
»Dann werde ich mich Ihnen zuliebe etwas klarer ausdrücken: Die schönen Tage von Aranjuez sind für Sie vorbei!«
»Ich kann Ihnen noch immer nicht folgen.«
»Können Sie nicht?«
»Nein. Aranjuez liegt in Spanien, Rom liegt in Italien, und wenn Vico Torriani recht hat, liegt Kalkutta am Ganges. Aber was hat das mit mir zu tun?«
»Das will ich Ihnen gern explizieren«, sagte Münzenich und bauchte seine rechte Wangenhöhle mit der Zungenspitze aus, was ihm schlecht zu Gesicht stand, weil sich sein Schmiß dadurch nach außen wölbte. »Sie werden sich künftig noch intensiver auf Ihre Kernkompetenzen im Landkreis Uelzen konzentrieren. Den Fall des Anschlags auf den Kondomautomaten in Bad Bodenteich haben Sie aufgeklärt, wie ich sehe, aber was ist mit dem angezündeten Kunststoffblumenkübel in Jelmstorf?«
»Wieso? Was soll mit dem sein?«
»Was mit dem sein soll? Der Zapfwellendiebstahl in Westerweyhe, die Sache mit den Lecksteinen und nun noch diese Sachbeschädigung in Jelmstorf – sehen Sie denn nicht das System dahinter?«
»Nein«, sagte Gerold. »Und ich hab auch keine Zeit mehr für diesen Kinderkram. Ich mach jetzt den Abflug.«

»Wie bitte? Was? Den Abflug? Wohin?«
»Nach Indien.«

Es war Münzenich anzusehen, wie tief diese Ansage in seinen Seelenhaushalt eingriff, aber davon durfte Gerold sich nicht beeinflussen lassen. Hier rief mit eherner Stimme die Pflicht, und deshalb ging er drei Stunden später in Hannover an Bord eines Flugzeugs der KLM Royal Dutch Airlines, um nach Mumbai zu fliegen.

Drei Reihen hinter ihm nahm ein Mann mit Schlapphut und künstlichem Schnurrbart Platz. Es war Münzenich. Ihn hatte nun doch die Neugier gepackt, und er wollte herausfinden, was sein widerspenstiger Untergebener in Indien zu treiben plante.

Gerold hatte ihn natürlich sofort entdeckt.

Auch bei den Zwischenaufenthalten im Flughafen Schiphol und im Indira Gandhi International Airport bei Neu-Delhi drückte Münzenich sich in Gerolds Nähe herum und hielt sich mühselig wach, damit er nicht abgehängt werden konnte. Während Gerold in einer der Ruhezonen zehn Stunden am Stück schlief, mit dem Kopf auf dem Koffer, kämpfte Münzenich verbissen gegen sein eigenes Ruhebedürfnis an, bis auch er irgendwann eindöste.

Geweckt wurde er von Gerold persönlich, der sagte: »Entschuldigen Sie bitte, mein Herr. Sie sehen so deutsch aus, und ich vertraue nur Deutschen. Mein Flug nach Mumbai ist gerade aufgerufen worden, und ich schaff's nicht mehr, diese Postkarte einzuwerfen. Könnten Sie das für mich tun? Das wäre sehr nett von Ihnen! Sie geht an einen guten Freund in Deutschland.«

Der verdatterte Münzenich nahm die Karte entgegen und sah sie sich an, während Gerold abspazierte. Adressiert war sie an:

Herrn Ersten Polizeihauptkommissar
Dietlof Münzenich
c/o Polizeikommissariat Uelzen
An der Zuckerfabrik 6
D-29525 Uelzen

Hat er mich durchschaut? fragte sich Münzenich und betastete seinen falschen Bart, der aber noch ganz passabel zu sitzen schien.

Die Karte trug den Text:
Lieber Chef,
auf meiner Reise nach Mumbai kreisen meine Gedanken oft um den Kunststoffblumenkübelbrand in Jelmstorf, doch ich kann mich nicht immer darauf konzentrieren. Während ich Ihnen das hier schreibe, bin ich nur fünf Meter Luftlinie von jemandem entfernt, der wie ein Hummelschwarm schnarcht.
So haben wir alle unsere kleinen Probleme.
Und ich sage mir trotzdem: Carpe diem!
Auf bald und mit herzlichen Grüßen
Ihr Gerold Gerold

Münzenich zerknüllte die Karte und hatte in den nächsten fünfzehn Minuten alle Hände voll damit zu tun, einen Anschlußflug nach Mumbai zu buchen und sich in derselben Maschine einzufinden wie Kommissar Gerold.

Wenn er mich erkannt hätte, dachte Münzenich, als er schwitzend auf seinen Sitzplatz sank, dann wäre dieser Stiesel ja wohl nicht so dumm gewesen, ausgerechnet mir die an mich gerichtete Karte anzuvertrauen ...

Um den menschlichen Fußpilz, der ihn verfolgte, scherte Gerold sich nicht. Er holte seine Lektüre wieder heraus: den dicken, von Lorenz Peiffer und Dietrich Schulze-Marmeling herausgegebenen Sammelband »Hakenkreuz und rundes Leder«. Darin stand Ungeheuerliches über den Fußballsport im Nationalsozialismus und die Dreistigkeit, mit der die höchsten DFB-Funktionäre nach Kriegsende im Geist der Nazis weitergemacht hatten. Aus diesem Buch erfuhr Gerold auch einiges über den Vorlauf der WM 1978 im diktatorisch regierten Argentinien:

Wie die Dreier-Junta mit Oppositionellen umzugehen gedachte, hatte ihr Chef, General Jorge Rafael Videla, bereits am 23. Oktober 1975 auf der Konferenz der gesamtamerikanischen Streitkräfte in Montevideo erklärt: »Wenn es notwendig zur Wiederherstellung des Friedens im Lande ist, dann müssen alle im Wege stehenden Personen sterben. Es müssen so viele Menschen wie nötig in Argentinien sterben, damit das Land wieder sicher ist.« Brigadegeneral Ibérico Saint-Jean, Gouverneur der Provinz Buenos Aires, wurde konkreter: »*Erst werden wir die Subversiven töten, dann ihre Kollaborateure, dann die Sympathisanten, danach die Indifferenten und zum Schluss die Lauen.*«

Kurz nach dem Militärputsch, las Gerold, sei der Leiter des argentinischen WM-Organisationskomitees einem Mord zum Opfer gefallen, den sein Nachfolger in Auftrag gegeben habe, der Konteradmiral Carlos Alberto Lacoste, der wiederum ein enger Verbündeter des damaligen Fifa-Präsidenten João Havelange gewesen sei. Bei alledem war's nur ums Geld gegangen:

Die Junta investierte 700 Millionen Dollar bzw. zehn Prozent des nationalen Budgets in eine WM-gerechte Infrastruktur. Einen (notwendigen) hohen Sieg in der Zwischenrunde über Peru ließ sich die Junta 35 000 Tonnen Getreide und einen 50-Mio.-Kredit kosten.

Aus ihren Killermethoden hatten die Putschisten kein Geheimnis gemacht:

Die »Süddeutsche Zeitung« zitierte im August 1977 einen hohen Offizier mit der Aussage: »Wir haben die stolze Bilanz von 15 000 erledigten Subversiven.« Der Offizier fügte hinzu, unter diesen 15 000 Ermordeten müsse man wohl damit rechnen, dass man zu 60 Prozent die Falschen erwischt habe.

Der DFB-Chef und Fifa-Vizepräsident Hermann Neuberger aber hatte sich nun mal einen reibungslosen Ablauf des Turniers gewünscht und nach einem Gespräch mit dem Diktator Videla festgestellt, daß »mit der Übernahme der Macht durch die Militärs« in Argentinien eine »Wende zum Besseren« eingetreten sei. Die Fifa habe »dadurch Partner mit Durchsetzungsvermögen bekommen«. Und überhaupt:

Das Demokratieverständnis der Südamerikaner sei mit dem der Europäer nicht vergleichbar; durch Diktaturen würden die Menschen »ab und zu mal wieder wachgerüttelt in Richtung gesundem Demokratieverständnis, wenn sie vorher vom Weg abgekommen sind«.

So hatte Neuberger sich 1978 vernehmen lassen.
Da geht einem ja das Messer in der Tasche auf, dachte Gerold. Was für ein Sauhaufen!

Im Chhatrapati Shivaji Maharaj International Airport in Mumbai flog Ute in Gerolds Arme. »Dat du mien Leevsten büst, dat du woll weest!« rief sie und drückte ihn an ihr Herz. »Guten Flug gehabt?«

»Sogar gleich drei davon, mein Zuckerschnütchen«, sagte Gerold. »Und ich hab einen treuen Reisebegleiter dabeigehabt: unseren alten Freund und Helfer Dietlof Münzenich. Er beschattet mich und bildet sich anscheinend ein, daß ich's nicht merke. Er müßte irgendwo hinter mir herumgeistern, aber sieh jetzt nicht hin. Laß uns lieber von hier verschwinden ...«

Sein Gepäck schickte Gerold mit einem Taxi voraus, und dann ging er mit Ute die dreieinhalb Kilometer bis zum Grand Hyatt zu Fuß.

In fünfzig Meter Abstand folgte Münzenich mit einem Trolley, der schauerlich quietschte.

Ute hakte sich bei Gerold ein und erklärte ihm, weshalb er sich gegenüber Infantino als Kölner ausgeben müsse. »Glaubst du, daß du das hinkriegst?«

»Isch musset halt druff ankumme losse«, sagte Gerold. »Mir wörre jo sieh, op dä Infantino misch för 'ne kölsche Jeck odä för 'ne Hochstaplä halde duut. Weeste, mir Köllnä hänn dä Dävise: Et hütt noch immä gutt jegonge!«

»Ogottogott. Am besten sagst du so wenig wie möglich, wenn Infantino in Hörweite ist.«

»Ach, dat wädd scho. Et kött, wie et kött!«

»Wir müssen jedenfalls aufpassen. He kann Kattschiet in Düüstern ruken.«

»Wie bitte?«

»Das heißt, daß Infantino einen gut ausgebildeten Geruchssinn hat. Vor allem in bezug auf Leute, die ihm am Zeug flicken wollen.«

»Und womit ist er momentan beschäftigt?«

»Er läßt in der Stadt Morbi im indischen Bundesstaat Gujarat auf Geheiß des Sultans von Brunei ein Schiffchen bauen. Und Hoeneß und Beckenbauer tüten den lieben langen Tag Einladungskarten für eine Party ein, die der Sultan da steigen lassen will.«

»Warum denn irgendwo in Indien und nicht bei sich zu Haus?«

»Ich hoffe, daß wir das gemeinsam herausfinden werden. Günter Netzer bucht jedenfalls schon überall in Gujarat Hotelzimmer für die Teilnehmer. Du wirst staunen, wenn ich dir die Gästeliste zeige. Da stehen sogar der Kurienkardinal Gerhard Müller und der saudische Kronprinz drauf …«

»Und wie geht's Rupert Wimmerforce? Ist er gut beieinander?«

»Du triffst den Nagel auf den Kopf. He frett as 'n Meihdöscher un hett sück düchtig wat up de Rippen sammelt.«

»Ist ein Meihdöscher ein Mähdrescher?«

»Ja. Aber sag mal – man liest im Internet so viel über dich und diesen Jungen, dessen Fahrrad du dir geliehen hast. Das ist doch wohl nur 'ne Zeitungsente, daß der jetzt psychiatrisch behandelt werden muß, oder?«

Gerold mußte prusten. »Von wegen Psychiatrie!« sagte er. »Dem geht's bombig! Letzte Woche hab ich ihm per Post 'ne Vintage-Retro-Ballhupe zum Geburtstag geschenkt, und er hat mich angerufen, um sich zu bedanken und mir zu erzählen, daß er seit dieser Verfolgungsjagd in Greetsiel ›the King of the Koppel‹ sei …«

»Dacht ich's mir doch. Hast du eigentlich Hunger?«

»Eher Durst.«

Das gehe ihr auch so, sagte die Fischerin. Sie lud Gerold dazu ein, sich mit ihr in ihrem Zimmer im Grand Hyatt »een op de Lamp to geten«, und dabei dürfe er sie »dööregnubbeln«.

»Ich hoffe, daß das nichts Unanständiges ist.«

»Wörtlich übersetzt bedeutet es ›massieren‹, aber du darfst den Begriff gern etwas weiter auslegen, mein Süßer. Darauf bin ich jetzt echt leckerfritzig …«

Der Erste Polizeihauptkommissar, der ihnen übermüdet hinterherschlurfte, sehnte sich derweil nach seiner Alma mater zurück, der Christian-Albrechts-Universität zu Kiel, an deren Zitzen er sich wohler gefühlt hatte als auf dem Bürgersteig unter dem unansehnlichen und lauten Western Express Highway in Mumbai. Barbarus hic ergo sum, quia non intellegor ulli, dachte Münzenich und hätte fast geweint, weil gerade eine der zwei Rollen seines Trolleys abgebrochen war.

24

Qadir Qazimi hüpfte förmlich im Dreieck vor Freude. Im Wangenfleisch des narkotisierten Studenten, das er mit einem dreißig Zentimeter langen Stahlspieß durchstochen hatte, schien sich Wundbrand zu bilden, und die nächsten Tutorien konnten beginnen.

Um Gsella in der Kunst der Selbstkasteiung zu unterweisen, hatte Qazimi ein Curriculum ausgetüftelt, von dem er glaubte, daß es diesem Erstsemester auf den Leib geschneidert sei. Zusammen mit Gsella wollte Qazimi oberhalb eines Dörfchens im indischen Bundesstaat Uttarakhand der Verbrennung der Witwe seines Großonkels beiwohnen und anschließend auf allen drei Hauptgletschern des Mount Everest mit Gsella meditieren. Für die Rückreise war ein Barfußlauf über heiße Glasscherben in einem Krematorium in Faisalabad angedacht.

Als Gsella sich abermals im Autokofferraum des Fakirs wiederfand, erreichte seine Stimmung ein neues Rekordtief. Er dachte an einen Song von Simon & Garfunkel:

Hello, darkness, my old friend
I've come to talk with you again ...

In tiefes Nachsinnen versunken wehrte der durchgeschüttelte Autor der vielgerühmten *Titanic*-Kolumne »Gsellalileo« abwechselnd den Spatenstiel, das Sägeblatt, den Akkutacker und den Kuhfuß ab und entschloß sich zu einer mannhaften Tat: Er zog den Spieß aus seinem Gesicht und stieß ihn Qazimi, als der den Kofferraum öffnete, mit Schwung ins Herz.

Der Fakir starb an Ort und Stelle, während Gsella aus der Blechbüchse herausstieg und seinem Selbsterhaltungstrieb zu folgen versuchte. Er sehnte sich nach Chiasamen, Calcium, Magnesium, Betacarotin, Omega-3-Fettsäuren und Oligofructose. Molken wollte er saufen, um wieder Fleisch auf die Lenden zu kriegen!

Weit und breit waren aber nur Felsen zu sehen.

Fieberglühend irrte Gsella talwärts.

Eigentlich hätte er ja auch das Auto nehmen können, aber sein Denkvermögen hatte gelitten.

Einmal wehte ihm der Wind eine Seite der *India Times* ins Gesicht, aus der er erfuhr, daß einen Tag zuvor in der nahegelegenen Stadt Rishikesh Freiwillige für ein Tandoori-Chicken-Wettessen gesucht worden seien, und nach weiteren neun über Stock und Stein verstolperten Kilometern fand er ein Ästchen, das man mit etwas Phantasie als Wünschelrute betrachten konnte.

Er suchte damit nach Wasser, denn er hatte einen Höllendurst.

Über einer sandigen Stelle zwischen zwei Steinklumpen schien die Rute auszuschlagen, und Gsella ließ sich auf die Knie nieder, um dort mit bloßen Händen einen Brunnen zu graben. Doch wie tief er auch grub: Er fand kein Quellwasser. Das einzige, was er ausbuddeln konnte, war die Erbschaft irgendeines Wüstenräubers: Silberdukaten, Dinare, Louisdors, Peseten, Guineen, Zechinen, Sesterzen, Rupien, Doppelgulden, Golddublonen und Piaster sowie Rubine, Smaragde und Saphire von der allergrößten Mannigfaltigkeit.

Das aber war ein Schatz, der Gsella nichts nutzte, weil er ihn weder trinken noch essen und auch nicht mitnehmen konnte, denn seine Dschellaba hing in Fetzen um ihn herum und hatte keine löcherlosen Taschen mehr.

Nach langem Herumirren entdeckte Gsella am späten Abend schließlich irgendwo in der Pampa eine trübe Regenpfütze. Dort stillte er seinen Durst, und obwohl das Wasser eisig kalt war, legte er sich im Adamskostüm hinein, um sich zu waschen.

Dabei erinnerte er sich an einen alten Hit:
In meiner Badewanne bin ich Kapitän!
Kann mit dem Seifennäpfchen Dampfer spielen.
In meiner Badewanne ist es wunderschön.
Da fang ich an, die Meere aufzuwühlen ...
Weil er kein Seifenstück besaß, rieb er sich mit einem Kieselstein ein, und aus Eigenliebe stellte er sich vor, er wäre ein großer Herr und läge irgendwo in der Karibik in der Meeresdünung.
Ich fühle mich als Mann der Tat
und drehe an dem Wasserhahn
und bin ein wilder Seepirat
auf weitem O-ze-an ...
Seine Rippen schienen ausheilen zu wollen, während ihm das Zahnweh, die Wangenwunden und der Nasenbeinbruch weiterhin zu schaffen machten. Aber Gsella wäre nicht Gsella gewesen, wenn er seinen Überlebenskampf an dieser Stelle aufgegeben hätte. »Den vielzitierten ›point of no return‹ hab ich noch nicht erreicht«, sagte sich der Verfasser des Auswahlbandes »Gsellammelte Prosa«.
Und wenn mir das schöne Spiel zuviel wird,
ziehe ich den Stöpsel schnell heraus,
und ich schreie, weil das Wasser kühl wird,
einfach »SOS« und steige aus!
Ganz so einfach war es dann allerdings nicht, aus der zwei Meter langen Pfütze aufzustehen, denn an ihrem südlichen Ende erschien unangemeldet ein Königstiger und schaute Gsella tief in die Augen.

Dessen Zehen krümmten sich, und alle Schmerzen waren wie weggeblasen.

Wann und wo hatte er zuletzt einen Königstiger gesehen? Im Frankfurter Zoo?

Der heiße Atem der Raubkatze strich über Gsellas frierende Füße.

Was tun? »Pack den Tiger in den Tank«, dieser alte Reklamespruch der Firma Esso fiel ihm ein, doch der half ihm nicht weiter.

Ohne den Blickkontakt zu unterbrechen, senkte der Tiger den Kopf.

Das kann nicht sein, sagte sich Gsella. Ich hab erst elf Gsellatronics-Videos auf Youtube eingestellt, und jetzt soll ich hier aufgefressen werden?

Er griff nach seiner stinkenden Dschellaba, warf sie dem Tiger ins Gesicht, sprang aus der Pfütze auf und rannte hilfeschreiend, splitternackt und wie der Wind davon.

In Islamabad hatte Michael Ringel fast alle Häuser an der Aga Khan Road abgeklappert, ohne Thomas Gsella zu finden. Nur ein letztes kam noch in Frage, doch er machte sich keine großen Hoffnungen, als er dort an die Pforte klopfte.

Eine bildschöne Frau öffnete die Tür und schrie vor Wonne auf, als sie gewahr wurde, wer hier vor ihr stand. Sie gehörte den besseren Kreisen an, die über Ringel auf dem laufenden waren. Außerdem amtierte sie als Präsidentin des Islamabader Katja-Ebstein-Fanklubs, und wie es der Zufall wollte, hatte Ringel ein Autogramm dieser beliebten Sängerin zur Hand. Ein Wort gab das andere, und binnen einer Stunde fanden sich im Serail der Präsidentin alle sechsunddreißig weiblichen Mitglieder des Fanklubs ein, um den von Mythen umwölkten Gast aus Europa in ihre Mitte zu nehmen.

Das liebeverheißende Lächeln der Damen animierte Ringel dazu, seine Hemdknopfleiste zu öffnen, und sie taten es ihm nach. Ja, sie gingen noch zwei Schritte weiter und legten zügig alles ab, was einer vollen tantrischen Vereinigung von Yoni und Lingam hinderlich gewesen wäre: Korseletts, Bustiers, Burkinis, Büstenhalter und andere Miederwaren sowie Stilettos, Stockings, Strings und Strapse.

Ringel fühlte sich davon angesprochen, denn er war schließlich nicht aus Holz. Er sah sich aber jetzt vor große Aufgaben gestellt. Zustatten kamen ihm dabei seine Erfahrungen im Simultanschach: Er begann mit einer Saragossa-Eröffnung und parallel mit einem Königsindischen Angriff, entwickelte geschickt seine Springer, vermied die gängigen Stellungsmuster, führte große und kleine Rochaden aus, neutralisierte im Mittelspiel die Mattsetzungsversuche und nahm mehr als einen Damentausch in Kauf, um auf die Siegerstraße zu gelangen.

Die Töne, die er dabei aus seinen Matchpartnerinnen hervorlockte, waren ihm eine sichere Bürgschaft dafür, daß er sich auf dem richtigen Weg befand.

Obwohl der bunte Abend bis zum frühen Morgen dauerte, wurden Ringel die Lider nicht schwer. Und in einem fort sang währenddessen Katja Ebstein vom Plattenteller:

Wunder gibt es immer wieder –
heute oder morgen
können sie geschehn!
Wunder gibt es immer wieder –
wenn sie dir begegnen,
mußt du sie auch sehn!

Als das große Werk vollbracht war, füllte Ringel sich seinen Ranzen mit den süßen Sesamklopsen und den Ingwerbonbons, die ihm die glückstrahlenden Klubmitglieder in die Baggerleiste schoben. Ihm war so wohl wie dem berühmten Mops im Haferstroh. Selbst bei einer strengen Selbstprüfung hätte er nach dieser himmlischen Nacht keinen Wunsch in sich mehr unerfüllt vorfinden können.

Sein Blut pulsierte nun ruhiger, und nachdem er sich ausgeschlafen und von allen Vereinsmitgliedern tränenreich Abschied genommen hatte, steuerte er die nächste Tankstelle an. Hier fiel ihm jedoch siedendheiß ein, daß er sein Portemonnaie in der Kutsche der Pralinenkönigin liegengelassen hatte. Und er besaß bloß noch ganze fünf Autogramme!

Bewundernswerterweise verlor Ringel in dieser kniffligen Lage nicht die Nerven. Er beschaffte sich mit einem Autogramm von Uwe Seeler eine Tankfüllung, einige Reservekanister Benzin und etwas Wegzehrung und fuhr dann zum nächsten Tierheim, um einen Personenspürhund zu erwerben, wobei er sich fragte, mit welchem seiner Autogramme er dort wohl den besten Tauschhandel machen werde.

Dem Tierheimleiter Yassin Qureshi waren die internationalen Tarife wohlvertraut. Für eine Autogrammkarte von Heinz Rühmann bot er Ringel einen Pudelmischling an und für eine von Ernst Jünger einen Affenpinscher, aber ein Autogramm des Alleinunterhalters Fips Asmussen war Qureshi einen reinrassigen, entwurmten und geimpften Golden Retriever wert, der eine erstaunliche Ähnlichkeit mit dem Fußballweltmeister Hans-Georg »Katsche« Schwarzenbeck hatte.

Ringel entschied sich für den Retriever und erstand für die Autogramme von Rühmann und Jünger außerdem einen großen Eimer Trockenfutter, einen Kauknoten, zwei Schinkenknochen und ein Latexhuhn als kleines Spielzeug für das große Tier.

»Ja, ja, ja, du bist ein braves Hundchen«, sagte Ringel, drückte seine Nase ins weiche Fell des Retrievers und tätschelte ihm den Hals. »Und ab heute heißt du Katsche, ja? Und weißt du was? Gleich unternehmen wir was Feines. Wir gehen auf die Jagd nach Thomas Gsella!«

Katsche schien das für eine hammermäßige Idee zu halten, denn er schleckte dem neuen Herrchen quer übers Gesicht und sprang ausgelassen jaulend umher. Zwölf lange Monate hatte er in einem Zwinger gedarbt, und es war höchste Zeit für ein bißchen Amüsement. Tridi hejo!

Ringel zog einen Bierfilz aus der Gesäßtasche, den er seit mehr als zwanzig Jahren bei sich trug. Darauf stand:

Wir, Thomas Gsella und Michael Ringel, wetten heute darum, wer von uns zuerst den Waldemar-von-Knoeringen-Preis erhält, den die in Kochel am See beheimatete Georg-von-Vollmar-Akademie für Verdienste auf den Gebieten von Politik, Wissenschaft, Journalismus und Kunst vergibt. Derjenige von uns, der den Preis als Erster bekommt, hat verloren und schuldet dem Sieger ein Jahresabonnement der Zeitschrift »Die tollsten Geschichten von Donald Duck«.

Ausgestellt und unterzeichnet worden war das Dokument in einer bierseligen Buchmessenacht in den späten Neunzigern.

»Riech mal, Katsche«, sagte Ringel und hielt dem Hund die Stelle mit Gsellas Unterschrift hin. »Kannst du die Witterung aufnehmen?«

Oja, das konnte Katsche! Er bellte zweimal auf und stürzte los, und Ringel jagte ihm in seinem Skoda hinterher.

Eine kurze Unterbrechung der rasenden Fahrt trat ein, als Ringel sich am pakistanisch-indischen Grenzübergang von seinem letzten Autogramm trennen mußte, um durchgelassen zu werden. Es stammte von der Kommentatorenlegende Rolf Töpperwien, und er rückte es nur mit schweren Bauchschmerzen heraus, weil es ihm lieb und teuer war, denn Töpperwien hatte es mit zwei persönlichen Zusatzvermerken garniert: »Wir sind alle total Töppi!« Und: »Lieber Michael, auch Du bist Töppi!«

Doch für Gsella war Ringel kein Opfer zu groß.

Die Zollbeamten rafften das Artefakt begierig an sich und gaben dem Mann von der *taz* freie Bahn.

Und weiter ging's, bis Katsche nach einem an die siebenhundertvierzig Kilometer langen Dauerlauf am Fuße des Himalaya vor den Gold- und Geldschätzen stehenblieb, die Gsella ausgegraben hatte.

»Guter Hund«, sagte Ringel und reichte Katsche einen der Schinkenknochen. »Hast dir ein Leckerli verdient!«

Mit diesem Schatz war Ringel auf eine unabsehbar lange Zeit wieder flüssig. Er lud ihn Stück für Stück in sein Auto und überlegte, wo Katsche und er die Nacht verbringen sollten. Da er die Beatles liebte und wußte, daß sie sich einst in Rishikesh im Ashram des Gurus Maharishi Mahesh Yogi der Transzendentalen Meditation unterzogen hatten, fuhr er dorthin.

Wer aber hätte den Knalleffekt beschreiben können, der sich in Ringels Eiterbombe malte, als ihm die Ashramtür von seiner verflossenen Reisebekanntschaft Reintje aufgetan wurde?

Und sie war nicht allein. Es fehlte keine einzige der anderen Frauen, mit denen er sich im Verlauf seiner Rettungsmission auf eine Liebschaft eingelassen hatte. Sie alle waren Ringel nachgereist: das quirlige Zimmermädchen Kimia aus Teheran, die unersättliche Shalal Mirza-Meier, die liebe Gülnur aus Ahvaz, Nangjalai Ufoqs Töchterpaar, die Soldatin Sharona, die kontaktfreudigen Kabulerinnen Abdulfettah und Gloriana, Haschmatullahs fünf Ehefrauen und sämtliche Konkubinen aus den wilden Nächten in der Dschalalabader Kfz-Werkstatt, den Höhlen von Tora Bora und der Peschawarer Kutsche sowie der gesamte Katja-Ebstein-Fanklub aus Islamabad. Frohsinn durchglühte den Frauen das Herz, als Ringel eintrat. Er wiederum zählte die Häupter seiner Lieben. Aus allen vier Winden pflückte er sich Küsse, und sein Geist sammelte sich in der göttlichen Ruhe wahrer Zufriedenheit.

Nach einem pompösen Festmahl, bei dem für Katsche nebenbei ein komplettes Wildschwein abfiel, ging die Runde zu einem geselligen Beisammensein über. Man begann mit Strip-Canasta und anderen Pfänderspielen, die Ringel aus dem Eff-Eff beherrschte, so daß er nach einer Stunde gerade einmal einen Schuh und eine Socke hatte hergeben müssen, während seine Mitspielerinnen bereits keinen Faden mehr am Leibe trugen. Doch so kam der Vollblutjournalist natürlich nicht davon. »Doe ons een groot plezier«, rief Reintje. »Kleed je uit!«

Er gewährte diese Bitte ohne Zögern, und die freudetrunkene Frauenschar umflatterte ihn dabei wie ein fleischgewordener Engelsreigen. Ihre Anfeuerungsrufe fielen auf fruchtbaren Boden, denn Ringels Dankbarkeit verwandelte sich nun in reine Energie, und bis zum nächsten Sonnenaufgang sah er sich durch die vervielfachten Vertrauensbeweise seiner Mätressen reichlich belohnt. Sie waren zur Liebe geboren und schenkten dem alten Schlawiner ihre volle Gunst.

Vom Eise befreit sind Strom und Bäche, dachte Ringel versonnen, als die Soirée nach zehn oder zwölf Stunden ihrem galaktischen Finish entgegentrieb. Om mani padme hum!

»Ich dusch mal«, sagte Ute. »Und hier hast du was Schönes zu lesen. Falls du deine Gedanken kurz von mir losreißen kannst …«

Das Taschenbuch, das sie ihm zuwarf, stammte von dem Schriftsteller Fritz Tietz. Es hatte den Untertitel »Expeditionen in die Provinz« und den Obertitel »Zwischen Gourmetstation und Suppenhaarmuseum«.

Gerold, der sich noch in den Federn wälzte, schlug es auf und erkundigte sich, welche Geschichte darin denn besonders empfehlenswert sei.

»Lies die ab der Seite einhundertvierzehn«, rief Ute ihm aus dem Badezimmer zu. »Da schildert Tietz einen Besuch bei Oliver Kahn!«

»Dem Torhüter?«

»Ja, natürlich! Oder kennst du noch andere Kahns?«

»Olivers nicht, aber da gab's doch mal diesen Futurologen ... Hieß der nicht Herman Kahn? Und dann wären da noch der Schauspieler James Caan ... und der Kunsthistoriker Daniel-Henry Kahnweiler ...«

Hier hörte die Fischerin schon nicht mehr zu. Sie stand unter der Brause und dachte an die Einkäufe, die getätigt werden mußten, weil das Taxi mit Gerolds Gepäck auf Nimmerwiedersehen in Mumbai verschwunden war. Infantino hatte netterweise einen seiner Maßanzüge an ihn abgetreten, für eine Leihgebühr von täglich eintausend Euro, doch nun fehlten noch Unterhosen, Oberhemden, Strümpfe und Rasierzeug.

Gerold las währenddessen, daß Kahn ein mittelstürmeroberschenkeldickes Holzscheit durchgebissen habe, um zu beweisen, daß er keine Unterbißkorrektur brauche. Danach hatte sich laut Tietz die folgende Szene mit Kahns Ehefrau abgespielt:

Plötzlich schneit Simone rein: »*Olli, ich fahr noch schnell zur Post, ein Paket aufgeben.*« *Da furiost der Torwart hoch, fast so wild wie auf 'm Platz.* »*Nie aufgeben, hörst du, niemals aufgeben*«, *zetert er. Er zerrt Simone an den Haaren runter, krallt ihr seine Faust ins Gesicht, brüllt:* »*Immer weitermachen, hab ich gesagt, immer weiter.*« *Simone Kahn gibt sich geschlagen.* »*Na gut, dann gebe ich das Paket eben nicht auf. Dann laß ich's eben weitermachen. Meine Güte. Jetzt krieg dich mal wieder ein, blöder Spinner.*«

Das fand Gerold sehr viel schöner als das indische Unterzeug, das ihm die Fischerin zwei Stunden später von ihrer Einkaufstour mitbrachte, und er stand auch mit dem Anzug von Infantino auf Kriegsfuß. »Der ist mir zu eng ...«

»Da mußt du jetzt durch«, sagte die Fischerin. »In einer Stunde werden wir in Infantinos Jet nach Rajkot fliegen, wie ich gerade erfahren habe.«

»Rajkot?«

»Eine indische Stadt auf der Halbinsel Kathiawar. Von da geht's mit 'ner Mietlimousine weiter nach Morbi. Und denk daran, datt du 'ne kölsche Jung bist!«

Gerold beherzigte das zwar, als sie mit Infantino, Netzer, Beckenbauer und Hoeneß nordwärts flogen, aber seine Imitation der kölschen Mundart blieb stümperhaft.

Infantino konnte das besser. »Levve un levve losse«, sagte er nach dem Start zu Gerold, öffnete eine Flasche Scharzhofberger Riesling Trockenbeerenauslese und stieß mit ihm und Ute auf das gute Gelingen der großen Feier in Morbi an. »Su jung wie hück kumme mer nit mih zesamme!«

Gerold fühlte sich bemüßigt, etwas darauf zu erwidern. Im Internet hatte er sich ein paar kölsche Sprüche angelesen, die in seinem Kurzzeitgedächtnis jedoch nur schemenhaft hängengeblieben waren, und deshalb sagte er: »Et trinkt do Minsch, et sőfft dat Pierd, doch hött, dö üsset ömmjekiehrt!«

Ute trat ihm verstohlen auf den Fuß, und in Infantinos Miene schlich sich etwas leicht Irritiertes ein. »Ist Köln nur Ihr Geburtsort oder sind Sie dort auch aufgewachsen?« fragte er.

»Darüber spricht mein Verlobter nicht so gern«, rief Ute dazwischen. »Er kommt aus einer ziemlich kaputten Familie, müssen Sie wissen. Ist doch so, mein Liebster, nicht?« Sie sah Gerold beschwörend an, was bedeuten sollte: Nichts mehr sagen – nur nicken!

Diese stumme Botschaft erreichte ihn aber nicht. »Äh jo ... su üsset wull«, stammelte er. »Mer felle örschenzwie die Wöddä, wöt müng Famillje beträff ...«

»Aber Sie sind ja nun ein gestandenes Mannsbild und haben doch gewiß Ihren Platz im Leben gefunden«, sagte Infantino.

Auf seiner Suche nach einer Antwort kam Gerold eine Redewendung in den Sinn, die er als passend empfand: »Wönn mö nött döt hött, wöt mö jörn hött, dönn mött mö hölt döt jörn hönn, wöt mö hött!«

Ute genügte es nun. »Mein Schätzchen«, sagte sie, »du wolltest dich doch noch rasieren! Kannst du das jetzt nicht eben erledigen?«

Diesen Wink verstand Gerold. Er wühlte seine Waschtasche aus dem Handgepäck, stand auf und drückte sich auf dem Weg zur Toilette an Beckenbauer und Hoeneß vorbei, die an einem eigenen Tischchen saßen und fünfhundert Sonderbriefmarken anlecken und auf die Umschläge mit den Einladungskarten für die Feier pappen mußten, während Netzer im Cockpit am Steuer saß.

Auf der Toilette bemerkte Gerold, daß in der linken Innentasche des von Infantino ausgeborgten Anzugs ein Papier steckte. Er holte es heraus und faltete es auseinander. Es war ein Brief von Michael Lauber, einem ehemaligen Schweizer Bundesanwalt, der zurückgetreten war, um einem Amtsenthebungsverfahren zu entgehen, das ihm wegen seiner Kungeleien mit Infantino geblüht hatte.

Ist ja interessant, dachte Gerold und las, was Lauber dem Fifa-Chef geschrieben hatte:

Gianni, Gianni!

Wenn Du weiterhin darauf bauen möchtest, daß ich unsere Geschäftsverbindungen diskret behandele, dann mußt du diesmal ein bißchen mehr springen lassen als letztes Jahr. Ich erwarte mindestens das Zehnfache. Die Nummer des Kontos der Firma auf Trinidad ist Dir ja bekannt.

Uf Widerluege!

Dein Michi

Fein, wenn man so nette Freunde hat, dachte Gerold, und dann klingelte sein Handy.

»Ja bitte?«

»Lukas Mampe hier. Herr Gerold?«

»Am Apparat.«

»Sie hatten mich um einen Rückruf gebeten, diesen Herrn Nagata betreffend. Ich kann Ihnen die Mitteilung machen, daß es sich erübrigt, noch weiter darüber nachzudenken, ob er politisches Asyl bei uns erhalten sollte, denn er ist gestern nacht aus dem Gefängnis ausgebrochen.«

»Scheibenkleister.«

»Sie nehmen mir das Wort aus dem Mund! Nach dem jüngsten Stand der Erkenntnisse ist Nagata bei einer ärztlichen Untersuchung aus dem Fenster gesprungen und mit einer Thomas-Gsella-Maske abgetaucht.« Mampe seufzte. »Diese Masken trägt ja mittlerweile halb Deutschland, so daß die ganze schöne Videoüberwachung für die Katz ist. Für mich hat der Fall Nagata jedenfalls seinen Reiz verloren. Und ich hab hier auch wirklich andere Sorgen. Haben Sie heute die Nachrichten verfolgt?«

»Nur die indischen Wetternachrichten.«

»Sind Sie denn in Indien?«

»Ja. Wenn unsere Soldaten Deutschlands Freiheit am Hindukusch verteidigen, dann kann ich das als kleiner Beamter ja auch mal in Indien tun. Und welche Nachrichten haben Sie gemeint?«

»Bei der Tagung des Golfkooperationsrats in Al-Ula in Saudi-Arabien hat sich heute ein wahhabitischer Geistlicher verbrannt, um gegen die Zerstörung der Kaaba zu protestieren, und es gehen gerade mehrere Millionen Muslime in aller Welt auf die Barrikaden ...«

Bis auf die Knochen entzaubert, schwach vor Alter, schmusebedürftig und in anderthalb Meter Rollenwellpappe gehüllt, die er auf einer wilden Mülldeponie entdeckt hatte, taperte Thomas Gsella durch die Walachitze. Ihm war gegeben, auf keiner Stätte zu ruhen. Vor dem Königstiger hatte er davonlaufen können, aber niemand, den er um ein Reiskorn anbettelte, erbarmte sich seiner.

Wie Räder drehten sich die beiden Tageshälften um, und des Nachts wandelte Umschau haltend der Mond. Doch dessen Licht konnte Gsella nicht aufmöbeln. Es schien fast so, als hätte er sich in den alten Song »We Three (My Echo, My Shadow and Me)« von The Ink Spots verlaufen:

We three, we're all alone
Living in a memory
My echo, my shadow, and me ...
Ein Dichter, der willens gewesen wäre, Gsellas Abenteuer zu schildern, hätte aber wohl mit noch ernsteren Worten anheben müssen:
Sage mir, Muse, die Taten des vielgewanderten Mannes,
Welcher so weit geirrt nach der heiligen Kaaba Zerstörung,
Vieler Menschen Städte gesehn und Sitte gelernt hat
Und auf der Reise so viel unnennbare Leiden erduldet ...
Irgendwo zwischen den Städten Rishikesh und Muzaffarnagar schwor Gsella der Aushäusigkeit ein für allemal ab. Nie wieder wollte er die Einladung zu einer Lesung annehmen oder auch nur irgendeinen Kurzurlaub antreten!

Er fraß Gras wie Ochsen, und sein Leib lag unter dem Tau des Himmels.

Weil er ein belesener Mann war, mußte Gsella am dritten oder vierten Wandertag an ein Gedicht von Christian Hoffmann von Hoffmanswaldau denken:
Was ist die Welt und ihr berühmtes Glänzen?
Was ist die Welt und ihre ganze Pracht?
Ein schnöder Schein in kurzgefaßten Grenzen,
Ein schneller Blitz bei schwarzgewölkter Nacht;
Ein buntes Feld, da Kummerdisteln grünen;
Ein schön Spital, so voller Krankheit steckt.
Ein Sklavenhaus, da alle Menschen dienen,
Ein faules Grab, so Alabaster deckt ...
Ein wenig Zuversicht keimte in Gsella auf, als er eine leere Kakaoflasche mit einem Schraubverschluß fand. Er riß ein Eckchen von der Pappe ab, die seine Blöße deckte, fingerte Wundsekret aus einem seiner Wangenlöcher und schrieb damit einen Notruf auf den Pappfetzen:
An den ehrlichen Finder!
Ich heiße Thomas Gsella. Infolge widriger Umstände habe ich mich

irgendwo in Indien verlaufen. Benachrichtigen Sie bitte die nächste Polizeidienststelle!

Sollte ich dank Ihrer Hilfe gerettet werden, schenke und signiere ich Ihnen eine Ausgabe meines mit vielen Zeichnungen von Rudi Hurzlmeier illustrierten Büchleins »Trinkgedichte«.

Diesen Schrieb pfropfte er in die Flasche, schraubte sie zu und schleuderte sie in den Ganges, der sich neben ihm schwarzbraun dahinwälzte. Wider alle Vernunft hoffte Gsella, seine Flaschenpost werde über den Golf von Bengalen und den Indischen Ozean zum Rhein-Maas-Delta und dann flußaufwärts bis an ein Aschaffenburger Mainufer schippern.

Sie wurde jedoch prompt von einem Krokodil verschluckt, was Gsellas Laune nicht verbesserte.

Er schwankte weiter, und ein neuer Hoffnungsfunke stob in seiner Seele auf, als ihm ein zahmes Muli zulief, auf das er sich legen konnte.

Es schleppte ihn bis in die Nähe des Dorfes Brampur.

Like a dog without a bone
An actor out alone
Riders on the storm ...

Dort warf das Maultier ihn ab, weil es seinen Gestank nicht mehr ertrug, und der geschwächte Gsella blieb im Straßenkot liegen und träumte von Zahnseide, Hochzeitstorten und Akupressur.

Da nun abermals die Morgenröte aufging, nahte eine Elefantenkarawane. Begleitet vom Klang vielzähliger Muschelhörner, Zimbeln und Trommeln, von deren Schall der Boden zitterte, kam sie zum Stillstand, als der Maharadscha Rahul Chakrabarti ihr zu halten gebot. Er thronte auf einem reichverzierten, mehrsitzigen Sattel aus Palisanderholz auf dem Rücken des Leitbullen und hieß die Instrumente schweigen.

Stattlich war Chakrabartis Statur; elf Ellen hoch war er gewachsen. Wie Lapislazuli schimmerten seine Koteletten, und eine prächtige Pfauenfederhaube schmückte ihn. Seine Lakaien trugen Röcke von Scharlach mit seinem goldgestickten Wappen auf Brust und Rücken.

Vierzig Edelknaben, dreißig Hellebardiere und zweihundert Leibschützen sowie allerlei Lebenskünstler, Gaukler, Feuerspeier, Freudenmädchen und Nutztiere bildeten sein Gefolge.

Chakrabarti, der sich auf einer längeren Lustreise befand, war sehr reich an Vieh, Silber, Gold und Monstertrucks. Ja, er war reicher als der Assyrerkönig Assurbanipal, aber auch wohltätig und gerecht, und als er den verkümmerten, von einem unbeschreiblichen Martyrium gezeichneten Gsella in der Gosse erblickte, fragte er ihn zunächst auf Hindi und dann auf Englisch, was er dort mache.

»Intervallfasten«, sagte Gsella.

»Oho!« rief Chakrabarti erfreut. »Sie sprechen Deutsch?«

Der Maharadscha war ein eingefleischter Fan von Rot-Weiß Essen und hatte deswegen in einer Volkshochschule in Kalkutta Deutsch gelernt. Und nun gab er Gsella die Order, auf den Rüssel des Leitbullen zu steigen und sich hinaufreichen zu lassen.

Das schaffte der arme Poet so gerade noch, und als er oben neben Chakrabarti auf dem Samtpolster des Sattels saß, durfte er eine Zweiliterflasche Tafelwasser austrinken.

Danach ergriff er die rechte Hand des Maharadschas, überhäufte die Rauchquarzringe an dessen Fingern mit Küssen und sagte: »So müßt Ihr ein sehr hochstehender Herr sein, welcher gewohnt ist, nur in der Form des Befehles zu sprechen. Ich lege Euch also mein Leben zu Füßen und bitte Euch um die große Barmherzigkeit, mir zu erlauben, mich von dem Atem Eures Mundes umwehen zu lassen ...«

»Aber warum denn so förmlich?« fragte Chakrabarti. »Machen wir's uns doch ein bißchen leichter. Du kannst Chaki zu mir sagen!«

Gsella schluchzte auf. Hatten seine Kümmernisse jetzt ein Ende?

In die wunden Löcher seiner Wangen fraß sich das Salz seiner Freudentränen, doch das spürte er kaum. »Ich heiße Thomas«, sagte er, und riesengroß war das Hallo, als er verriet, daß er zwar in Aschaffenburg wohne, aber aus Essen stamme. Diese Nachricht versetzte den Maharadscha in einen wahren Glückstaumel. Während die Karawane sich wieder in Marsch setzte, unterhielten die beiden

Männer sich lachend und hochgestimmt über die 8:1-Niederlage, die Rot-Weiß Essen der Spielvereinigung Erkenschwick im Januar 1972 in der Regionalliga West bereitet hatte, und über das 16:0, mit dem der VfR Kupferdreh in der Saison 1946/47 in der Ruhrbezirksliga im Essener Stadion an der Hafenstraße untergegangen war.

Nach einem langen Ritt ließ Chakrabarti abends am Ufer des Ganges ein Lager aufschlagen und Gsella zu Ehren vier Trappgänse, zwei Schafe und ein Kamel schlachten. Sodann wurden direkt vor der Nase des »hintersinnigen Humoristen Gsella« (*Fuldaer Zeitung*) zwanzig frischgeangelte Karpfen geschuppt und mit fünfhundert Datteln sowie zweihundert hartgekochten und geschälten Regenpfeifer-Eiern gefüllt. Mit den Karpfen wurden anschließend die gewürzten Trappen gefüllt, mit den Trappen die Schafe und mit ihnen das Kamel.

Andere Diener hoben ein zehn Meter breites und acht Meter tiefes Feuerloch aus, entfachten darin eine anderthalb Meter dicke Kohlenglut und senkten das gefüllte und mit Palmenblättern umwickelte Kamel hinein.

Gsella, dem das Wasser im Munde zusammenlief, fragte den Maharadscha, wie lange das Kamel denn garen müsse, bis es durch sei.

»Zwei Tage«, sagte Chakrabarti. »Aber keine Angst! Bis dahin wirst du nicht verschmachten ...«

Er ließ einen Tisch für Gsella decken und das Beste vom Besten auftragen: Ballonbrote mit Panzernashornfersenpastete, blanchierte Nachtigallenzungen, Pfaueneiersalat, gedämpfte Flamingoleber, ein mit Silberreiherbrühe abgelöschtes Holunderpilz-Goldrückenspechtschenkel-Ragout und zum Nachtisch dreißig in Papayahonig geschwenkte Nougatwürfel mit kandierten Veilchenblüten. Dazu gab es ein Tröpfchen aus den edelsten Rebstöcken der Region Kaschmir.

Gsella kaute und schluckte mit aller gebotenen Vorsicht an seiner wehen Stelle im Unterkiefer vorbei und lobte den Maharadscha: Er sei ein wahres Vorbild frommer Gastlichkeit.

»Da nich' für, mein Lieber«, sagte Chakrabarti. »Wer ist der Schreck vom Niederrhein?«

»Nur der RWE!« schrie Gsella aus voller Kehle.

»Siehste wohl. Und denk immer daran: You'll never walk alone!«

25

Es tat sich was im Hangar des Sultans von Brunei. Fünf Kulis wuselten um eine viermotorige Maschine herum, zogen die Abdeckplanen von den Propellern, überprüften die Vergaserschellen und die Zündkerzenstecker, füllten Öl nach, maßen den Reifendruck, kontrollierten den Sitz der Nieten am Fahrwerk, am Rumpf, an den Flügeln, am Querruder, am Seitenruder und an den Landeklappen sowie am Seiten- und am Höhenleitwerk, und nachdem sie das Flugzeug betankt und von innen und außen peinlich genau gereinigt hatten, salutierten sie, denn der Sultan erschien.

Zwanzig Meter hinter dem Heck hielten Dietrich zur Nedden und Borromäus Görzke sich in einem Pappkarton versteckt. Sie hatten die Landesgrenze unbemerkt übertreten und sich in den Hangar geschlichen, weil sie glaubten, daß der Sultan von dort zu seiner Rachetat aufbrechen werde. In den Karton hatten sie Kucklöcher gebohrt, so daß sie jetzt gut sehen konnten, wie Hassanal Bolkiah persönlich einen Walkaround und einen Innencheck vornahm.

»Bestimmt issa gleich wieda am Knöttern, der olle Bollerkopp«, sagte Görzke, und zur Nedden hielt ihm den Mund zu.

Der Sultan war tatsächlich nicht zufrieden. In der Pilotenkanzel fuhr er mit seinen weiß behandschuhten Fingern über die Sauerstoffverbrauchsanzeige, und weil ein Stäubchen an ihnen hängenblieb, ließ er den Oberbefehlshaber der Königlichen Luftstreitkräfte antreten und schoß ihn tot.

Görzke konnte sich nicht zurückhalten. Er schob zur Neddens

Hand weg und flüsterte: »Verdorri nomma! Hat der die Pfanne am Eitern? Dat wär doch gezz echt nich nötig gewesen!«

Mit hochgerecktem Kinn verließ der Sultan den Tatort, und die Kulis schafften die Leiche fort. Danach beseitigten sie mit Feudeln und Schwämmen die Spuren, wienerten eine halbe Stunde lang die Sauerstoffverbrauchsanzeige und marschierten ab.

In aller Stille kletterten zur Nedden und Görzke nun aus dem Karton und brachen in das Flugzeug ein. Am hinteren Ende versteckten sie sich unter einer Abdeckplane.

»Da schnallze doch ab«, sagte Görzke, nachdem sie dort zwei Stunden gelegen hatten. »Meinze, der Sultan kommt heut noch wieda unt fliecht los?«

Das bleibe abzuwarten, sagte zur Nedden. »Nicht Kunst und Wissenschaft allein, Geduld will bei dem Werke sein.«

»Hasse noch mehr sonne Klopper auf Lager?«

»Mit Geduld bekommst du auch von unreinen Trauben Sirup. Arabisches Sprichwort.«

»Geil, Didi. Echt geil. Abba sach ma, hasse noch wat zum Trinken da? Ich hab en Brand wie Hölle!«

»Nein. Alles alle.«

»So'n Shit abba auch. Kannze mia nich noch eben nen Biea vonne Tanke holen?«

»Kscht! Da kommt jemand!«

Es war der Sultan mit seiner Palastgarde. Ein großes Getöse, Gewriggel, Geholper, Geschiebe und Befehlsgeschrei begann, und dann hörten und spürten zur Nedden und Görzke, wie das Flugzeug auf die Startbahn rollte, Schwung holte und mit einem Lärm, der für mehr als vier Ohren reichte, gen Himmel stieg.

Drei Zwischenlandungen hatte der Sultan eingeplant, um aufzutanken, in Malaysia, Myanmar und Westbengalen, und dann wollte er seinen Partygästen ein Geschenk machen.

Der Stapellauf des Vergnügungsdampfers Nemesis war für die Einwohner der Stadt Morbi ein großes Ereignis. Zu Tausenden schauten sie zu, als Gianni Infantino die Schiffstaufe durchführte, indem er eine zweiundzwanzigtausend Euro teure Flasche Romanée-Conti am Bug zerschlug, und dank zahlreicher Fernsehteams war die gesamte Welt Zeuge, als der Wasserkahn in den Fluß Machhu glitt.

Es hatte sich herumgesprochen, daß der Sultan von Brunei hier eine große Feier plante. Alle wichtigen Sender waren am Start, von CNN und BBC bis hin zu Russia Today, Eurosport News, Bibel TV und Muslim Television Ahmadiyya. Selbst der britische Nautical Channel, der zwanzig Millionen Subscriber auf zwei Kontinenten bediente, war mit drei Reportern vertreten, und in der Innenstadt von Morbi wimmelte es von Persönlichkeiten, die zu der Party eingeladen worden waren. An einer Eisbude trafen der Staranwalt Rudy Giuliani, der IOC-Präsident Thomas Bach, der Philosoph Slavoj Žižek und der Kölner Erzbischof Rainer Maria Kardinal Woelki zusammen, und gleich hinter ihnen in der Schlange standen der *Bild*-Chef Julian Reichelt, der Haremsbesitzer Al-Afdil Abdussalam Ikhan, der Unternehmer Seyed Mansour Esfandiari und ein US-amerikanischer Politiker namens Barry Loudermilk, der eine große Zukunft hinter sich hatte.

Gefolgt waren der Einladung auch Dr. Robby Schlund von der AfD, Fushida Hisato von der Japan Football Association, der Medienmogul Newt Gingrich, der deutsche Nachrichtensprecher Claus-Erich Boetzkes und viele andere Zeitgenossen, die der Sultan hergebeten hatte.

»Ich mag bald nicht mehr hinsehen«, sagte Ute, als sie Arm in Arm mit Gerold durch die Altstadt von Morbi lustwandelte. »Überall diese B- und C-Promis! O Gott – jetzt kommt auch noch diese Martina Big angelaufen! Über die hab ich bei meinem Gynäkologen im Wartezimmer mal was gelesen. Laß uns bloß die Straßenseite wechseln!«

»Lieber nicht«, sagte Gerold. »Da wird Lothar Matthäus gerade von Tucker Carlson interviewt.«

»Auch das noch. Wollen wir umkehren?«

»Das würde nicht viel helfen. Die Typen, die hinter uns ›We are the champions‹ grölen, sind Stefan Effenberg und Mario Basler.«

»Dann bleibt uns nichts anderes übrig, als hier stehenzubleiben, die Augen zu schließen und uns zu umarmen, bis der Spuk vorbei ist ...«

Wütend packte Dietlof Münzenich seine Sachen. Gerold Gerold und Ute Fischer waren ihm entwischt, und er hatte die Hoffnung aufgegeben, daß sie ins Grand Hyatt in Mumbai zurückkehren könnten. »Sucula!« rief er. »Fututor! Mulier infamis!«

Doch auf einmal sah er die beiden. Der Hotelzimmerfernseher zeigte sie ihm: Engumschlungen, aber deutlich zu erkennen, standen sie ein paar Meter hinter dem Kürbis von Lothar Matthäus, der Fox News ein Interview gab.

In der Stadt Morbi war das, wie die Einblendung verriet. Und dort sollte am nächsten Tag irgendein Riesenfest veranstaltet werden.

Nichts wie hin, dachte Münzenich. Finis coronat opus!

Die Karawane des Maharadschas Rahul Chakrabarti war weitergezogen und hatte in Morbi am Ufer des Machhu ein neues Lager errichtet. Thomas Gsella ruhte dort auf einer Récamière und schlürfte Mangosuppe aus einer Schnabeltasse. Er war noch nicht gänzlich genesen, aber Chakrabartis Leibarzt hatte ihm Linderung verschafft. Dieser versierte Allroundmediziner hatte die Wangenwunden versorgt, den geschändeten Unterkieferzahn gezogen, ein rundes Dutzend Papillome und Abszesse aus Gsellas Gesicht geschnitten und den Nasenrücken aufgetrennt, um die zertrümmerten Knochenfragmente wieder zusammenschieben zu können. Danach hatte er Gsellas Nase von innen mit Silikonschienen stabilisiert und von außen mit einem Gipsgerüst versehen.

Wohlgenährt und pudelmunter genoß der alte Reimschmied jetzt die kleinen Freuden des Lebens. Seiner Frau hatte er telefonisch mitgeteilt, daß er lebe und in Kürze nach Deutschland zurückfliegen werde, und so oft er nur konnte, gab er sich der Völlerei und den Weinräuschen hin, zu denen der Maharadscha ihn einlud.

»Was empfindest du denn so als prägend für deine Kultur, Chaki?« fragte Gsella und stieß auf. »Wir Deutsche werden ja oft über Bratwurst mit Sauerkraut definiert, und bei euch Indern muß ich immer an eure komischen Götter denken. Vishnu, Shiva und so weiter. Und natürlich auch an die bekloppten Religionskriege, die ihr euch leistet. Nervt dich das manchmal, wenn Ausländer so wenig über euch Inder wissen wie ich?«

»Ach, weißt du, Thomas«, sagte Chakrabarti, »für mich bedeuten diese nationalen Zuordnungen nicht viel. Als Mensch bin ich schon mindestens dreihundertmal wiedergeboren worden, und zwar mitunter an den verrücktesten Orten, die du dir vorstellen kannst. Timbuktu, Uppsala, 's-Hertogenbosch ... allein vierzehnmal in Glencolumbkille an der irischen Westküste und siebenmal in Kumpumäki in Ostfinnland ... und einmal übrigens sogar in Essen. Vor zweihundert Jahren. Und ob du mir's glaubst oder nicht – ich bin einer der Urgroßväter von Helmut Rahn!«

»Ganz im Ernst jetzt?«

»Ja, ohne Flachs! Ich könnte dir sogar die Kohlenschütte beschreiben, hinter der ich in der Zeche Pörtingsiepen Helmut Rahns Großmutter väterlicherseits gezeugt habe ...«

Gsella kam aus dem Staunen kaum noch heraus, und es wuchs weiter, als ihn ein selig bellender Golden Retriever ansprang und ihm mit der Zunge über den Gipsverband fuhr.

»Katsche, sitz!« rief Michael Ringel, der gleich hinter dem treuen Tier erschien. Und zu Gsella sagte er: »Finde ich dich hier, du alter Sünder ... Ich hab dich lange gesucht!«

Auf dem Linienflug von Mumbai nach Rajkota saß Dietlof Münzenich neben einer Gestalt, die so dick war, daß sie volle drei Sitzplätze einnahm. O tempora, o mores, dachte er. Wo ist das gute alte Maßhalten geblieben?

Und Rupert Wimmerforce – der Dicke, der neben ihm saß – dachte immerzu: There's something odd about this party in Morbi, and I have to help Gerold and the fisherwoman ...

Am Taxistand vor dem Flughafen in Rajkot hörte Wimmerforce Münzenich sagen, daß er nach Morbi wolle, und einigte sich mit ihm darauf, das Taxi für die siebzig Kilometer lange Strecke zu teilen.

Münzenich stieg vorn ein und Wimmerforce hinten. Viel hätte nicht gefehlt, und der Auspufftopf wäre abgebrochen, weil Wimmerforce kein Leichtgewicht war, doch es ging noch einmal gut.

»Ora et labora«, sagte Münzenich, weil ihm nichts Besseres einfiel, und für die restliche Reise herrschte in dem altersschwachen Fahrzeug Schweigen.

Als in Morbi ein neuer Tag angebrochen war, sammelte Michael Ringel neue Autogramme in Hülle und Fülle: von dem Ex-Uefa-Präsidenten Michel Platini, dem Reporter Lou Dobbs, dem niederländischen Bestsellerfabrikanten Rutger Bregman, dem AfD-Trottel Thomas Seitz und den US-amerikanischen Politikern Matt Gaetz, Josh Hawley und Lindsey Graham.

In der Menge der Prominenten, die der Einladung des Sultans gefolgt waren, erspähte Ringel auch Mike Pence – den armseligen Hanswurst, der selbst den auf ihn persönlich gerichteten Mordanschlag einer Hetzmeute hingenommen hatte, ohne den dafür verantwortlichen US-Präsidenten deswegen zu tadeln.

Mal sehen, was man mit diesem Jammerlappen noch so alles anstellen kann, ohne daß er sich wehrt, dachte Ringel und zerdrückte eine faule Banane im Gesicht von Mike Pence.

»Peaceful protest is the right of every man in our world«, sagte Pence, »but I condemn this act of violence in the strongest possible terms.«

Ob er mir auch noch die andere Wange hinhalten wird? fragte

sich Ringel und zog Pence das von Katsche angesabberte Gummihuhn über die Birne.

Er sei »deeply saddened«, erklärte Pence nach dieser Attacke und ergriff heulend das Hasenpanier.

»Was machen Sie denn hier?« fragte die Fischerin den Dichter Gsella, als er ihr beim morgendlichen Jogging in Morbi über den Weg lief. »Und was ist mit Ihrem Gesicht passiert?«

Mit dieser langen Geschichte wolle er sie nicht langweilen, sagte Gsella. »Aber können Sie mir vielleicht sagen, weshalb hier so viele Berühmtheiten rumgeistern? Ich hab gerade eben Ron Sommer, Franz Beckenbauer, Boris Becker, Donald Trumps ehemaligen Generalpostmeister Louis DeJoy und den ADAC-Chef August Markl in einem Frühstückscafé gemeinsam an einem Tisch sitzen gesehen …«

»Das sind alles Gäste des Sultans von Brunei«, sagte Ute. »Die wollen hier morgen nachmittag auf einem Dampfer feiern.«

»Und was?«

»Das ist schwer zu sagen, denn mit der Bewerbung des Sultanats um die WM '34 sieht's mau aus, seit das Deutsche Fußballmuseum in Dortmund nach einer Werbeveranstaltung in Schutt und Asche liegt …«

»Ist nicht wahr!«

»Doch, doch.«

»Und kommt der Sultan auch persönlich nach Morbi? Das würde einen Freund von mir freuen, der Autogramme sammelt …«

»Damit ist zu rechnen. Der Sultan hat geschrieben, daß er seine Gäste zur Teezeit begrüßen werde.«

An Bord der SM Nemesis ging es hoch her. »Im Nachbardorf hams oam d' Kartn aus de Händ operiert«, rief Beckenbauer, weil er fand, daß Hoeneß die Schafkopfkarten nicht schnell genug mischte, und

die Wichtigtuer Sean Hannity und Claus-Erich Boetzkes machten ein Faß auf, während der Knallkopf Attila Hildmann und der Schweizer Bundesanwalt a. D. Michael Lauber sich vegane Durstlöscher kommen ließen und eine von Günter Netzer zusammengetrommelte Big Band Hits von Abba herunternudelte:
Money, money, money
Must be funny
In the rich man's world ...

Um nur ja nichts zu verpassen, hatte sich auch Dietlof Münzenich unter die Passagiere gemischt. »Et in Arcadia ego!« rief er. »Navigare necesse est!«

Doch damit machte er sich keine Freunde. »Red Deutsch, du Opfer!« schrie Stefan Effenberg ihn an, und Mario Basler goß Münzenich einen halben Liter Weizenbier über den Kopf.

O sancta simplicitas! dachte der gedemütigte Erste Polizeihauptkommissar und begab sich mit seinem Weinpokal an einen anderen Stehtisch. Dort wanzte er sich mit den Ausrufen »In vino veritas!« und »Ergo bibamus!« an Gianni Infantino und den philippinischen Diktator Rodrigo Duterte heran, um auf deren Wohl anzustoßen. »Gens una sumus!«

Sie wollten ihn aber nicht dabeihaben und vergraulten ihn ganz schnell, indem sie ihn mit dem Partypooper Mike Pence bekanntmachten, mit dem absolut niemand irgendwas zu tun haben wollte.

Zwei Stehtische weiter wischte sich der DFB-Chef Sven Glattschnigg mit einer der fünfhundert Papierservietten, die Beckenbauer und Hoeneß mühsam gefaltet hatten, den Nacken trocken, denn es war ein schwüler Tag. Die Sonnenstrahlen stachen heiß herab und setzten den Herz-Kreislauf-Systemen zu. Das hinderte Mario Basler allerdings nicht daran, auf dem Boden herumzukrabbeln und anderen Gästen heimlich die Schnürsenkel zusammenzubinden. Dadurch kamen am Büfett sowohl der Finanzmakler Carsten Maschmeyer als auch der Kronprinz Mohammed bin Salman zu Fall, und es wäre beinahe eine Prügelei entstanden, wenn Kaiser Franz die Eintracht nicht mit einer Stegreifrede wiederhergestellt hätte: »Kinda, mia san doch olle a Herz und a Seele! Und oans dürft ihr nie vagessn: Da Eafolg is a scheies Reh. Da Wind muaß stimma, de Witterung, de Steane und da Mond. Aba da Grund dafia is ned de Ursache, sondern da Auslösa! Wenn mia deshoib heid gewinna, dann konn i grod song: 's tut ma leid fia den Rest da Wäid, aba unsa Mannschoft werd auf Joahre hinaus ned zum schlogn sei. Und 'etz gäd's 'naus und schbuit's Fuaßboi!«

Da kam wieder Stimmung auf. Kronprinz Salman gab Kardinal Woelki einen Schlüpferstürmer aus, Rudy Giuliani nahm Stefan Effenberg auf die Schultern, Tucker Carlson, Lothar Matthäus, Dr. Robby Schlund und Boris Becker spielten Verstecken, und Slavoj Žižek legte mit sich selbst eine flotte Sohle aufs Parkett, während Günter Netzer mit Martina Big schwofte und die Band zu gefühligem Kuschelrock wechselte:

Über jedes Bacherl geht a Brückerl,
du mußt nur a bisserl schaun ...
Komm, ich geh mit dir a Stückerl!
Drüber mußt' dich selber traun ...

Und obwohl die Festgäste an Bord der SM Nemesis aus ganz unterschiedlichen Kulturkreisen stammten, gab es etwas, das sie zusammenschweißte: Aus diesem oder jenem Grund hatte Sultan Hassanal Bolkiah mit jedem einzelnen von ihnen ein Hühnchen zu rupfen.

»Da isses ja selbst bei der Marmorhochzeit meiner Urgroßtante Taatje und ihres Ehegemahls Fulko im Traditionslokal Zur Ewigen Lampe in Aurich lustiger zugegangen«, sagte Ute, die dem närrischen Treiben auf dem Dampfer vom Ufer aus durch einen Feldstecher zusah. »Und Münzenich immer mittenmang. Ich bin keine geübte Lippenleserin, aber ich könnte schwören, daß er gerade ›Gaudeamus igitur‹ gegackert hat ...«

»Und was heißt das?« fragte Gerold, der gähnend neben ihr stand und an einem Zitroneneis leckte.

»Das heißt ungefähr so viel wie ›Grüezi wohl, Frau Stirnimaa‹ ... Igitt! Jetzt schlabbert Mitch McConnell eine Auster aus! Und wenn ich richtig sehe, versucht Hansi Hinterseer gerade, Christian Lindner, Ted Cruz und Lou Dobbs einen Schuhplattler beizubringen ... Oje, und du solltest Beckenbauer mal sehen! Em geiht de Tung as 'n Lammersteert ...«

»Lammersteert?«

»Lämmerschwanz. Er redet wie ein Wasserfall, der Franz ...«

»Dann laß ihn reden«, sagte Gerold. »Wir bekommen Besuch.«

»Von wem?«

»Von Rupert Wimmerforce. Der rollt gerade auf uns zu, und es sieht nicht so aus, als ob er in letzter Zeit an vielen Diätkuren teilgenommen hätte ...«

Schweißüberströmt und schnaufend eilte der kugelrunde Commissioner herbei, und er sprach eine eindringliche Warnung aus: Wenn der Sultan sich an seinen Gästen dafür rächen wolle, daß seine WM-Kampagne gescheitert sei, müsse er nur die große Talsperre im Süden der Stadt sprengen. Dann würden die Wassermassen ganz Morbi überschwemmen, und es sei höchst unwahrscheinlich, daß irgendeiner der Gäste auf dem Schiff diese Flut überleben werde. Der Damm sei schon einmal gebrochen, 1979, mit verheerenden Folgen ...

»Nu sleiht dat dörteihn«, rief Ute. »Da hätten wir aber auch eher drauf kommen können!«

»Wieviel Kubikmeter Wasser wären denn da so zu erwarten?« fragte Gerold.

Die Antwort, die Wimmerforce ihm gab, klang nicht beruhigend: »One hundred million.«

»Und für wann hat sich der Sultan angekündigt?«

»Für siebzehn Uhr«, sagte Ute.

Kommissar Gerold atmete scharf ein. »Das ist in zweieinhalb Stunden. Wie viele Einwohner hat Morbi? Weiß das jemand?«

Ute sah auf ihrem Smartphone nach. »Knapp zweihunderttausend.«

»Dann will ich mal hoffen, daß sie hier nach der letzten Sintflut einen guten Evakuierungsplan ausgearbeitet haben. Ute, du informierst die Polizei, die Feuerwehr, den Bürgermeister und den Katastrophenschutz. Die Stadt muß augenblicklich geräumt werden. Und ich versuch mein Glück bei dieser Talsperre. Vielleicht kann ich ja den einen oder anderen Sprengsatz deaktivieren ...«

»Aber dafür bist du doch überhaupt nicht ausgebildet!«

»Das nicht, aber ich hab ›Achtzehn Stunden bis zur Ewigkeit‹ gesehen. Daher weiß ich, daß ich den roten Draht durchschneiden sollte und nicht den blauen.«

Ute stöhnte auf, aber sie wußte, daß sie Gerold nicht aufhalten konnte. »Sünner Glück un Günst is all Künst umsünst«, sagte sie und gab ihm einen Kuß. »Paß bloß auf dich auf! Ich brauch dich noch!«

Dann rannte sie zur nächsten Polizeistation los, und Gerold bat Wimmerforce, die Feiergesellschaft auf der Nemesis zu warnen.

»Would you do that?«

»Of course.«

»And how far is it from here to the dam?«

»About five miles of air distance«, sagte Wimmerforce. »But it's a long and winding road ...«

Auf der Polizeistation wurde Ute ausgelacht. Die Talsperre, versicherte man ihr auf Englisch, sei allerbestens in Schuß und werde täglich auf Schäden untersucht. Wenn dort jemand Sprengsätze angebracht hätte, wären sie bei den Kontrollgängen aufgefallen.

Ute wollte gern mit irgendwem verbunden werden, der in Sachen Talsperre etwas zu sagen hatte. Ihr fiel aber nur das Wort »Schleusenwärter« ein, und was um Himmels willen hieß »Schleusenwärter« auf Englisch?

Sie sah Thomas Gsella hereinkommen und fragte ihn: »Wissen Sie zufällig, was ›Schleusenwärter‹ auf Englisch heißt?«

»Emm, emm, emm ... äh ... ich glaube, ›lockkeeper‹. Und können auch Sie mir was sagen? Ich bin nämlich hier, um 'ne Vermißtenanzeige aufzugeben. Aus der Karawane des Maharadschas Rahul Chakrabarti ist ein Elefantenbaby entlaufen. Es hört auf den Namen Phlopee Tyoob, wenn ich's richtig verstanden hab. Das ist Hindi für das Wort ›Schlappöhrchen‹. Haben Sie dieses Elefäntchen vielleicht irgendwo gesehen? Es hat zwei besondere Kennzeichen: eine rasierpinselförmige Schwanzquaste und ein noch verhältnismäßig dünnes Bindegewebepolster.«

»Nein, hab ich nicht, und ich hab gerade auch andere Prioritäten ...«

Sie berichtete Gsella von der drohenden Gefahr, und der Dichter wußte Rat: »Ein Freund von mir hat hier gestern abend in einer Kegelbahn ein paar Leute aus den höheren Kreisen der Stadtverwaltung kennengelernt, wie er mir gesimst hat. Soll ich den mal anbimmeln? Vielleicht kann der uns einen Draht ins Rathaus vermitteln.«

»Ja, tun Sie das. Jetzt! Uns brannt dat Füür up de Nagels!«

Den Anruf von Thomas Gsella empfing Michael Ringel in einem Stundenhotel, wo er mit den eineiigen Drillingstöchtern des Bürgermeisters von Morbi herumtollte. Als alter Nachrichtenhase begriff Ringel sofort, was auf dem Spiel stand. Wie mit Engelszungen redete er auf seine drei Bekanntschaften ein, damit sie ihren Vater verständigten, doch bevor sie das taten, mußte er ihnen noch viele ausgefallene Wünsche erfüllen.

Dabei gab er sein Bestes. Niemals zuvor hatte er sich mit solchem Feuer für eine gute Sache eingesetzt. Um die Drillinge zufriedenzustellen, bekleidete er sich sogar mit einem Känguruhkostüm und einem sogenannten Slip Triangle Culotte Ouverte, und er sagte auch nicht Nein, als sie von ihm ein kompliziertes Fesselspiel verlangten.

Als er sie endlich dazu bringen konnte, ihren Vater telefonisch vor dem Dammbruch zu warnen, stand die Uhr auf kurz nach vier.

Many times I've been alone, and many times I've cried, hatte Kommissar Gerold gedacht, als er mit einem Taxi die windungsreiche Straße zu der Talsperre hinaufgefahren war. But anyway, you'll never know ...

Erst nach einem langem Herumgelaufe hatte er oben in dem Talsperrenbau eine unverschlossene Tür entdeckt, die in das Innere der Mauer führte, und seitdem rannte er durch glitschige und dunkle Gänge und beleuchtete die nassen Wände mit seinem Handy.

Im Taxi hatte er sich die Daten angesehen. Höhe der Bauwerkskrone: 26 Meter. Kronenlänge: 3905 Meter.

Wie und wo sollte er hier einen Explosivkörper finden?

»Alle mal herhören!« rief Gianni Infantino. »Der Sultan hat eine Videobotschaft für uns!«

Auf dem Flatscreen über der Bar erschien der verschwitzte Kopf von Hassanal Bolkiah. »Good afternoon everybody!« rief er. »I will soon be with you!«

Danach verwischte sich das Bild, die Band spielte wieder auf, und der Klamauk feierte fröhliche Urständ: Michel Platini drosch eine Partie Bridge mit Lou Dobbs, Uli Hoeneß, Tucker Carlson und dem Schlagerfuzzi Michael Wendler, Julian Reichelt machte Fingerhakeln mit Ted Cruz, und alle hatten ihren Spaß, bis auf Mike Pence, den Paria, mit dem kein Mensch ein Schwätzchen halten wollte.

Telefonisch konnte Rupert Wimmerforce niemanden auf der Nemesis erreichen, weil sein Handy-Akku keinen Saft mehr hatte. Er war deshalb mit vielen Mühen auf eine Hängebrücke gestiegen, um den Feiernden von dort aus irgendwie mit Handzeichen bekanntzugeben, daß sie in Lebensgefahr schwebten, aber niemand schaute zu ihm hoch.

Am Frack des Sultans klebte noch immer das Kaugummi, das Dietrich zur Nedden dort hinterlassen hatte.

»Wat meinze, wo der gezz hinfliecht?« fragte Borromäus Görzke ihn unter der Abdeckplane.

»Weiß nicht«, sagte zur Nedden. »Aber ich glaube, daß wir ihm bald mal die Luftzufuhr kappen sollten. Einverstanden?«

»Klaro«, sagte Görzke. »Unt dann kreist hiea an Boad der Mottek!«

Endlich stieß Kommissar Gerold im kühlen und feuchten Inneren des Staudamms auf ein menschliches Wesen. »Are you an engineer?« schrie er. »Sind Sie ein Ingenieur?«

»Nixe vasteh«, sagte der freundliche Mann. »I do nur wipe-wipe here, okay?«

Es war zum Knochenkotzen. Dieser Bau darf nicht meine Gruftstätte werden, dachte Gerold und nahm einen Anruf von Ute entgegen. »Ja?«

»Schon was gefunden?«

»Nur nasse Rohre und Stahlgittertreppen. Und wie geht's mit der Evakuierung voran?«

»Schneller, als ich zu hoffen gewagt hätte. Bei der Polizei hab ich zwar nichts erreichen können, aber dann hat irgendein Freund von Thomas Gsella seine Beziehungen nach oben spielen lassen, und mittlerweile ziehen massenweise Trecks zu den Toren hinaus ...«

»Woher hat denn dieser Gsella hier in Morbi Freunde mit Beziehungen nach oben?« fragte Gerold.

»Solche Fragen klären wir später. Zu dir sind übrigens zwanzig Feuerwehrleute unterwegs, und aus Neu-Delhi werden Sprengmeister und Minensuchhunde eingeflogen.«

»Gut. Aber sieh bloß zu, daß du dich jetzt auch selbst in Sicherheit bringst!«

»Vorher muß ich aber noch den Bürgermeister davon abhalten, daß er das Militärmuseum ausräumen läßt. Das hat er nämlich vor, weil er die vielen schönen Totschlaginstrumente retten will.«

»Und wie gedenkst du ihn daran zu hindern?«
»Indem ich ihm eins verplätte.«
»Wie bitte?«
»Egal! Ich muß los. Wir sehen uns, Gerold. Ich liebe dich!«

Der Anruf der Drillinge aus dem Stundenhotel hatte tatsächlich Wunder gewirkt: Noch nie in der Geschichte Indiens war eine Großstadt so rasch geräumt worden, wie es jetzt in Morbi geschah. Bereits eine Dreiviertelstunde nach dem ersten Alarm hatten fast alle Einwohner ihre Häuser verlassen und flohen ins höher gelegene Umland.

Nur auf der Nemesis herrschte noch Hochbetrieb. Mitch McConnell, Dr. Robby Schlund und Boris Becker tanzten über Tisch und Bänke, Lothar Matthäus forderte Lindsey Graham zum Torwandschießen heraus, wozu der jedoch zu feige war, Ted Cruz spielte mit Claus-Erich Boetzkes Schiffeversenken, und die Band heizte die Stimmung kräftig an:

Hier fliegen gleich die Löcher aus dem Käse,
denn jetzt geht sie los, unsere Polonäse ...

Der Himmel über Morbi hatte sich inzwischen zugezogen. Sieht nach Monsunregen aus, dachte Gsella, als er im Krishna Multispeciality Hospital aus dem Fenster sah. Da kommt heute noch was runter!

Gemeinsam mit Ringel half er den Sanitätern dabei, die letzten Schwerkranken in die Rettungswagen zu verlegen.

Es war 16.57 Uhr.

»Let's roll«, flüsterte zur Nedden, und Görzke nickte.

Leise krochen sie unter der Plane hervor, um den Sultan darüber zu informieren, daß sie keinen Wert mehr auf seine Gesellschaft legten. Görzke faßte den Kern dieser Botschaft in die Worte: »Tach zusammen! Gezz gibbet wat hinter de Löffel!«

Der Sultan, der sich im Anflug auf Morbi befand, fuhr erschrokken herum, womit er der rechten Geraden entgegenkam, mit der zur Nedden ihn um sieben Frontzähne erleichterte.

Auch Görzke schlug hart zu, und er bereicherte die Auseinandersetzung mit Ausrufen wie »Wead hiea ma nich pampich, Freundchen!« und »Du Randfichte! Gezz hat sich's ausgesultant!«

Das Gerangel in der Kanzel ging für den Sultan schlecht aus: Er mußte seinen Sitzplatz räumen, konnte vorher allerdings in einem glücklichen Gefechtsmoment mit letzter Kraft noch den entscheidenden Schalter umlegen.

Aus einem Schacht am Rumpf des Flugzeugs fiel eine zehn Tonnen schwere Rotationsbombe heraus, die sich rückwärts drehte. Mit Stricken an ihr festgebunden war der unproduktive, in einen künstlichen Schlaf versetzte Fifa-Schatzmeister a. D. Roderich Bärlapp, dem der Sultan ein nasses Grab zugedacht hatte.

Nach ihrem Fall aus mehr als sechs Kilometer Höhe hüpften Bärlapp und die Bombe viermal über die Wasseroberfläche vor der Talsperre, bevor sie sanken, und fünfzehn Sekunden später brachte ein Druckzünder die Bombe zur Detonation.

Im Cockpit hatten zur Nedden und Görzke sich unterdessen Fallschirmrucksäcke angezogen und auf den zwei Schleudersitzen Platz genommen.

»Machet gut!« rief Görzke dem Sultan zu, der mit einem blauen Auge, einer Rippenfraktur und Nasenbluten auf dem Boden herumkrebste. »Unt vagiß nich: Dat Schönste am Wein is dat Pilsken danach!«

Wimmerforce legte seinen ochsenschädelgroßen Kopf in den Nakken und starrte zu dem abstürzenden Flugzeug und den beiden Fallschirmspringern hoch. What the hell was going on?

Der Finanzanalyst Cecil Spinster hatte das Pech, die Stadt Morbi zur falschen Zeit zu überfliegen. Er wollte eigentlich nur zwei weitere Handelspartner abwerfen, aber nun treidelte die führerlose Lancaster genau auf seinen Heli zu.
By gosh, dachte er. That's a bit thick!

Gsella und Ringel schoben die Trage mit der allerletzten Patientin in einen Krankenwagen, als der Hubschrauber und die Lancaster einen Feuerball bildeten, und Ute, die sich keinen anderen Rat mehr wußte, machte ihr Versprechen wahr: Mit einem Vorderfausthieb auf den Brustbeinfortsatz beförderte sie den überspannten Bürgermeister ins Koma und hob ihn mit Hilfe des Militärmuseumsdirektors auf den Sitz der letzten Rikscha, die Morbi verlassen sollte.

Der am Fallschirm dahinschwebende Görzke schrie zur Nedden zu: »Wenn der Sultan sich nomma frisieren lassen will, dann mussa abba voahea in die Änderungsfleischerei!«

Die ersten Regentropfen fielen, und von Süden ertönte ein gewaltiges Dröhnen. Die Bombe hatte die Stauwand durchschlagen, und der Druck der Wassermassen riß sie weiter ein. Hoch von den Felsen schäumten sie herab, und wie Donner zerriß der Lärm ihrer Wogen den Himmel.

Wat geiht dor aff? fragte sich Ute und sprang zur Seite, um den brennenden Trümmerstücken von Cecil Spinsters Hubschrauber auszuweichen.

Und dann wußte sie es: Petrus hett de Luken opdoon.

In drei großen Wellen stürzte das Wasser aus dem geborstenen Stauwerk zu Tal. Die erste war drei Meter hoch, die zweite zwölf und die dritte vierzig.

Es war, als wollten alle sieben Meere, die die Erde umgürteten, sich auf Morbi ergießen. Mit äußerster Wildheit und Wucht stieß die Flut jeden Gegenstand um, der ihr unterkam. Sie entwurzelte Kürbisstauden und Silberpappelstämme, riß Autos und ganze Häuser mit sich und machte auch vor Stoppschildern nicht halt, sondern rollte rücksichtslos auf die Nemesis zu.

An deren Bord erläuterte Franz Beckenbauer seinen neuen Freunden Newt Gingrich und Dr. Robby Schlund ein letztes Mal die Beschaffenheit der »Big-Dada-Sysdäme«, und Claus-Erich Boetzkes zitierte die jüngsten »Einschätzungen aus Washington«, als die Wasserlawine den Dampfer erreichte.

Sie trug ihn in große Höhen, wirbelte ihn dreizehnmal um sich selbst, fing ihn wieder auf, verschluckte ihn mehrmals, spie ihn acht- oder neunmal wieder aus und ließ ihn an einer Häuserfront am Nordufer des Machhu zerschellen.

»A oide Henna gibt a guade Suppn!« rief Franz Beckenbauer Uli Hoeneß sinnloserweise zu, bevor sie beide in den Fluten untergingen, gleich neben Dietlof Münzenich, der nur noch »Cui bono?« und »Nunc est bibendum!« hervorzustoßen vermochte.

Die rotbraune Wasserwalze, in der Abertausende Tonnen von Schlamm mitflossen, versiegelte allen Partygästen den Mund. Nicht einmal Boris Becker, Lothar Matthäus, Mitch McConnell und Hansi Hinterseer kamen mehr zu Wort, und das Letzte, was man von Lindsey Graham hörte, war eine Lüge, die ihm bereits in der US-Senatsdebatte über Donald Trumps Putschversuch niemand geglaubt hatte: »Enough is enough!«

Als Gerold klar wurde, was geschehen war, hatten die Wogen ihn bereits meilenweit herumgeschleudert. Ein paarmal konnte er Luft schnappen, aber dann prallte er mit der Hüfte unter Wasser gegen einen Stahlträger und hätte fast das Bewußtsein verloren. Mischmaschinen, Klaviere, Fensterläden, Blumenkübel, Einkaufswagen, Pferdetränken und geplatzte Schoten von Johannisbrotbäumen schwärmten in der Flut wild durcheinander, und zu allem Überfluß entlud sich ein schweres Gewitter über der Stadt.

Die Fischerin krallte sich in eine schwankende Baumkrone, in die eine Welle sie hinaufgetragen hatte. Sie spürte nicht, daß sie fror; sie hoffte einfach nur, daß der Baum fest genug verwurzelt war, um dem Wasserdruck standzuhalten.

Unter den Ertrinkenden, die an ihr vorübergetrieben wurden, erkannte sie den Fifa-Oktopus, der die Ergebnisse ihres Lügendetektortests ausgewertet hatte. Die Ähnlichkeit mit einem Tintenfisch half diesem Menschen hier jedoch nicht das Geringste. Er schlug schreiend um sich und fand nirgendwo Halt.

Nicht daß ich dir das gönnte, dachte Ute. Aver du kannst di dreihen as du wullt – de Mors blifft alltied achtern!

Vor der jäh hereingebrochenen Hochflut waren Thomas Gsella und Michael Ringel mit Katsche auf das Krankenhausdach geflüchtet. Der Pegel stieg, und der Gewitterregen prasselte herab, doch sie wären dort sicher gewesen, wenn Ringel sich nicht aus Leichtsinn zu nah an die Kante gestellt hätte, um das Katastrophenspektakel noch besser betrachten zu können. Ein starker Windstoß fegte ihn in die Tiefe.

Gsella hatte nun die Wahl: hinterherspringen und Ringel retten oder oben bleiben und auf dessen Schwimmkünste vertrauen?

Mehr gurgelnd als sich klar artikulierend schrie Ringel so etwas herauf wie »Mahlstrom!«, »Hab kein Seepferdchen!« und »Hilfe, Hilfe!«

Gsella schielte vorsichtig über die Dachkante und sah dem Strudel in den grausen Schlund.

Der Wasserwirbel, in dem Ringel kreiste, bewegte sich rasch nordwestwärts.

Erst als Gsella sah, daß Katsche seinem Herrchen nachsprang, faßte auch er sich ein Herz: Er nahm Anlauf, stürzte sich mit zugehaltener Nase in das kühle Naß, wobei er seine Brille verlor, und flipperte Ringel hinterher. Schlechte Sichtverhältnisse hatte Gsella auch wegen der klatschenden Regengüsse, aber er schaffte es, den ohnmächtigen Ringel einzuholen und ihn im Brust-Schulter-Schleppgriff bis zu einem Haus zu ziehen, das noch nicht völlig in der Flut versunken war.

»Michael!« rief Gsella zwischen zwei Wellen, die über ihm und Ringel zusammenschwappten. »Du mußt aufwachen! So ganz allein krieg ich dich hier nicht durchs Fenster!«

Eine halbe Sekunde später knallte Gsella unter Wasser ein dicker Feuerholzhackklotz in die Magengrube, und ab hier gingen der Dichter und der Redakteur wieder getrennte Wege: Die ansteigende Flut trug Ringel durch das Fensterloch ins Haus, während sie den ramponierten Gsella stadteinwärts schwemmte.

Weit war Katsche abgetrieben worden. Sein Herrchen hatte er aus den Augen verloren, und er wußte nicht, wohin er paddeln sollte. Ach! Und es war ihm so kalt!

Dann sah er in der wilden Wasserwüste eine Fensterhöhle. Er gab alles, um ihr näherzukommen, und hatte es fast geschafft, als ihn ein Schwergewicht zurückriß: Sean Hannity. Dieser sonst stets messerscharf gescheitelte Fernsehbonze, der des öfteren fürs Waterboarding eingetreten war, hatte sich vollkommen zerstrubbelt an Katsches Schwanz gehängt. Es gab keinen Strohhalm, nach dem Hannity hätte greifen können. Nur diesen Hundeschwanz.

Katsche nahm den Kampf auf, warf sich herum und verhalf Hannity durch drei gezielte Bisse zu den ersten Zweifeln an der Berechtigung der sozialdarwinistischen Philosophie.

Im blutroten Wasser schwamm Katsche danach zu dem Fenster und schlüpfte ins Haus.

Budiharto Nagata traf gerade noch rechtzeitig in Morbi ein. Nachdem er in Bochum bei dem Attentat auf Görzke so schmachvoll versagt hatte, wollte er sich beim Sultan rehabilitieren. Er kannte dessen Racheplan und hatte vor, jeden Überlebenden der Party mit eigener Hand zu ersäufen.

Beginnen wollte er mit Matt Gaetz, der als Republikaner eigentlich den Bundesstaat Florida im US-Repräsentantenhaus vertrat, hier und heute jedoch angstvoll aus einem dünnen, zum Rettungsring umfunktionierten Fahrradschlauch hervorlugte. Berühmt geworden war Gaetz, als er sich im Kongreß eine Gasmaske aufgesetzt hatte, um die Maßnahmen gegen die Covid-19-Pandemie zu verulken, und noch viel berühmter nach dem blutigen Sturm der Anhänger Donald Trumps auf das Kapitol: Das seien linksradikale Provokateure gewesen, hatte der Pfiffikus Gaetz behauptet.

Seine Großmäuligkeit war ihm nun freilich vergangen.

Als er auf die teilweise überschwemmte Mayur Bridge zutrieb, hoffte er, sich an deren Geländer festhalten zu können, doch da sprang ihn Nagata an und schlang ihm den Schlauch so eng um den Hals, wie es vermutlich nicht einmal mit Gaetz' persönlichem Wertesystem vereinbar sein mochte.

Schön angeschmiert war aber auch Nagata selbst, denn bevor er nach getaner Tat wieder auf die Brücke klettern konnte, packten ihn von unten aus der Flut drei hochnervöse Nichtschwimmer an den Beinen: Rudy Giuliani, Rodrigo Duterte und Kardinal Woelki.

Das war zuviel für den gewieften Killer. Gerade weil sie sich von ihm ihre Rettung erhofften, zogen die drei großen alten Männer ihn ins Verderben. Und obwohl es sehr gut gepaßt hätte, ging bei dieser Gelegenheit leider keinem von ihnen Bertolt Brechts »Lied von der Moldau« durch den Sinn:

Am Grunde der Moldau wandern die Steine
Es liegen drei Kaiser begraben in Prag.
Das Große bleibt groß nicht und klein nicht das Kleine.
Die Nacht hat zwölf Stunden, dann kommt schon der Tag.

Von den Widrigkeiten dieser Stunden hätte auch Rupert Wimmerforce ein Lied singen können. Er war von seinem Hängebrückenposten auf eine Zinne des Tempels Mani Mandir katapultiert worden und lag dort seitdem so flach auf dem Bauch, wie es einem dreihundert Kilogramm wiegenden Mann überhaupt nur möglich war. Und er hatte vor, dort so lange liegenzubleiben, bis die Wasser sich verlaufen hätten.

Mit Entsetzen sah er allerdings, was sich zehn Meter tiefer abspielte: Im sprudelnden Gewoge klammerte Dr. Robby Schlund sich an eine Ferse von Tucker Carlson, der sich an einen Fuß von Lou Dobbs klammerte, und der wiederum klammerte sich an ein Bein von Mike Pence, während Pence sich seinerseits an den Rüssel eines Elefantenbabys klammerte, das auf dem halbwegs Trockenen stand und sich verzweifelt freizustrampeln versuchte.

Pence trat dabei nach Dobbs, um ihn abzuschütteln, und Dobbs trat nach Carlson, der nach Dr. Robby Schlund trat. Letzterer war der einzige in dieser Hackordnung, der niemanden hatte, nach dem er treten konnte.

Die jammervollen Trompetenstöße des Elefanten konnte Wimmerforce sich nicht lange anhören. Er stand auf und ordnete, so gut es eben ging, sein Äußeres. Wenn das britische Empire und sein

Commonwealth noch eintausend Jahre überdauern, dachte er, dann sollen die Menschen über mich immer noch sagen können: »This was his finest hour!«

Dann hüpfte er von der Tempelzinne und plazierte mit dem Schlachtruf »Britannia rule the waves!« eine monumentale Arschbombe auf dem Kopf von Mike Pence.

Als Vizepräsident hatte Pence viele Bürden geschultert – allen voran die, vier Jahre lang vor Donald Trump zu katzbuckeln und sich als Chef der sogenannten White House Coronavirus Task Force unermüdlich in der Nase zu bohren. Doch diese neue Bürde wog zu schwer. Pence ging unter wie ein Stein und ward niemals wiedergesehen; ebensowenig wie Lou Dobbs, Tucker Carlson und Dr. Robby Schlund.

Wimmerforce hingegen schwamm vollkommen mühelos in der Strömung dahin, und der kleine Elefant Phlopee Tyoob, dem er das Leben gerettet hatte, schwor sich, diesem Mann seine Heldentat niemals zu vergessen.

Bei dem Gebäude, in das Michael Ringel geschwemmt worden war, handelte es sich um eines der vornehmsten Eros-Center von Morbi. An Plüschsofas und Samtgardinen vorbei trug das Wasser den *taz*-Redakteur über die Treppenaufgänge bis zur Dachtür. Dort zerrte ihn die alte Puffmutter Lalita ins Freie und rief ihn mit Mund-zu-Mund-Beatmung ins Leben zurück.

Es erwies sich, daß Lalita damit einen Joker gezogen hatte. Ihre fünfzehn frierenden, von den bitterkalten Regenschauern durchnäßten Mädchen standen schlotternd auf dem Flachdach und brauchten dringend etwas menschliche Wärme, damit sie sich keine Erkältungen und Eierstockentzündungen holten. Lalita teilte dem sich aufrappelnden Ringel daher durch unmißverständliche Gesten mit, daß er »Carte blanche« habe, wenn er sich dieser Liebesdienerinnen annehmen wolle.

Mit Gott weiß was allem mochte Ringel gerechnet haben, als er dem Tod auf diesem Dach von der Schippe gesprungen war, aber gewiß nicht mit einem Arbeitspensum solchen Kalibers. Vor den flehentlich auf ihn gerichteten Blicken der Kurtisanen konnte er sein großes Herz jedoch nicht verschließen.

»Go ahead, Mister Longnose«, rief Lalita. »They're all yours. Please save them!«

Während die Flut noch immer anschwoll, Blitze aus dem Himmel niederfuhren, Donner grollten, alle Wolken sich erbrachen und Michael Ringel auf dem Dach des Freudenhauses seinen Mann stand, wurde der Elefant Phlopee Tyoob, der sich bereits erlöst wähnte, von einer Schlammwoge mitgerissen, doch er hatte großes Glück: Sie spielte ihn dem Rettungsschwimmer Thomas Gsella in die Arme. Und obwohl der sichtlich gealterte Literat sich nach seiner Trennung von Ringel tief unter dem Flutspiegel bei der Karambolage mit einer tauchenden Kreissäge beide Beine gebrochen hatte und nicht mehr viel Kraft besaß, schloß er das ängstlich quiekende Elefantenbaby im Wellengebraus in die Arme und ließ es nicht mehr los.

Wasser habe keine Balken, sagt man, aber Gerold hatte trotzdem einen erhaschen können und sich an ihm festgehalten, bis die beiden – der Kommissar und der Balken – auf einen Turm zugetrieben waren, den die Flut bis obenhin umschäumte.

Da hatte Gerold den Balken losgelassen und sich mit viel Glück auf den Turm geschwungen.

Sicher und trocken war es dort nicht, aber allemal besser als in den tosenden Wassern.

Muß hier denn gerade heute auch noch so ein Scheißwetter sein? fragte sich Gerold.

Neue Regenwolken verfinsterten den Himmel.

Dann erhellte ein Blitz die überflutete Stadtlandschaft, und Gerold sah, daß Ute unten um ihr Leben schwamm.

Er sprang sofort.

Es sollte ein Kopfsprung werden, doch es wurde ein böser Bauchklatscher. Von den Schmerzen, die ihn fast zerrissen, ließ Gerold sich aber nicht bremsen. Er kraulte mit aller Gewalt auf Ute zu und ergriff ihre Hand, und als sie beide ein rettendes Ufer erreicht hatten und sich keuchend auf einem Gartenhang ausstreckten, sagte die Fischerin: »Allens, wat recht is … Dat weer en verdammt lang Dag!«

Wenn nicht jetzt, wann dann? dachte Gerold und fragte Ute: »Willst du meine Frau werden?«

26

Das Wasser, so hatte es der Maharadscha Rahul Chakrabarti in dem uralten indischen Weisheitsbuch Rig-Veda gelesen, sei allheilend.

In den Gewässern ist Lebensbalsam, in den Gewässern Arzenei, und zu Ehren der Gewässer seid, ihr Götter, siegesstark!

Mit seiner Karawane, die dem Unheil entkommen war, stand Chakrabarti auf einer Anhöhe hoch über der Stadt und blickte auf das Elend, das die Fluten in Morbi verursacht hatten. War es nicht so, als hätte Indra, der Gott mit den einhundert Hoden, die beiden Welthälften auseinandergesprengt und die Verschlüsse der Gewässer geöffnet?

Der Anblick blendete den stolzen Maharadscha und erfüllte ihn mit großer Angst. Er erkannte hier das Weltall in all seinen verwirrenden und ehrfurchtgebietenden Ausstrahlungen in Krishna, der in eine Gestalt mit vielen Armen, Bäuchen, Mündern und Augen verwandelt erschien, umflutet von Schaumkronen unermeßlichen Glanzes. Für sterbliche Augen war das ein schreckliches, erschütterndes Schauspiel. Krishna glich dem Bilde der Vernichtung.

»Töröö!« machte Phlopee Tyoob, und Chakrabarti drehte sich um.

War das die Möglichkeit? Phlopee Tyoob lebte, und auf seinem Rücken lag Thomas Gsella!

Der kleine Elefant hatte einen langen Aufstieg hinter sich. Gsella und er waren dreihundert Meter hinter dem Dharampur-Rajbaima-Tempel von der Flut ausgespien worden. Selbst mit seinen zwei gebrochenen Beinen war es dem geschundenen Dichter gelungen, sich auf den Rücken des Elefantenbabys zu ziehen, und es war sogleich mit ihm losgezogen, um Hilfe zu holen.

Als es jetzt vor dem Maharadscha stand, brachte Gsella nicht mehr genug Kraft auf, um laute Schmerzensschreie auszustoßen. Mit brechender Stimme skizzierte er den Hergang der Ereignisse.

In Chakrabarti ging eine Verwandlung vor sich. »Dann hast du Phlopee Tyoob also nicht nur wiedergefunden?« fragte er. »Sondern ihn auch vor dem Tod durch Ertrinken bewahrt?«

So sehe es wohl aus, hauchte Gsella.

Wie vom Donner gerührt blickte der Maharadscha ihn an und rief: »Deine Mutterschafe sollen Zwillinge werfen, und was deine Pferde vor dem Wagen anbetrifft, sei voller Stolz ihr Traben! Des Erdbodens Fürsten werden den Staub vor deinen Schuhen küssen! Dir zu Ehren werde ich das ganze Land besiegen, das nach den fünf Flüssen und dem Berge Amara benannt ist, und die Räuberstämme unterwerfen, die vom Fischfang leben!«

»Aber das ist doch nicht nötig«, sagte Gsella.

Doch, das sei es, antwortete Chakrabarti und versprach ihm kostbare Ohrgehänge, Lilien und Lotusblüten, von Goldfäden durchwirkte Pantoffeln, ein nach allen Regeln der Heraldik geschnitztes Familienwappen und eintausend schmucke Kühe und Rosse sowie zweihundert Elefanten.

Er brauche das alles nicht, wollte Gsella sagen, doch der Maharadscha war in voller Fahrt und ließ sich nicht hereinreden. Tausende unvermählter Mädchen, rief er, würden Sandelholzpulver, gekochten Reis und Blumen auf Gsellas geweihten Leib streuen. »Gegürtet sollen deine Hüften sein und weit ausschreitend deine Beine!«

Er neigte sein Haupt, berührte mit seinen Händen Gsellas verhornte Füße und salbte sie mit Mandelblütenöl.

Dabei blitzten neue Schmerzen in den gebrochenen Beinknochen des Wahl-Aschaffenburgers auf, und gar wunderlich ward ihm, als ihn die Lakaien des Maharadschas ergriffen und ihm ein Crowdsurfing angedeihen ließen.

Währenddessen tanzte Chakrabarti umher und sang ein Loblied, in dem er Komplimente an Gsella mit Zitaten aus vedischen Preisgesängen vermengte: »Machtvoller und tatenreicher Gsella! Flamme auf, du Schönzungiger, der du alle rechten Wege kennst, o Gsella, du Vielbegehrter! Schmettere die Großen hinab! Es glüht der Himmel aus Furcht wie die Erde vor dir, denn das Haupt des Himmels und der Nabel der Erde ist Gsella!«

Und Phlopee Tyoob sekundierte: »Törööö!«

Der Fotoreporter Gerhard Kromschröder, der sich gemeinsam mit dem Schriftsteller Martin Schlosser auf einer Wanderung durch Nordwestindien befand, bannte diese Szenen auf die Platte, und die Bilder gingen um die ganze Welt.

Im notdürftig wiederhergerichteten Krishna Multispeciality Hospital statteten Gerold und die Fischerin dem operierten Thomas Gsella einen Krankenbesuch ab. Als Mitbringsel hatten sie eine Flasche Zuckerrohrgeist namens Desi Balle Balle und einen Strauß Plastikblumen dabei.

»Richtige gibt's hier nicht mehr«, sagte Gerold. »Die müssen erst nachwachsen.«

Damit könne er leben, entgegnete ihm Gsella, der wegen seiner vielen Verbände nur an der Stimme wiederzuerkennen war. Die Ärzte hatten ihn fast von Kopf bis Fuß eingegipst. Den Schweregrad seiner Muskelbündelrisse und Meniskusschäden konnten sie noch nicht genauer bestimmen, weil der Kernspintomograph einen Wasserschaden erlitten hatte. »Wie sieht's denn draußen so aus?«

Da liege alles »in Muus un Gruus«, sagte Ute. Soweit man wisse, sei aber kein einziger Einwohner zu Schaden gekommen.«Und das hat die Stadt Morbi allein Ihnen zu verdanken. Beziehungsweise Ihnen und Ihrem Freund, der den Bürgermeister dazu rumgekriegt hat, den Evakuierungsbefehl zu geben ...«

»Wie hat er das eigentlich geschafft?« wollte Gerold wissen.

»Das können Sie ihn selbst fragen«, sagte Gsella. »Er kommt gerade zur Tür rein.«

Auch Ringel brachte eine Flasche Zuckerrohrschnaps mit, und er war bester Dinge, doch der Frage nach seinen Verdiensten wich er aus. Er sei nur seinen staatsbürgerlichen Pflichten nachgekommen, sagte er, und dann kreuzten Borromäus Görzke und Dietrich zur Nedden mit einer ganzen Kiste Desi Balle Balle Spaced Sugar Cane Spirit in Gsellas Krankenzimmer auf.

Gerold bestach den Chefarzt, damit er der spontanen Genesungsfeier kein vorzeitiges Ende bereitete.

Er müsse dann mal, sagte Ringel, nachdem Görzke und zur Nedden sich nach der großen Schnapsrunde verabschiedet hatten, und reichte Gsella ein Kärtchen mit einem Zitat von Homer:

Unglückseliger, denke nun endlich des Vaterlandes,
Wenn dir das Schicksal bestimmt, lebendig wiederzukehren,
In den hohen Palast und deiner Väter Gefilde.

»Und wo soll's für dich jetzt hingehen?« fragte Gsella.

»Nach Thiruvananthapuram«, sagte Ringel. »Das ist das Stuttgart Indiens. Ein Freund von mir hat da 'n ayurvedisches Resort. Mein Hund und ich, wir brauchen mal Erholung ...«

»Wie hast du den überhaupt wiedergefunden?«

»Einen Kilometer weit weg von dem Haus, in das ich durch eine glückliche Fügung gespült worden bin, hat er sich selbst in ein Haus retten können. Da ist er aufs Dach gerannt und hat meine Stimme erkannt.«

»Wie? Über eintausend Meter Distanz?«

»Ja«, sagte Ringel nicht ohne Stolz. »Und dann hat er so laut gebellt, daß auch ich ihn gehört hab. In den letzten Tagen und Wochen ist sowieso vieles passiert, das man sich kaum erklären kann. Wenn du wüßtest, Thomas, was ich für dich alles auf mich genommen hab! Irgendwann erzähl ich dir das mal. Dann werden dir Augen und Ohren übergehen ...«

»Das glaub ich dir«, sagte Gsella. »Danke, Michael! Ich stehe tief in deiner Schuld!«

»Und nun, Herr Dichterfürst?« fragte Gerold, als Ringel gegangen war, um den indischen Genpool weiter aufzufrischen. »Wie lange wollen die Ärzte Sie denn noch hierbehalten?«

»Sechs oder sieben Wochen«, sagte Gsella. »Aber das ist mir egal. Ich hab jetzt ausgesorgt. Zum Dank für die Rettung des Elefantenbabys Phlopee Tyoob hat der Maharadscha Rahul Chakrabarti mir einen Verrechnungsscheck über eine Milliarde Euro ausgestellt. Wollen Sie mal sehen?« Er zog den Scheck unter seiner Matratze hervor und wedelte angeberisch mit ihm herum. »Da steht's! Eine Milliarde Euro! Ausgestellt auf mich persönlich!«

Gerold und Ute sahen einander betreten an, denn sie kannten die Nachrichtenlage.

»Was ist los?« fragte Gsella. »Gibt's daran irgendwas zu bemäkeln?«

»Wir wollten es Ihnen eigentlich schonend beibringen«, sagte Ute, »aber ich glaube, daß Sie geistig fit genug für die volle Wahrheit sind.«

»Wie? Was? Wo? Für welche Wahrheit?«

Gerold räusperte sich, und dann eröffnete er Gsella, daß seine Rolle bei der Zerstörung der Kaaba mittlerweile ein offenes Geheimnis sei. »Im Internet kursieren Satellitenaufnahmen, auf denen man sehen kann, wie Sie mit einem Fallschirm aus dem Flugzeug abspringen, das auf die Kaaba stürzt ...«

»Aber ich bin doch nicht der Pilot gewesen!« schrie Gsella. »Ich kann überhaupt nichts dafür!«

»Das glauben wir Ihnen ja«, sagte Ute. Sie hätte ihm gern die Hand gedrückt, aber auch seine Hände waren vergipst. »Es ist nur so, daß die Muslime sehr, sehr schlecht auf Sie zu sprechen wären, wenn diese Sache weitere Kreise ziehen sollte.«

»Und zwar landauf und landab«, sagte Gerold.

Gsella kamen die Tränen. Er hatte sie lange zurückgehalten. War es Selbstmitleid, das ihn beschlich?

Es gebe vielleicht einen Ausweg, sagte Ute.

»Und zwar welchen?«

»Leisten Sie eine Spende für den Wiederaufbau der Kaaba.«

Selbst durch all den Gips, den der Dichter im Gesicht hatte, konnten Ute und Gerold ihn erbleichen sehen, bevor er ihnen die Frage stellte: »Was kostet denn so 'ne Kaaba im allgemeinen?«

»Eine Milliarde Euro«, sagte Ute.

Gsella atmete tief ein und wieder aus, und dann sagte er: »Ich werd's mir überlegen.«

27

Gerold Gerold and the Middle Agers spielten wie die jungen Götter. Die Gitarren jaulten, das Schlagzeug schepperte und bebte, und der Bandleader schmetterte Bob Dylans »Wedding Song« in die Uelzener Partygarage:

The tune that is yours and mine to play upon this earth
We'll play it out the best we know, whatever it is worth
What's lost is lost, we can't regain what went down in the flood
But happiness to me is you and I love you more than blood ...

Es war ein Polterabend, wie er im Buche stand. Auf dem Gartenhang in Morbi hatte Ute Gerolds Heiratsantrag angenommen, und nun lag die ganze Einfahrt voller Scherben. Das Bier floß in Strömen, auf der Bar funkelten die Eheringe, aus einem Kessel dampfte Hühnersuppe, an den Garagenwänden hingen Mistelzweige und bunte Lichtergirlanden, und die Gäste jubelten der Band zu, bis Gerolds Sohn Fabian dazwischenschrie: »Papa! Telefon für dich!«

»Du siehst doch, daß ich beschäftigt bin!« schrie Gerold zurück.

»Es ist aber dringend!«

Was zur Hölle soll bitteschön dringender sein als ein Liebeslied des Bräutigams an die Braut am Vorabend der Hochzeit? dachte Gerold. Doch als pflichtgetreuer Beamter unterbrach er das Konzert, nahm Fabian das Smartphone ab, ging in den Garten und sagte: »Wer auch immer Sie sind – wenn Sie mir keinen triftigen Grund für Ihren Anruf nennen können, werde ich Ihnen Rudy Giuliani als Anwalt vermitteln! Auch wenn das eigentlich nicht mehr geht, weil er in Indien einen Badeunfall gehabt hat!«

»Riesenbusch hier«, sagte der Berliner Polizeipräsident. »Stör ich?«

»Es geht so. Was gibt's denn?«

»Haben Sie's schon in den Nachrichten gehört? Die Fifa hat sich aufgelöst.«

Gerold schlug sich mit der freien Hand aufs Knie und rief: »Potztausend!«

»Da sprechen Sie ein großes Wort gelassen aus«, sagte Riesenbusch. »Und es kommt noch viel besser. Auch alle nationalen Fußballverbände haben sich aufgelöst.«

»Selbst der DFB?«

»Ja, sogar der. Ab Mitternacht ist auch der DFB Geschichte.«

Eine Sternschnuppe zuckte über den Uelzener Himmel, und Gerold wünschte sich, daß er hier nicht angeschwindelt wurde.

»Sind Sie noch dran?« fragte Riesenbusch.

»Ja. Mir war nur so, als hätten Sie gerade gesagt, der DFB sei Geschichte.«

»Hab ich ja auch. Weder der DFB noch irgendein anderer Fußballverband in der Welt haben nach dieser Sache in Morbi so weitermachen wollen wie bisher. Schon gar nicht die Fifa selbst. Die hätte allerdings auch gar nicht mehr genug Funktionäre dafür gehabt. Die meisten von denen scheinen sich von den Nachwirkungen der Feier des Sultans nicht gut erholt zu haben ...«

»So schönfärberisch würde ich es nicht ausdrücken«, sagte Gerold. »Die sind alle hinüber. Aber es ist keinem einzigem Einwohner der Stadt Morbi was passiert.«

»Kaum zu fassen. Hat Lakshmi da die Hand im Spiel gehabt?«

»Wer?«

»Lakshmi. Die hinduistische Glücksgöttin.«

»Davon ist mir nichts bekannt«, erwiderte Gerold, während er im Garten die Parade der Magnolienknospen abnahm. »Ich weiß nur, daß dieser Journalist aus Berlin, von dem jetzt alle reden, den Bürgermeister von Morbi praktisch mit vorgehaltener Pistole dazu gezwungen haben soll, die Stadt räumen zu lassen.«

»Sie meinen Michael Ringel?«

»Ja, genau den. Das Schicksal der Stadt hat am seidenen Faden gehangen, und in letzter Minute hat Ringel den Bürgermeister auf Trab gebracht.«

»Ein wahrer Teufelskerl, dieser Mann«, sagte Riesenbusch. »Der RBB hat gerade gemeldet, daß Ringel außerdem am selben Tag in einem Nonnenkloster fünfzehn Menschenleben gerettet hat ...«

»Schon erstaunlich«, sagte Gerold. »Ich bin ihm ja mal begegnet. Wenn ich mich vornehm ausdrücken wollte, würde ich sagen, daß er so aussieht, als ob er kein Wässerlein trüben könnte.«

»So kann man sich täuschen, Herr Gerold! Aus dem Munde des Herrn Bundesaußenministers habe ich heute abend erfahren, daß Ringel für seine selbstlose Einsatzbereitschaft der Internationale Gandhi-Friedenspreis verliehen werden soll. Den haben vor ihm unter anderem Nelson Mandela, Václav Havel und Desmond Tutu erhalten. Und dotiert ist dieser Preis mit zehn Millionen Indischen Rupien. Das sind mehr als einhunderttausend Euro.«

»Schön«, sagte Gerold. »Gönnen wir sie ihm!«

Er wollte gern zurück zu seinen Gästen, und er fing einen verliebten Blick von Ute auf, die mit einem Birnenlikör in der Einfahrt stand.

»Aber was«, fuhr Riesenbusch fort, »war denn nun eigentlich dieser Iglusch Boberaitis für ein Patron? In welchem Verhältnis hat der zum Sultan gestanden?«

»Das ist uns allen ein Rätsel«, sagte Gerold.

»Und ihr spezieller Freund Onur Lütfi Kasapoğlu?«

»Herrn Kasapoğlu hab ich nie wiedergesehen.«

»Sehr sonderbar, das alles. Und wie geht's dem Herrn Gsella?«

»Den Umständen entsprechend gut, soweit ich das beurteilen kann. Er ist in die Rehabilitationsklinik Valmont in Glion verlegt worden. Die soll eine der besten der Welt sein. Ach, und die Jury der Georg-von-Vollmar-Akademie in Kochel am See hat ihm den Waldemar-von-Knoeringen-Preis für Verdienste auf den Gebieten von Politik, Wissenschaft, Journalismus und Kunst zuerkannt.«

»Wofür es ein hübsches Preissümmchen geben wird, wie ich hoffen möchte!«

»Zwei fünf.«

»Was? Zweihundertfünfzigtausend Euro?«

»Nein. Nur zweitausendfünfhundert«, sagte Gerold. »Aber Gsella ist auch ohne hohe Preisgelder fein raus. Seit er eine Milliarde Euro für die Reparatur der Kaaba gestiftet hat, ist er der Held aller Muslime. In manchen Ländern will man ihn sogar zum Mufti, zum Kalifen oder zum Ayatollah ernennen ...«

»Wer hätte das gedacht! Na, der Außenminister ist jedenfalls glücklich darüber, daß es kein Gsella-Movement mehr gibt. Sie wissen schon, diese schreckliche Maskengeschichte. Damit hat sich's nun endlich! Und auf mehreren Kontinenten werden jetzt die von dem Sultan ausgeschickten Mörder verhaftet. Serienweise. Das nenne ich doch mal einen Erfolg!«

Die Fischerin sah Gerold immer noch verliebt an.

»Eins noch«, sagte Riesenbusch. »Das wird Ihnen vielleicht Spaß machen. Wie mir Herr Mampe verraten hat, wollen die Sportminister ein Gesetz entwerfen, nach dem es in Deutschland künftig bloß noch Amateurfußball geben darf.«

»Heißa, Kathreinerle!«

»Sehe ich auch so. Und ich soll Sie übrigens herzlich von Theofanis Michelakis grüßen!«

Gerold wußte kaum noch, wer das war. »Danke – und machen Sie's gut«, sagte er und ging auf Ute zu.

»Und?« fragte sie. »Wer war's?«

»Riesenbusch. Der sagt, daß es jetzt 'ne internationale Verhaftungswelle gibt. Wir kriegen sie alle!«

»Hör mir bloß mit Wellen auf«, sagte Ute. »Sing lieber dein Lied zu Ende, mien Söten. Alle warten darauf. Und dann komm mal bitte kurz zu mir nach hinten in den Garten raus. Ich hab dir was mitzuteilen ...«

Quelle nuit! dachte Gerold. Doch was mochte Ute ihm flüstern wollen?

Das werde er nach seinem Konzert erfahren, sagte sie. »Unter deinem Erlenbaum. In't Düstern is good smüstern ... Un nu spring op de Spööldeel!«

Das tat er. Und wenn er auch ahnte, daß von der provisorischen Bühne in seiner Garage kein Weg in die Rock and Roll Hall of Fame führte, holte er doch das Innerste aus sich heraus:

You turn the tide on me each day and teach my eyes to see
Just bein' next to you is a natural thing for me
And I could never let you go, no matter what goes on
'Cause I love you more than ever now that the past is gone ...